老舍自傳

傳世中國文學家的靈魂與歷程

老舍 —— 著

LAO SHE ZIZHUAN

人是為明天活著的，
因為記憶中有朝陽曉露；
假若過去的早晨都似地獄那麼黑暗醜惡，
盼明天幹嘛呢？

這不僅是一部文學家的自述，也是一部充滿歷史感的紀實文學

目錄

第一章　童年習凍餓

◆ 第一節　「慶春」……007

◆ 第二節　父親……009

◆ 第三節　母親……014

◆ 第四節　入學……019

◆ 第五節　沒有故事……025

第二章　餬口四方

◆ 第一節　「五四」……029

◆ 第二節　小型的復活……029

目錄

◆ 第三節 英國……034
◆ 第四節 新加坡……057

第三章 壯歲飽酸辛

◆ 第一節 濟南……067
◆ 第二節 青島……096

第四章 八方風雨

◆ 第一節 開始流亡……117
◆ 第二節 在武漢……121
◆ 第三節 寫通俗文藝……124
◆ 第四節 文協與會刊……126
◆ 第五節 入川……138

第六節　滇行與青蓉行……152
第七節　多鼠齋與貧血……160
第八節　「文牛」與「愚人」……178
第九節　在北碚……184
第十節　望北平……192

第五章　旅美譯介

第一節　旅美觀感……195
第二節　寫與譯……198
第三節　啟程……212

第六章　晚年逢盛世

第一節　由三藩市到天津……215

目錄

◆第二節　致勞埃得……223
◆第三節　「歌德」……227
◆第四節　在朝鮮……235
◆第五節　十年筆墨與生活……238
◆第六節　改造思想……254
第七章　滾滾橫流水
第八章　茫茫末世人

第一章　童年習凍餓

第一節　「慶春」

生於北平，三歲失怙，可謂無父。志學之年，帝王不存，可謂無君。無父無君，特別孝愛老母，布林喬亞之仁未能一掃空也。幼讀三百千，不求甚解。繼學師範，遂奠教書匠之基。

我是臘月二十三日酉時，全北京的人，包括皇上和文武大臣，都在歡送竈王爺上天的時刻降生的呀！——

竈王爺上了天，我卻落了地。

那是有名的戊戌年啊！

在我降生的時候，父親正在皇城的什麼角落值班。男不拜月，女不祭竈，自古為然。姑母是寡婦，母親與二姐也是婦女，我雖是男的，可還不堪重任——

我的母親是因為生我，失血過多，而昏了過去。幸而大姐及時地來到。母親暈過去半夜，才睜眼看見她的老兒子。大姐把我揣在懷裡，一邊為母親的昏迷不醒而落淚，一邊又為小弟弟的誕生而高興。二姐獨自立在外間屋，低聲地哭起來。天很冷，若不是大姐把我揣起來，不管我的生命力有多麼強，恐怕也有不小的危險。

在生我的第二天，雖然母親是那麼疲倦虛弱，嘴唇還是白的，她可還是不肯不操心。她知道：平常她對別人家的紅白事向不缺禮，不管自己怎麼發愁為難。現在，她得了「老」兒子，親友怎能不來賀喜呢？大家來到，拿什麼招待呢？父親還沒下班兒，正月的錢糧還沒發放。向姑母求援吧，不好意思。跟二姐商議吧，一個小姑娘可有什麼主意呢。看一眼身旁的瘦弱的、幾乎要了她的命的「老」兒子，她無可如何地落了淚。

第二天早上，二哥福海攙著大舅媽來到。

他知道母親要說什麼。「您放心，全交給我啦！明天洗三，七姥姥八姨的總得來十口八口兒的，這裡二妹妹管裝煙倒茶，我當廚師，兩杯水酒，一碟炒蠶豆，然後是羊肉酸菜熱湯兒麵，有味兒沒味兒，吃個熱乎勁兒。好不好？有愛玩小牌兒的，四弔錢一鍋。您一丁點心都別操，全有我呢！完了事，您聽我一筆帳，絕不叫您為難！」

他的確有些本領，使我的洗三辦得既經濟，又不完全違背「老媽媽論」的原則。

正十二點，晴美的陽光與尖溜溜的小風把白姥姥和她的滿腹吉祥話兒，送進我們的屋中。

白姥姥在炕上盤腿坐好，寬沿的大銅盆（二哥帶來的）裡倒上了槐枝艾葉熬成的苦水，冒著熱氣。參加典禮的老太太們、媳婦們，都先「添盆」，把一些銅錢放入盆中，並說著吉祥話兒。幾個花生，幾個紅、白雞蛋，也隨著「連生貴子」等祝詞放入水中。這些錢與東西，在最後，都歸「姥姥」拿走。雖然沒有去數，我可是知道落水的銅錢並不很多。正因如此，我們才不能不感謝白姥姥的降格相從，親自出馬，同時也足證明白姥姥惹的禍大概並不小。

邊洗邊說，白姥姥把說過不知多少遍的祝詞又一句不減地說出來：「先洗頭，作王侯；後洗腰，一輩倒比一輩高；洗洗蛋，作知縣；洗洗溝，作知州！」大家聽了，更加佩服白姥姥——她明知盆內的銅錢不多，而仍把吉祥話說得完完全全，不偷工減料，實在不易多得！雖然我後來既沒作知縣，也沒作知州，我可也不能不感謝她把我的全身都洗得乾乾淨淨，可能比知縣、知州更乾淨一些。

洗完，白姥姥又用薑片艾團灸了我的腦門和身上的各重要關節。因此，我一直到年過花甲都沒鬧過關節炎。她還用一塊新青布，沾了些清茶，用力擦我的牙床。我就在這時節哭了起來；誤投誤撞，這一哭原是大吉之兆！在老媽媽們的詞典中，這叫做「響盆」。有無始終堅持不哭、放棄吉利的孩子，我就不知道了。最後，白姥姥拾起一根大蔥打了我三下，口中唸唸有詞：「一打聰明，二打伶俐！」這到後來也應驗了，我有時候的確和大蔥一樣聰明。

這棵蔥應當由父親扔到房上去。就在這緊要關頭，我父親回來了。屋中的活躍是無法形容的！他一進來，大家便一齊向他道喜。他不知請了多少安，說了多少聲：「道謝啦！」可是眼睛始終瞭著炕中間。我是經得起父親的鑑定的，渾身一塵不染，滿是槐枝與艾葉的苦味與香氣，頭髮雖然不多不長，卻也剛剛梳過。我的啼聲也很雄壯。父親很滿意，於是把搭褳中兩吊多錢也給了白姥姥。

第二節　父親

我一點不能自立：是活下去好呢？還是死了好呢？我還不如那麼一隻小黃絨雞。它從蛋殼裡一鑽出來便會在陽光下抖一抖小翅膀，而後在地上與牆角，尋些可以嚥下去的小顆粒。我什麼也不會，我生我死須完全聽著別人的；餓了，我只知道啼哭，最具體的辦法不過是流淚！我只求一飽，可是母親沒有奶給我吃。她的乳房軟軟的貼在胸前，乳頭只是兩個不體面而抽抽著的黑葡萄，沒有一點漿汁。怎樣呢，我餓呀！母親和小姐姐只去用個小砂鍋熬一點漿糊，加上些糕乾麵，填在我的小紅嘴裡。代乳粉與鮮牛乳，在那不大文明的時代還都不時興；就是容易找到，家中也沒有那麼多的錢為我花。漿糊的力量只足以消極的使我一時不至斷氣，它不能教我身上那一層紅軟的皮兒離開骨頭。我連哭都哭不出壯烈的聲兒來。

假如我能自主，我一定不願意長久這麼敷衍下去，雖然有點對不起母親，可是這樣的苟且偷生怎能對得起生命呢？

自然母親是不虧心的。她想盡了方法使我飽暖。至於我到底還是不飽不暖，她比任何人，甚至於比我自己，都更關心著急，可是她想不出好的方法來。她只能偎著我的瘦臉，含著淚向我說：「你不會投生到個好地方去嗎？」然後她用力的連連吻我，吻得我出不來氣，母子的瘦臉上都顯出一點很難見到的血色。

「七坐八爬」。但是我到七個月不會坐，八個月也不會爬。我很老實，彷彿是我活到七八月之間已經領略透了生命的滋味，已經曉得忍耐與敷衍。除了小姐姐把我扯起來趔趄著的時候，我輕易也不笑一笑。我的青黃的小臉上幾乎是帶出由隱忍而傲慢的神氣，所以也難怪姑母總說我是個「姥姥不疼，舅舅不愛的小東西」。

我猜想著，我那個時候一定不會很體面。雖然母親總是說我小時候怎麼俊，怎麼白淨，可是我始終不敢深信。母親眼中要是有了醜兒女，人類即使不滅絕，大概也得減少去好多好多吧。當我七八歲的時候，每逢大姐丈來看我們，他必定要看看我的「小蠶」。看完了，他彷彿很放心了似的，咬著舌兒說——他是個很漂亮的人，可惜就是有點咬舌兒——「哼，老二行了；當初，也就是豌豆那麼點兒！」我很不愛聽這個，就是小一點吧，也不至於與豌豆為伍啊！可是，恐怕這倒比母親的誇獎更真實一些，我的瘦弱醜陋是無可否認的。

一歲半，我把父親「剋」死了。

父親的模樣，我說不上來，因為還沒到我能記清楚他的模樣的時候，他就逝世了。這是後話，不用在此多說。我只能說，他是個「面黃無鬚」的旗兵，因為在我八九歲時，我偶然發現了他出入皇城的那面腰牌，上面燙著「面黃無鬚」四個大字。

義和團起義的那一年，我還不滿兩歲，當然無從記得當時的風狂火烈、殺聲震天的聲勢和光景。可是，自從我開始記事，直到老母病逝，我聽過多少多少次她的關於八國聯軍罪行的含淚追述。對於集合到北京來的各路團民的形象，她述說的不多，因為她，正像當日的一般婦女那樣，是不敢輕易走出街門的。她可是深恨，因而也就牢牢記住洋兵的罪行——他們找上門來行凶打搶。母親的述說，深深印在我的心中，難以磨滅。在我的童年時期，我幾乎不需要聽什麼吞吃孩子的惡魔等等故事。母親口中的洋兵是比童話中巨口獠牙的惡魔更為凶暴的。況且，童話只是童話，母親講的是千真萬確的事實，是直接與我們一家人有關的事實。

我不記得父親的音容，他是在哪一年與聯軍巷戰時陣亡的。他是每月關三兩餉銀的護軍，任務是保衛皇城。聯軍攻入了地安門，父親死在北長街的一家糧店裡。

那時候，母親與姐姐既不敢出門，哥哥剛九歲，我又大部分時間睡在炕上，我們實在無從得到父親的訊息——多少團民、士兵，與無辜的人民就那麼失了蹤！

多虧舅父家的二哥前來報信。二哥也是旗兵，在皇城內當差。敗下陣來，他路過那家糧店，進去找點水喝。那正是熱天。店中職工都已逃走，只有我的父親躺在那裡，全身燒腫，已不能說話。他把一雙因腳腫而脫下來的布襪子交給了二哥，一語未發。父親到什麼時候才受盡苦痛而身亡，沒人曉得。

父親的武器是老式的抬槍，隨放隨裝火藥。幾桿抬槍列在一處，不少的火藥就撒落在地上。洋兵的子彈把火藥打燃，而父親身上又帶有火藥，於是……。

在那大混亂中，二哥自顧不暇，沒法兒把半死的姑父背負回來，找車沒車，找人沒人，連皇上和太后不是都跑了嗎？

進了門，二哥放聲大哭，把那雙襪子交給了我的母親。許多年後，二哥每提起此事就難過，自譴。可是我們全家都沒有責難過他一句。我們恨八國聯軍！

母親當時的苦痛與困難，不難想像。城裡到處火光燭天，槍炮齊響，有錢的人紛紛逃難，窮苦的人民水斷糧絕。父親是一家之主，他活著，我們全家有點老米吃；他死去，我們須自謀生計。母親要強，沒有因為悲傷而聽天由命。她日夜操作，得些微薄的報酬，使兒女們免於死亡。在精神狀態上，我是個憂鬱寡歡的孩子，因為我剛一懂得點事便知道了愁吃愁喝。這點痛苦並不是什麼突出的例子。那年月，有多少兒童被賣出去或因饑寒而夭折了啊！

聯軍攻入北京，他們究竟殺了多少人，劫走多少財寶，沒法統計。這是一筆永遠算不清的債！以言殺戮，確是雞犬不留。北京家家戶戶的雞都被洋兵捉走。敢出聲的狗，立被刺死——我家的大黃狗就死於刺刀之下。偷雞殺狗表現了占領者的勇敢與威風。以言劫奪，占領者的確「文明」。他們不像綠林好漢那麼粗野，劫獲財寶，呼嘯而去。不！他們都有高度的盜竊技巧，他們耐心地，細緻地挨家挨戶去搜尋，剔刮，像姑娘篦髮那麼從容、細膩。

我們住的小衚衕，連轎車也進不來，一向不見經傳。那裡的住戶都是赤貧的勞動人民，最貴重的東西不過是張大媽的結婚戒指（也許是白銅的），或李二嫂的一根銀頭簪，可是，洋兵以老鼠般的聰明找到這條小衚衕，三五成群，一天不知來幾批。我們的門戶須終日敞開，婦女們把剪子藏在懷裡，默默地坐在牆根，等待著文明強盜——劊子手兼明火、小偷。他們來到，先去搜雞，而後到屋中翻箱倒櫃，從容不迫地、無孔不入地把稍有價值的東西都拿走。第一批若有所遺漏，自有第二批、第三批前來加意精選。

我們的炕上有兩只年深日久的破木箱。我正睡在箱子附近。文明強盜又來了。我們的黃狗已被前一批強盜刺死，血還未乾。他們把箱底兒朝上，倒出所有的破東西。強盜走後母親進來，我還被箱子扣著。我一定是睡得很熟，要不然，他們找不到好東西，而聽到孩子的啼聲，十之八九也會給我一刺刀。一箇中國人的性命，在那時節，算得了什麼呢！況且，我又是那麼瘦小，不體面的一個孩子呢！

第三節　母親

母親的孃家是北平德勝門外，土城兒外邊，通大鐘寺的大路上的一個小村裡。村裡一共有四五家人家，都姓馬。大家都種點不十分肥美的地，但是與我同輩的兄弟們，也有當兵的，作木匠的，作泥水匠的，和當巡警的。他們雖然是農家，卻養不起牛馬，人手不夠的時候，婦女便也須下地作活。

對於姥姥家，我只知道上述的一點。外公外婆是什麼樣子，我就不知道了。因為他們早已去世。至於更遠的族系與家史，就更不曉得了；窮人只能顧眼前的衣食，沒有工夫談論什麼過去的光榮；「家譜」這字眼，我在幼年就根本沒有聽說過。

母親生在農家，所以勤儉誠實，身體也好。這一點事實卻極重要，因為假若我沒有這樣的一位母親，我以為我恐怕也就要大大的打個折扣了。

母親出嫁大概是很早，我不知道母親年輕時是什麼樣子。我有三個哥哥，四個姐姐，但能長大成人的，只有大姐，二姐，三姐，三哥與我。我是「老」兒子。生我的時候，母親已有四十一歲，大姐二姐已都出了閣。但是，從我一記事兒起，直到她去世，我總以為她在二三十歲的時節，必定和我大姐同樣俊秀。是，她到了五十歲左右還是那麼乾淨體面，倒彷彿她一點苦也沒受過似的。她的身量不高，可是因為舉止大方，並顯不出矮小。她的臉雖黃黃的，但不論是發著點光，還是黯淡一些，總是非常恬靜。有這個臉色，再配上小而端正的鼻子，和很黑很亮、永不亂看的眼珠兒，誰都可以看出她有一股正氣，不會有一點壞心眼兒。乍一看，她彷彿沒有什麼力氣，及至看到她一氣就洗出一大堆衣裳，就不難斷定：儘管她時常發愁，可絕不肯推卸責任。

母親除了去參加婚喪大典，不大出門。她喜愛有條有理地在家裡幹工作。她能洗能作，還會給孩子剃頭，給小媳婦們絞臉——用絲線輕輕地勒去臉上的細毛兒，為是化裝後，臉上顯著特別光潤。可是，趕巧了，父親正去值班，而衙門放銀子，母親就須親自去領取。我家離衙門不很遠，母親可還是顯出緊張，好像要到海南島去似的。領了銀子（越來分兩越小），她就手兒在街上兌換了現錢。那時候，山西人開的煙鋪，回教人開的蠟燭店，和銀號錢莊一樣，也兌換銀兩。母親是不喜歡算計一兩文錢的人，但是這點銀子關係著家中的「一月大計」，所以她也既靦腆又堅決地多問幾家，希望多換幾百錢。有時候，在她問了兩家之後，恰好銀盤兒落了，她饒白跑了腿，還少換了幾百錢。

拿著現錢回到家，她開始發愁。二姐趕緊給她倒上一碗茶——小砂壺沏的茶葉末兒，老放在爐口旁邊保暖，茶汁很濃，有時候也有點香味。二姐可不敢說話，怕攪亂了母親的思路。她輕輕地出去，到門外去數牆垛上的雞爪圖案，詳細地記住，以備作母親製造預算的參考材料。母親喝了茶，脫了剛才上街穿的袍罩，盤腿坐在炕上。她抓些銅錢當算盤用，大點兒的代表一吊，小點的代表一百。她先核計該還多少債，口中唸唸有詞，手裡掂動著幾個銅錢，而後擺在左方。左方擺好，一看右方（過日子的錢）太少，就又輕輕地從左方撤下幾個錢，心想：對油鹽店多說幾句好話，也許可以少還幾個。想著想著，她的手心上就出了汗，很快地又把撤下的錢補還原位。不，她不喜歡低三下四地向債主求情；還！還清！剩多剩少，就是一個不剩，也比叫掌櫃的大徒弟高聲申斥好的多。即使她和我的父親商議，他——負有保衛皇城重大責任的旗兵，也只會慘笑一下，低聲地說：先還債吧！

左方的錢碼比右方的多著許多！母親的鬢角也有了汗珠！她坐著發愣，左右為難。看著炕上那一小堆兒錢，不知道怎麼花用，才能對付過這一個月去。

父親死了。

兄不到十歲，三姐十二、三歲，我才一歲半，全仗母親獨力撫養了。父親的寡姐跟我們一塊兒住，她吸鴉片，她喜摸紙牌，她的脾氣極壞。為我們的衣食，母親要給人家洗衣服，縫補或裁縫衣裳。在我的記憶中，她的手終年是鮮紅微腫的。白天，她洗衣服，洗一兩大綠瓦盆。她作事永遠絲毫也不敷衍，就是屠戶們送來的黑如鐵的布襪，她也給洗得雪白。晚間，她與三姐抱著一盞油燈，還要縫補衣服，一直到半夜。她終年沒有休息，可是在忙碌中她還把院子屋中收拾得清清爽爽。桌椅都是舊的，櫃門的銅活久已殘缺不全。可是她的手老使破桌面上沒有塵土，殘破的銅活發著光。院中，父親遺留下的幾盆石榴與夾竹桃，永遠會得到應有的澆灌與愛護，年年夏天開許多花。

哥哥似乎沒有跟我玩耍過。有時候，他去讀書；有時候，他去學徒；有時候，他也去賣花生或櫻桃之類的小東西。母親含著淚把他送走，不到兩天，又含著淚接他回來。我不明白這都是什麼事，而只覺得與他很生疏。與母親相依如命的是我與三姐。因此，他們作事，我老在後面跟著。他們澆花，我也張羅著取水；他們掃地，我就撮土……從這裡，我學得了愛花，愛清潔，守秩序。這些習慣至今還被我儲存著。

有客人來，無論手中怎麼窘，母親也要設法弄一點東西去款待。舅父與表哥們往往是自己掏錢買酒肉食，這使她臉上羞得飛紅，可是殷勤的給他們溫酒作面，又給她一些喜悅。遇上親友家中有喜喪事，母親必把大褂洗得乾乾淨淨，親自去賀吊——份禮也許只是兩吊小錢。到如今為止我的好客的習性，還未全改，儘管生活是這麼清苦，因為自幼兒看慣了的事情是不易改掉的。

姑母常鬧脾氣。她單在雞蛋裡找骨頭。她是我家中的閻王。直到我入了中學，她才死去，我可是沒有看見母親反抗過。「沒受過婆婆的氣，還不受大姑子的嗎？命當如此！」母親在非解釋一下不足以平服別人的時候，才這樣說。是的，命當如此。母親活到老，窮到老，辛苦到老，全是命當如此。她最會吃虧。給親友鄰居幫忙，她總跑在前面：她會給嬰兒洗三——窮朋友們可以因此少花一筆「請姥姥」錢——她會刮痧，她會給孩子們剃頭，她會給少婦們絞臉……凡是她能作的，都有求必應。但是吵嘴打架，永遠沒有她。她寧吃虧，不逗氣。當姑母死去的時候，母親似乎把一世的委屈都哭了出來，一直哭到墳地。不知道哪裡來的一位侄子，聲稱有承繼權，母親便一聲不響，教他搬走那些破桌子爛板凳，而且把姑母養的一隻肥母雞也送給他。

可是，母親並不軟弱。父親死在庚子鬧「拳」的那一年。聯軍入城，挨家搜尋財物雞鴨，我們被搜兩次。母親拉著哥哥與三姐坐在牆根，等著「鬼子」進門，街門是開著的。皇上跑了，丈夫死了，鬼子來了，滿城是血光火焰，可是母親不怕，她要在刺刀下，饑荒中，保護著兒女。北平有多少變亂啊，有時候兵變了，街市整條的燒起，火團落在我們院中。有時候內戰了，城門緊閉，鋪店關門，晝夜響著槍炮。這驚恐，這緊張，再加上一家飲食的籌劃，兒女安全的顧慮，豈是一個軟弱的老寡婦所能受得起的？可是，在這種時候，母親的心橫起來，她不慌不哭，要從無辦法中想出辦法來。她的淚會往心中落！這點軟而硬的個性，也傳給了我。我對一切人與事，都取和平的態度，把吃虧看作當然的。但是，在作人上，我有一定的宗旨與基本的法則，什麼事都可將就，而不能超過自己畫好的界限。我怕見生人，怕辦雜事，怕出頭露面；但是到了非我去不可的時候，我便不敢不去，正像我的母親。從私塾到小學，到中學，我經歷過起碼有二十位教師吧，其中有給我很大影響的，也有毫無影響的，但是我的真正教師，把性格傳給我的，是我的母親。母親並不識字，她給我的是生命的教育。

從那以後，我們一家人怎麼活了過來，連我們自己也難以說清楚，只說一件事吧：每逢伏天夜裡下暴雨的時節，我們就都要坐到天明，以免屋頂忽然塌了下來，同歸於盡。

是的，我們都每日只進兩餐，每餐只有一樣菜——冬天主要的是白菜、蘿蔔；夏天是茄子、扁豆。餃子和打滷麵是節日的飯食。在老京劇裡，丑角往往以打滷麵逗笑，足證並不常吃。至於貧苦的人家，像我家，夏天佐飯的「菜」，往往是鹽拌小蔥，冬天是醃白菜幫子，放點辣椒油。

家裡很窮，所以母親在一入冬季就必積極勞動，給人家漿洗大堆大堆的衣服，或代人趕作新大衫等，以便賺到一些錢，作過年之用。

姐姐和我也不能閒著。她幫助母親洗、作；我在一旁打下手兒——遞烙鐵、添火，送熱水與涼水等等。我也兼管餵狗、掃地，和給竈王爺上香。我必須這麼作，以便母親和姐姐多趕出點活計來，增加收入，好在除夕與元旦吃得上包餃子！

快到年底，活計都交出去，我們就忙著籌備過年。我們的收入有限，當然不能過個肥年。可是，我們也有非辦不可的事：竈王龕上總得貼上新對聯，屋子總得大掃除一次，破桌子上已經不齊全的銅活總得擦亮，豬肉與白菜什麼的也總得多少買一些。由大戶人家看來，我們這點籌辦工作的確簡單的可憐。我們自己卻非常興奮。

我們當然興奮。首先是我們過年的那一點費用是用我們自己的勞動換來的，來得硬正。每逢我向母親報告：當鋪劉家宰了兩口大豬，或放債的孫家請來三堂供佛的、像些小塔似的頭號「蜜供」，母親總會說：我們的餃子裡菜多肉少，可是最好吃！劉家和孫家的餃子必是油多肉滿，非常可口，但是我們的餃子會使我們的胃裡和心裡一齊舒服。

勞動使我們窮人骨頭硬，有自信心。她使兒女們相信：只要手腳不閒著，便不會走到絕路，而且會走得噔噔的響。

雖然母親也迷信，天天給竈王上三炷香，可是趕到實在沒錢請香的時節，她會告訴竈王：對不起，今天餓一頓，明天我賺來錢再補上吧！是的，她自信能夠賺來錢，使神仙不至於長期挨餓。我看哪，神佛似乎倒應當向她致謝、致敬！

長大了些，記得有一年除夕，大概是光緒二十年前的一二年，母親在院中接神，雪已下了一尺多厚。高香燒起，雪片由漆黑的空中落下，落到火光的圈裡，非常的白，緊接著飛到火苗的附近，舞出些金光，即行消滅；先下來的滅了，上面又緊跟著下來許多，像一把「太平花」倒放。我還記著這個。我也的確感覺到，那年的神仙一定是真由天上次到世間。

第四節　入學

在我小的時候，我因家貧而身體很弱。我九歲才入學。因家貧體弱，母親有時候想叫我去上學，又怕我受人家的欺侮，更怕交不上學費，所以一直到九歲我還不識一個字。說不定，我會一輩子也得不到讀書的機會，因為母親雖然知道讀書的重要，可是每月間三四弔錢的學費，實在讓她為難。母親是最喜臉面的人。她遲疑不決，光陰又不等待著任何人，荒來荒去，我也許就長到十多歲了。一個十多歲的貧而不識字的孩子，很自然的是去作個小買賣——弄個小筐，賣些花生，煮豌豆，或櫻桃什麼的。要不然就是去學徒。母親很愛我，但是假若我能去作學徒，或提籃沿街賣櫻桃而每天賺幾百錢，她或者就不會堅決的反對。窮困比愛心更有力量。

有一天，劉大叔偶然的來了。我說「偶然的」，因為他不常來看我們。他是個極富的人，儘管他心中並無貧富之別，可是他的財富使他終日不得閒，幾乎沒有工夫來看窮朋友。一進門，他看見了我。「孩子幾歲了?上學沒有?」他問我的母親。他的聲音是那麼洪亮(在酒後，他常以學喊俞振庭的金錢豹自傲)，他的衣服是那麼華麗，他的眼是那麼亮，他的臉和手是那麼白嫩肥胖，使我感到我大概是犯了什麼罪。我們的小屋，破桌凳，土炕，幾乎受不住他的聲音的震動。等我母親回答完，劉大叔馬上決定:「明天早上我來，帶他上學!學錢和書籍，大姐你都不必管!」我的心跳起多高，誰知道上學是怎麼一回事呢!

第二天，我像一條不體面的小狗似的，隨著這位闊人去入學。學校是一家改良私塾，在離我的家有半裡多地的一座道士廟裡。廟不甚大，而定滿了各種氣味:一進山門先有一股大煙味，緊跟著便是糖精味(有一家熬製糖球糖塊的作坊)，再往裡，是廁所味，與別的臭味。學校是在大殿裡。大殿兩旁的小屋住著道士，和道士的家眷。大殿裡很黑，很冷。神像都用黃布擋著，供桌上擺著孔聖人的牌位。學生都面朝西坐著，一共有三十來人。西牆上有一塊黑板——這是「改良」私塾。老師姓李，一位極死板而極有愛心的中年人。劉大叔和李老師「嚷」了一頓，而後叫我拜聖人及老師。老師給了我一本《地球韻言》和一本《三字經》。我於是就變成了學生。

自從作了學生以後，我時常的到劉大叔的家中去。他的宅子有兩個大院子，院中幾十間房屋都是出廊的。院後，還有一座相當大的花園。宅子的左右前後全是他的房產，若是把那些房子齊齊的排起來，可以占半條大街。此外，他還有幾處鋪店。每逢我去，他必招呼我吃飯，或給我一些我沒有看見過的點心。他絕不以我為一個苦孩子而冷淡我，他是闊大爺，但是他不以富傲人。

在我由私塾轉入公立學校去的時候，劉大叔又來幫忙。

我記得很清楚：我從私塾轉入學堂，即編入初小三年級，與莘田同班。我們的學校是西直門大街路南的兩等小學堂。下午放學後，我們每每一同到小茶館去聽評講《小五義》或《施公案》。出錢總是他替我付。不久，這個小學堂改辦女學。我就轉入南草廠的第十四小學。

劉大叔的財產已大半出了手，他是闊大爺，他只懂得花錢，而不知道計算。人們吃他，他甘心叫他們吃；人們騙他，他付之一笑。他的財產有一部分是賣掉的，也有一部分是被人騙了去的，他不管；他的笑聲照舊是洪亮的。

到我在中學畢業的時候，他已一貧如洗，什麼財產也沒有了，只剩了那個後花園。不過，在這時候，假若他肯用心思，去調整他的產業，他還能有辦法叫自己豐衣足食，因為他的好多財產是被人家騙了去的。可是，他不肯去請律師。貧與富在他心中是完全一樣的。假若在這時候，他要是不再隨便花錢，他至少可以保住那座花園，和城外的地產。可是，他好善。儘管他自己的兒女受著饑寒，儘管他自己受盡折磨，他還是去辦貧兒學校、粥廠等等慈善事業。他忘了自己。就是在這個時候，我和他過往最密。他辦貧兒學校，我去作義務教師。他施捨糧米，我去幫忙調查及散放。在我的心裡，我很明白：放糧放錢不過只是延長貧民的受苦難的日期，而不足以阻攔住死亡。但是，看劉大叔那麼熱心，那麼真誠，我就不顧得和他辯論，而只好也出點力了。即使我和他辯論，我也不會得勝，人情是往往能戰敗理智的。

（一九二四年）劉大叔的兒子死了，而後，他的花園也出了手。他入廟為僧，夫人與小姐入庵為尼。由他的性格來說，他似乎勢必走入避世學禪的一途。但是由他的生活習慣上來說，大家總以為他不過能唸唸經，布施布施僧道而已，而絕對不會受戒出家。他居然出了家。在以前，他吃的是山珍海味，穿的是綾羅綢緞。他也嫖也賭。現在，他每日一餐，入秋還穿著件夏布道袍。這樣苦修，他的臉上還是紅紅的，笑聲還是洪亮的。對佛學，他有多麼深的認識，我不敢說。我卻真知道他是個好和尚，他知道一點便去作一點，能作一點便作一點。他的學問也許不高，但是他所知道的都能見諸實行。

出家以後，他不久就作了一座大寺的方丈。可是沒有好久就被驅逐出來。他是要作真和尚，所以他不惜變賣廟產去救濟苦人。廟裡不要這種方丈。一般的說，方丈的責任是要擴充廟產，而不是救苦救難的。離開大寺，他到一座沒有任何產業的廟裡作方丈。他自己既沒有錢，還須天天為僧眾們找到齋吃。同時，他還舉辦粥廠等等慈善事業。他窮，他忙，他每日只進一頓簡單的素餐，可是他的笑聲還是那麼洪亮。他的廟裡不應佛事，趕到有人來請，他便領著僧眾給人家去唸真經，不要報酬。他整天不在廟裡，但是他並沒忘了修持。他持戒越來越嚴，對經義也深有所獲。他白天在各處籌錢辦事，晚間在小室裡作功夫。誰見到這位破和尚也不會想到他曾是個在金子里長起來的闊大爺。

（一九三九年）有一天他正給一位圓寂了的和尚唸經，他忽然閉上了眼，就坐化了。火葬後，人們在他的身上發現許多舍利。

沒有他，我也許一輩子也不會入學讀書。沒有他，我也許永遠想不起幫助別人有什麼樂趣與意義。他是不是真的成了佛？我不知道。但是，我的確相信他的居心與苦行是與佛極相近似的。我在精神上物質上都受過他的好處，現在我的確願意他真的成了佛，並且盼望他以佛心引領我向善，正像在三十五年前，他拉著我去入私塾那樣！

他是宗月大師。

當我在小學畢了業的時候，親友一致的願意我去學手藝，好幫助母親。我曉得我應當去找飯吃，以減輕母親的勤勞困苦。可是，我也願意升學，考入了祖家街的第三中學，在「三中」沒有好久，我偷偷的考入了師範學校——制服，飲食，書籍，宿處，都由學校供給。只有這樣，我才敢對母親說升學的話。入學，要交十圓的保證金。這是一筆鉅款！母親作了半個月的難，把這鉅款籌到，而後含淚把我送出門去。她不辭勞苦，只要兒子有出息。當我由師範畢業，而被派為小學校校長，母親與我都一夜不曾闔眼。我只說了句：「以後，您可以歇一歇了！」她的回答只有一串串的眼淚。我入學之後，三姐結了婚。母親對兒女是都一樣疼愛的，但是假若她也有點偏愛的話，她應當偏愛三姐，因為自父親死後，家中一切的事情都是母親和三姐共同撐持的。三姐是母親的右手。但是母親知道這右手必須割去，她不能為自己的便利而耽誤了女兒的青春。當花轎來到我們的破門外的時候，母親的手就和冰一樣的涼，臉上沒有血色——那是陰曆四月，天氣很暖。大家都怕她暈過去。可是，她掙紮著，咬著嘴唇，手扶著門框，看花轎徐徐的走去。不久，姑母死了。三姐已出嫁，哥哥不在家，我又住學校，家中只剩母親自己。她還須自曉至晚的操作，可是終日沒人和她說一句話。

中學的時期是最憂鬱的，四五個新年中只記得一個，最淒涼的一個。那是頭一次改用陽曆，舊曆的除夕必須回學校去，不准請假。姑母剛死兩個多月，她和我們同住了三十年的樣子。她有時候很厲害，但大體上說，她很愛我。哥哥當差，不能回來。家中只剩母親一人——

新年最熱鬧，也最沒勁，我對它老是冷淡的。自從一記事兒起，家中就似乎很窮。爆竹總是聽別人放，我們自己是靜寂無嘩。記得最真的是家中一張「王羲之換鵝」圖。每逢除夕，母親必把它從個神祕的地方找出來，掛在堂屋裡。我在四點多鐘回到家中，母親並沒有把「王羲之」找出來。吃過晚飯，我不能不告訴母親了——我還得回校。她愣了半天，沒說什麼。我慢慢的走出去，她跟著走到街門。摸著袋中的幾個銅子，我不知道走了多少時候，才走到了學校。路上必是很熱鬧，可是我並沒看見，我似乎失了感覺。到了學校，學監先生正在學監室門口站著。他先問我：「回來了？」我行了個禮。他點了點頭，笑著叫了我一聲：「你還回去吧。」這一笑，永遠印在我心中。假如我將來死後能入天堂，我必把這一笑帶給上帝去看。

我好像沒走就又到了家，母親正對著一枝紅燭坐著呢。她的淚不輕易落，她又慈善又剛強。見我回來了，她臉上有了笑容，拿出一個細草紙包兒來：「給你買的雜拌兒，剛才一忙，也忘了給你。」母子好像有千言萬語，只是沒精神說。早早的就睡了。母親也沒精神。

使我念念不忘的是方唯一先生。方先生的字與文造詣都極深，我十六七歲練習古文舊詩受益於他老先生者最大。在五四運動以前，我雖然很年輕，可是我的散文是學桐城派，我的詩是學陸放翁與吳梅村。他給我一副對子。這一副對子是他臨死以前給我寫的，用筆運墨之妙，可以算他老人家的傑作。在抗戰前，無論我在哪裡住家，我總把它懸在最顯眼的地方。我還記得它的文字：「四世傳經是謂通德，一門訓善唯以永年。」——

第五節　沒有故事

人是為明天活著的，因為記憶中有朝陽曉露；假若過去的早晨都似地獄那麼裡暗醜惡，盼明天幹嘛呢？是的，記憶中也有痛苦危險，可是希望會把過去的恐怖裹上一層糖衣，像看著一出悲劇似的苦中有些甜美。無論怎說吧，過去的一切都不可移動；實在，所以可靠；明天的渺茫全仗昨天的實在撐持著，新夢是舊事的拆洗縫補。

對了，我記得她的眼。她死了好多年了，她的眼還活著，在我的心裡。這對眼睛替我看守著愛情。當我忙得忘了許多事。甚至於忙忘了她，這兩隻眼會忽然在一朵雲中，或一汪水裡，或一瓣花上，或一線光中，輕輕的一閃，像歸燕的翅兒，只須一閃，我便感到無限的春光。我立刻就回到那夢境中，哪一件小事都淒涼，甜美，如同獨自在春月下踏著落花。

這雙眼所引的一點愛火，只是極純的一個小火苗，像心中的一點晚霞，晚霞的結晶。它可以照明了流水遠山。照明了春花秋葉，給海浪一些金光，可是它恰好的也能在我心中，照明了我的淚珠。

它們只有兩個神情：一個是凝視，極短極快，可是千真萬確的凝視。只微微的一看，就看到我的靈魂，把一切都無聲的告訴了給我。凝視，一點也不錯，我知道她只須極短極快的一看，看的動作過去了，極快的過去了，可是，她心裡看著我呢，不定看多麼久呢；我到底得管這叫做凝視，不論它是多麼快，多麼短。一切的詩文都用不著，這一眼道盡了「愛」所會說的與所會作的。另一個是眼珠橫著一移動，由微笑移動到微笑裡去，在處女的尊嚴中笑出一點點被愛逗出的輕佻，由熱情中笑出一點點無法抑止的高興。

我沒和她說過一句話，沒握過一次手，見面連點頭都不點。可是我的一切，她知道；她的一切，我知道。我們用不著看彼此的服裝，用不著打聽彼此的身世，我們一眼看到一粒珍珠，藏在彼此的心裡；這一點點便是我們的一切，那些七零八碎的東西都是配搭，都無須注意。看我一眼，她低著頭輕快的走過去，把一點微笑留在她身後的空氣中，像太陽落後還留下一些明霞。

我們彼此躲避著，同時彼此願馬上摟抱在一處。我們輕輕的哀嘆；忽然遇見了，那麼凝視一下，登時歡喜起來，身上像減了份量，每一步都走得輕快有力，像要跳起來的樣子。

我們極願意過一句話，可是我們很怕交談，說什麼呢？哪一個日常的俗字能道出我們的心事呢？讓我們不開口，永不開口吧！我們的對視與微笑是永生的，是完全的，其餘的一切都是破碎微弱，不值得一作的。

我們分離有許多年了，她還是那麼秀美，那麼多情，在我的心裡。她將永遠不老，永遠只向我一個人微笑。在我的夢中，我常常看見她，一個甜美的夢是最真實，最純潔，最完美的，多少多少人生中的小困苦小折磨使我喪氣，使我輕看生命。可是，那個微笑與眼神忽然的從哪兒飛來，我想起唯有「人面桃花相映紅」差可託擬的一點心情與境界，我忘了困苦，我不再喪氣，我恢復了青春；

無疑的，我在她的潔白的夢中，必定還是個美少年呀。

春在燕的翅上，把春光顫得更明瞭一些，同樣，我的青春在她的眼裡，永遠使我的血溫暖，像土中的一顆子粒，永遠想發出一個小小的綠芽。一粒小豆那麼小的一點愛情，眼珠一移，嘴唇一動，日月都沒有了作用，到無論什麼時候，我們總是一對剛開開的春花。

不要再說什麼，不要再說什麼！我的煩惱也是香甜的呀，因為她那麼看過我！

第二章　餬口四方

第一節　「五四」

及壯，餬口四方，教書為業，甚難發財；每購獎券，以得末彩為榮，示甘於寒賤也。二十七歲，發憤著書，科學哲學無所懂，故寫小說，博大家一笑，沒什麼了不得。

第二節　小型的復活

「二十三，羅成關。」

二十三歲那一年的確是我的一關，幾乎沒有闖過去。

從生理上，心理上，和什麼什麼理上看，這句俗語確是個值得注意的警告。據一位學病理學的朋友告訴我：從十八到二十五歲這一段，最應當注意抵抗肺癆。事實上，不少人在二十三歲左右正忙著大學畢業考試，同時眼睛溜著畢業即失業那個鬼影兒；兩氣夾攻，身體上精神上都難悠悠自得，肺病自不會不乘虛而入。

放下大學生不提，一般的來說，過了二十一歲，自然要開始收起小孩子氣而想變成個大人了；有好些二十二三歲的小夥子留下小鬍子玩玩，過一兩星期再剃了去，即是一證。在這期間，事情得意呢，便免不得要嘗嘗一向認為是禁果的那些玩藝兒；既不再自居為小孩子，就該老聲老氣的幹些老人們所玩的風流事兒了。錢是自己賺的，不花出去豈不心中鬧得慌。吃煙喝酒，與穿上綢子褲褂，還都是小事；嫖嫖賭賭，才真夠得上大人味兒。要是事情不得意呢，憂鬱牢騷，此其時也，亦能損及健康。老實一點的人兒，即使事情得意，而又不肯瞎鬧，也總會想到找個女郎，過過戀愛生活，雖然老實，到底年輕沉不住氣，遇上以戀愛為遊戲的女子，結婚是一堆痛苦，失戀便許自殺。反之，天下有欠太平，顧不及來想自己，殺身成仁不甘落後，戰場上的血多是這般人身上的。

可惜沒有一套統計表來幫忙，我只好說就我個人的觀察，這個「羅成關論」是可以立得住的。就近取譬，我至少可以抬出自己作證，雖說不上什麼「科學的」，但到底也不失「有這麼一回」的價值。

二十三歲那年，我自己的事情，以報酬來講，不算十分的壞。每月我可以拿到一百多塊錢。十六七年前的一百塊是可以當現在二百塊用的；那時候還能花十五個小銅子就吃頓飽飯。我記得：一份肉絲炒三個油撕火燒，一碗餛飩帶沃兩個雞子，不過是十一二個銅子就可以開付；要是預備好十五枚作飯費，那就頗可以弄一壺白干喝喝了。

自然那時候的中交鈔票是一塊當作幾角用的，而月月的薪水永遠不能一次拿到，於是化整為零與化圓為角的辦法使我往往須當一兩票當才能過得去。若是痛痛快快的發錢，而錢又是一律現洋，我想我或者早已成個「闊老」了。

無論怎麼說吧，一百多圓的薪水總沒教我遇到極大的困難；當了當再贖出來，正合「裕民富國」

之道，我也就不悅不怨。每逢拿到幾成薪水，我便回家給母親送一點錢去。由家裡出來，我總感到世界上非常的空寂，非掏出點錢去不能把自己快樂的與世界上的某個角落發生關係。於是我去看戲，逛公園，喝酒，買「大喜」煙吃。因為看戲有了癮，我更進一步去和友人們學幾句，趕到酒酣耳熱的時節，我也能喊兩嗓子；好歹不管，喊喊總是痛快的。酒量不大，而頗好喝，湊上二三知己，便要上幾斤；喝到大家都舌短的時候，才正愛說話，說得爽快親熱，真露出點燕趙多慷慨悲歌之士的氣概來。這的確值得記住的。喝醉歸來，有時候把錢包手絹一齊交給洋車伕給儲存著，第二日醒過來，於傷心中仍略有豪放不羈之感。一次，我正住在翊教寺一家公寓裡。好友盧嵩庵從柳泉居運來一罈子「竹葉青」。又約來兩位朋友——內中有一位是不會喝的——大家就抄起茶碗來。罈子雖大，抵不上茶碗一個勁進攻；月亮還沒上來，罈子已空。幹什麼去呢？打牌玩吧。各拿出銅元百枚，約合大洋七角多，因這是古時候的事了。第一把牌將立起來，不曉得——至今還不曉得——我怎麼上了床。牌必是沒打成，因為我一睜眼已經紅日東昇了。

也學會了打牌。到如今我醒悟過來，我永遠成不了牌油子。我不肯費心去算計，而完全浪漫的把勝負交與運氣。我不看「地」上的牌，也不看上下家放的張兒，我只想像的希望來了好張子便成了清一色或是大三元。結果是回回一敗塗地。認識了這一個缺欠以後，對牌便沒有多大癮了，打不打都可以；可是，在那時候我絕不承認自己的牌臭，只要有人張羅，我便坐下了。

我想不起一件事比打牌更有害處的。喝多了酒可以受傷，但是剛醉過了，誰都不會馬上再去飲，除非是借酒自殺的。打牌可就不然了，明知有害，還要往下幹，有一個人說「再接著來」，誰便也捨不得走。在這時候，人好像已被那些小塊塊們給迷住，冷熱饑飽都不去管，把一切衛生常識全拋在一邊。越打越多吃煙喝茶，越輸越往上撞火。雞鳴了，手心發熱，腦子發暈，可是誰也不肯不捨命陪君子。打一通夜的麻雀，我深信，比害一場小病的損失還要大得多。但是，年輕氣盛，誰管這一套呢！

我只是不嫖。無論是多麼好的朋友拉我去，我沒有答應過一回。我好像是保留著這麼一點，以便自解自慰；什麼我都可以點頭，就是不能再往「那裡」去；只有這樣，當清夜捫心自問的時候才不至於把自己整個的放在荒唐鬼之群裡邊去。

可是，煙，酒，麻雀，已足使我瘦弱，痰中往往帶著點血！

那時候，婚姻自由的理論剛剛被青年們認為是救世的福音，而母親暗中給我定了親事。為退婚，我著了很大的急。既要非作個新人物不可，又恐太傷了母親的心，左右為難，心就繞成了一個小疙瘩。我請來三姐給我說情，老母含淚點了頭。我愛母親，但是我給了她最大的打擊。時代使我成為逆子。婚約到底是廢除了，可是我得到了很重的病。

病的初起，我只覺得混身發僵。洗澡，不出汗；滿街去跑，不出汗。我知道要不妙。兩三天下去，我服了一些成藥，無效。夜間，我作了個怪夢，夢見我彷彿是已死去，可是清清楚楚的聽見大家的哭聲。第二天清晨，我回了家，到家便起不來了。

「先生」是位太醫院的，給我下得什麼藥，我不曉得，我已昏迷不醒，不曉得要藥方來看。等我又能下了地，我的頭髮已全體與我脫離關係，頭光得像個磁球。半年以後，我還不敢對人脫帽，帽下空空如也。

經過這一場病，我開始檢討自己：那些嗜好必須戒除，從此要特別小心，這不是玩的！

可是，到底為什麼要學這些惡嗜好呢？啊，原來是因為月間有百十塊的進項，而工作又十分清閒。那麼，打算要不去胡鬧，必定先有些正經事作，清閒而報酬優的事情只能毀了自己。——

恰巧，這時候我的上司申斥了我一頓。我便辭了差。有的人說我太負氣，有的人說我被迫不能不辭職，我都不去管。我去找了個教書的地方，一月賺五十塊錢。在金錢上，不用說，我受了很大的損失；在勞力上自然也要多受好多的累。可是，我很快活：我又摸著了書本，一天到晚接觸的都是可愛的學生們。除了還吸菸，我把別的嗜好全自自然然的放下了。賺的錢少，作的事多，不肯花錢，也沒閒工夫去花。一氣便是半年，我沒吃醉過一回，沒摸過一次牌。累了，在校園轉一轉，或到運動場外看學生們打球，我的活動完全在學校裡，心整，生活有規律；設若再能把煙卷扔下，而多上幾次禮拜堂，我頗可以成個清教徒了。——

在南開中學教書的時候，我曾在校中國慶紀念會上說過：我願將「雙十」解釋作兩個十字架。為了民主政治，為了國民的共同福利，我們每個人須負起兩個十字架——耶穌只負起一個：為破壞、剷除舊的惡習，積弊，與像大菸癮那樣有毒的文化，我們須預備犧牲，負起一架十字架。同時，因為創造新的社會與文化，我們也須準備犧牲，再負起一架十字架。

想起來，我能活到現在，而且生活老多少有些規律，差不多全是那一「關」的功勞；自然，那回要是沒能走過來，可就似乎有些不妥了。「二十三，羅成關」，是個值得注意的警告！

第三節　英國

二十七歲，我上了英國。為了自己，我給六十多歲的老母以第二次打擊。在她七十大壽的那一天，我還遠在異域。那天，據姐姐們後來告訴我，老太太只喝了兩口酒，很早的便睡下。她想念她的幼子，而不便說出來。

一、頭一天

那時候（一晃幾十年了），我的英語就很好。我能把它說得不像英語，也不像德語，細聽才聽得出——原來是「華英官話」。那就是說，我很藝術的把幾個英國字勻派在中國字裡，如雞兔之同籠。英國人把我說得一愣一愣的，我可也把他們說得直眨眼；他們說的他們明白，我說的我明白，也就很過得去了。

……

給它個死不下船，還有錯兒麼？！反正船得把我運到倫敦去，心裡有底！

果然一來二去的到了倫敦。船停住不動，大家都往下搬行李，我看出來了，我也得下去。什麼碼頭？顧不得看；也不顧問，省得又招人們眨眼。檢驗護照，我是末一個——英國人不像我們這樣客氣，外國人得等著。等了一個多鐘頭，該我了。兩個小官審了我一大套，我把我心裡明白的都說了，他倆大概沒明白。他們在護照上蓋了個戳兒，我「看」明白了：「准停留一月 Only」（後來由學校宴請內務部把這個給登出了，不在話下）。管它 Only 還是「哼來」，快下船哪，別人都走了，敢情還得檢查行李呢。這回很乾脆：「煙？」我說「no」；「絲？」又一個「no」。皮箱上畫了一道符，完事。我的英語很有根了，心裡說。看別人買車票，我也買了張；大家走，我也走；反正他們知道上哪兒。他們要是走丟了，我還能不陪著麼？上了火車。火車非常的清潔舒服。越走，四外越綠，高高低低全是綠汪汪的。太陽有時出來，有時進去，綠地的深淺時時變動。遠處的綠坡託著黑雲，綠色特別的深厚。看不見莊稼，處處是短草，有時看見一兩只搖尾食草的牛。這不是個農業國。

……

車停在 Cannon Street。大家都下來，站臺上不少接客的男女，接吻的聲音與姿勢各有不同，我也慢條斯理的下來；上哪兒呢？啊，來了救兵，易文思教授向我招手呢。他的中國話比我的英語應多得著九十多分。他與我一人一件行李，走向道地車站去；有了他，上地獄也不怕了。坐道地火車到了 Liverpool Street。這是個大車站。把行李交給了轉運處，他們自會給送到家去。然後我們喝了杯啤酒，吃了塊點心。車站上，道地裡，轉運處，咖啡館，給我這麼個印象：外面都是烏黑不起眼，可是裡面非常的清潔有秩序。後來我慢慢看到，英國人也是這樣。臉板得要哭似的，心中可是很幽默，很會講話。他們慢，可是有準。易教授早一分鐘也不來，車進了站，他也到了。他想帶我上學校去，就在車站的外邊。想了想，又不去了，因為這天正是禮拜。他告訴我，已給我找好了房，而且是和許地山在一塊。我更痛快了，見了許地山還有什麼事作呢，除了說笑話？

……

易教授住在 Barnet，所以他也在那裡給我找了房。這雖在「大倫敦」之內，實在是屬 Hertfordshire，離倫敦有十一哩，坐快車得走半點多鐘。我們就在原車站上了車，趕到車快到目的地，又看見大片的綠草地了。下了車，易先生笑了。說我給帶來了陽光。果然，樹上還掛著水珠，大概是剛下過雨去。

……

正是九月初的天氣，地上潮陰陰的，樹和草都綠得鮮靈靈的。由車站到住處還要走十分種。街上差不多沒有什麼行人，汽車電車上也空空的。禮拜天。街道很寬，鋪戶可不大，都是些小而明潔的，此處已沒有倫敦那種烏黑色。鋪戶都關著門，路右邊有一大塊草場，遠處有一片樹林，使人心中安靜。

……

最使我忘不了的是一進了衚衕：Carnarvon Street。這是條不大不小的衚衕。路是柏油碎石子的，路邊上還有些流水，因剛下過雨去。兩旁都是小房，多數是兩層的，瓦多是紅色。走道上有小樹，多像冬青，結著紅豆。房外二尺多的空地全種著花草，我看見了英國的晚玫瑰。窗都下著簾，綠蔓有的爬滿了窗沿。路上幾乎沒人，也就有十點鐘吧，易教授的大皮鞋響聲占滿了這衚衕，沒有別的聲。那些房子實在不是很體面，可是被靜寂，清潔，花草，紅綠的顏色，雨後的空氣與陽光，給了一種特別的味道。它是城市，也是村莊，它本是在倫敦作事的中等人的居住區所。房屋表現著小市民氣，可是有一股清香的氣味，和一點安適太平的景象。

……

將要作我的寓所的也是所兩層的小房，門外也種著一些花，雖然沒有什麼好的，倒還自然；窗沿上懸著一兩枝灰粉的豆花。房東是兩位老姑娘，姐已白了頭，胖胖的很傻，說不出什麼來。妹妹作過教師，說話很快，可是很清晰，她也有四十上下了。妹妹很尊敬易教授，並且感謝他給介紹兩位中國朋友。許地山在屋裡寫小說呢，用的是一本油鹽店的帳本，筆可是鋼筆，時時把筆尖插入帳本裡去，似乎表示著力透紙背。

……

房子很小：樓下是一間客廳，一間飯室，一間廚房。樓上是三個臥室，一個浴室。由廚房出去，有個小院，院裡也有幾棵玫瑰，不怪英國史上有玫瑰戰爭，到處有玫瑰，而且種類很多。院牆只是點矮矮的木樹，左右鄰家也有不少花草，左手裡的院中還有幾株梨樹，掛了不少果子。我說「左右」，因自從在海上便轉了方向，太陽天天不定從哪邊出來呢！

……

這所小房子裡處處整潔，據地山說，都是妹妹一個人收拾的；姐姐本來就傻，對於工作更會「裝」傻。他告訴我，她們的父親是開麵包房的，死時把買賣給了兒子，把兩所小房給了二女。姐妹倆賣出去一所，把錢存起吃利；住一所，租兩個單身客，也就可以維持生活。哥哥不管她們，她們也不求哥哥。妹妹很累，她操持一切；她不肯叫住客把硬領與襪子等交洗衣房：她自己給洗並燙平。在相當的範圍內，她沒完全商業化了。

易先生走後，姐姐戴起大而多花的帽子，去作禮拜。妹妹得作飯，只好等晚上再到教堂去。她們很虔誠；同時，教堂也是她們唯一的交際所在。姐姐並聽不懂牧師講的是什麼，地山告訴我。路上慢慢有了人聲，多數是老太婆與小孩子，都是去禮拜的。偶爾也跟著個男人，打扮得非常莊重，走路很響，是英國小紳士的味兒。鄰家有彈琴的聲音。

……

飯好了，姐姐才回來，傻笑著。地山故意的問她，講道的內容是什麼？她說牧師講的很深，都是哲學。飯是大塊牛肉。由這天起，我看見牛肉就發暈。英國普通人家的飯食，好處是在乾淨；茶是真熱。口味怎樣，我不敢批評，說著傷心。

……

飯後，又沒了聲音。看著屋外的陽光出沒，我希望點蟬聲，沒有。什麼聲音也沒有。連地山也不講話了。寂靜使我想起家來，開始寫信。地山又拿出帳本來，寫他的小說。

……

倫敦邊上的小而靜的禮拜天。

二、艾支頓

在那裡住過一冬，我搬到倫敦的西部去。這回是與一個叫艾支頓的合租一層樓。所以事實上我所要說的是這個艾支頓——稱他為二房東都勉強一些——而不是真正的房東。我與他一氣在那裡住了三年。

這個人的父親是牧師，他自己可不信宗教。當他很年輕的時候，他和一個女子由家中逃出來，在倫敦結了婚，生了三四個小孩。他有相當的聰明，好讀書。專就文字方面上說，他會拉丁文，希臘文，德文，法文，程度都不壞。英文，他寫得非常的漂亮。他作過一兩本講教育的書，即使內容上不怎樣，他的文字之美是公認的事實。我願意同他住在一處，差不多是為學些道地好英文。在大戰時，他去投軍。因為心臟弱，報不上名。他硬擠了進去。見到了軍官，憑他的談吐與學識，自然不會被叉去帳外。一來二去，他升到中校，差不多等於中國的旅長了。

戰後，他拿了一筆不小的遣散費，回到倫敦，重整舊業，他又去教書。為充實學識，還到過維也納聽弗洛依德的心理學。後來就在牛津的補習學校教書。這個學校是為工人們預備的，彷彿有點像國內的暑期學校，不過目的不在補習升學的功課。作這種學校的教員，自然沒有什麼地位，可是實利上並不壞：一年只作半年的事，薪水也並不很低。這個，大概是他的黃金「時代」。以身分言，中校；以學識言，有著作；以生活言，有個清閒舒服的事情。

也正是在這個時候，他和一位美國女子發生了戀愛。她出自名家，有碩士的學位，來倫敦遊玩，遇上了他。她的學識正好補足他的，她是學經濟的；他在補習學校演講關於經濟的問題，她就給他預備稿子。

他的夫人告了。離婚案剛一提到法庭，補習學校便免了他的職。這種案子在牛津與劍橋還是鬧不得的！離婚案成立，他得到自由，但須按月供給夫人一些錢。

在我遇到他的時候，他正極狼狽。自己沒有事，除了夫婦的花消，還得供給原配。幸而碩士找到了事，兩份兒家都由她支援著。他空有學問，找不到事。可是兩家的感情漸漸的改善，兩位夫人見了面，他每月給第一位夫人送錢也是親自去，他的女兒也肯來找他。這個，可救不了窮。窮，他還很會花錢，作過幾年軍官，他揮霍慣了。錢一到他手裡便不會老實。他愛買書，愛吸好煙，有時候還得喝一盅。我在東方學院見了他，他到那裡學華語；不知他怎麼弄到手裡幾鎊錢，便出了這個主意。見到我，他說彼此交換知識，我多教他些中文，他教我些英文，豈不甚好？為學習的方便，頂好是住在一處，假若我出房錢，他就供給我飯食。我點了頭，他便找了房。

艾支頓夫人真可憐。她早晨起來，便得作好早飯。吃完，她急忙去作工，拚命的追公共汽車；永遠不等車站穩就跳上去，有時把腿碰得紫裡蒿青。五點下工，又得給我們作晚飯。她的烹調本事不算高明，我倆一有點不愛吃的表示，她便立刻淚在眼眶裡轉。有時候，艾支頓賣了一本舊書或一張畫，手中摸著點錢，笑著請我們出去吃一頓。有時候我看她太疲乏了，就請他倆吃頓中國飯。在這種時節，她喜歡得像小孩子似的。

他的朋友多數和他的情形差不多。我還記得幾位：有一位是個年輕的工人，談吐很好，可是時常失業，一點也不是他的錯兒，怎奈工廠時開時閉。他自然的是個社會主義者，每逢來看艾支頓，他倆便粗著脖子紅著臉的爭辯。艾支頓也很有口才，不過與其說他是為政治主張而爭辯，還不如說是為爭辯而爭辯。還有一位小老頭也常來，他頂可愛。德文，義大利文，西班牙文，他都能讀能寫能講，但是找不到事作；閒著沒事，他只為一家磁磚廠吆喝買賣，拿一點扣頭。另一位老者，常上我們這一帶來給人家擦玻璃，也是我們的朋友。這個老頭是位博士。趕上我們在家，他便一邊擦著玻璃，一邊和我們討論文學與哲學。孔子的哲學，泰高爾的詩，他都讀過，不用說西方的作家了。

只提這麼三位吧，在他們的身上使我感到工商資本主義的社會的崩潰與罪惡。他們都有知識，有能力，可是被那個社會制度捆住了手，使他們抓不到麵包。成千論萬的人是這樣，而且有遠不及他們三個的！找個事情真比登天還難！

艾支頓一直閒了三年。我們那層樓的租約是三年為限。住滿了，房東要加租，我們就分離開，因為再找那樣便宜和恰好夠三個人住的房子，是大不容易的。雖然不在一塊兒住了，可是還時常見面。艾支頓只要手裡有夠看電影的錢，便立刻打電話請我去看電影。即使一個禮拜，他的手中徹底的空空如也，他也會約我到家裡去吃一頓飯。自然，我去的時候也老給他們買些東西。這一點上，他不像普通的英國人，他好請朋友，也很坦然的接受朋友的約請與餽贈。有許多地方，他都帶出點浪漫勁兒，但他到底是個英國人，不能完全放棄紳士的氣派。

直到我回國的時際，他才找到了事——在一家大書局裡作顧問，薦舉大陸上與美國的書籍，經書局核准，他再找人去翻譯或——若是美國的書——出英國版。我離開英國後，聽說他已被那個書局聘為編輯員。

三、達爾曼一家

離開他們夫婦，我住了半年的公寓，不便細說；房東與房客除了交租金時見一面，沒有一點別的關係。在公寓裡，晚飯得出去吃，既費錢，又麻煩，所以我又去找房間。這回是在倫敦南部找到一間房子，房東是老夫婦，帶著個女兒。

這個老頭兒——達爾曼先生——是幹什麼的，至今我還不清楚。一來我只在那兒住了半年，二來英國人不喜歡談私事，三來達爾曼先生不愛說話，所以我始終沒得機會打聽。偶爾由老夫婦談話中聽到一兩句，彷彿他是木器行的，專給人家設計作家具。他身邊常帶著尺。但是我不敢說肯定的話。

這個老頭兒是道地英國的小市民，有什麼說的，便是重述《晨報》上的訊息與意見。凡是《晨報》所說的都對！他有房，有點積蓄，勤苦，乾淨，什麼也不知道，只曉得自己的工作是神聖的，英國人是世界上最好的人。

達爾曼太太是女性的達爾曼先生，她的意見不但得自《晨報》，而且是由達爾曼先生口中念出的那幾段《晨報》，她沒工夫自己去看報。

達爾曼姑娘只看《晨報》上的廣告。有一回，或者是因為看我老拿著本書，她向我借一本小說。隨手的我給了她一本威爾思的幽默故事。唸了一段，她的臉都氣紫了！我趕緊出去在報攤上給她找了本六個便士的羅曼司，內容大概是一個女招待嫁了個男招待，後來才發現這個男招待是位伯爵的承繼人。這本小書使她對我又有了笑臉。

她沒事作，所以在分類廣告上登了一小段廣告——教授跳舞。她的技術如何，我不曉得，不過她宣告願減收半費教給我的時候，我沒出聲。把知識變成金錢，是她，和一切小市民的格言。

她有點苦悶，沒有男朋友約她出去玩耍，往往吃完晚飯便假裝頭疼，跑到樓上去睡覺。婚姻問題在那經濟不景氣的國度裡，真是個沒法辦的問題。我看她恐怕要窩在家裡！「房東太太的女兒」往往成為留學生的夫人，這是留什麼外史一類小說的好材料；其實，裡面的意義並不止是留學生的荒唐呀。

四、東方學院

從一九二四年的秋天，到一九二九年的夏天，我一直的在倫敦住了五年。除了暑假寒假和春假中，我有時候離開倫敦幾天，到鄉間或別的城市去遊玩，其餘的時間都消磨在這個大城裡。我的工作不許我到別處去，就是在假期裡，我還有時候得到學校去。我的錢也不許我隨意的去到各處跑，英國的旅館與火車票價都不很便宜。

我工作的地方是東方學院，倫敦大學的各學院之一。這裡，教授遠東近東和非洲的一切語言文字。重要的語言都成為獨立的學系，如中國語，阿拉伯語等；在語言之外還講授文學哲學什麼的。次要的語言，就只設一個固定的講師，不成學系，如日本語；假如有人要特意的請求講授日本的文學或哲學等，也就由這個講師包辦。不甚重要的語言，便連固定的講師也不設，而是有了學生再臨時去請教員，按鐘點計算報酬。譬如有人要學蒙古語文或非洲的非英屬的某地語文，便是這麼辦。自然，這裡所謂的重要與不重要，是多少與英國的政治，軍事，商業等相關聯的。

在學系裡，大概的都是有一位教授，和兩位講師。教授差不多全是英國人；兩位講師總是一個英國人，和一個外國人——這就是說，中國語文繫有一位中國講師，阿拉伯語文繫有一位阿拉伯人作講師。這是三位固定的教員，其餘的多是臨時請來的，比如中國語文系裡，有時候於固定的講師外，還有好幾位臨時的教員，假若趕到有學生要學中國某一種方言的話；這系裡的教授與固定講師都是說官話的，那麼要是有人想學廈門話或紹興話，就非去臨時請人來教不可。

這裡的教授也就是倫敦大學的教授。這裡的講師可不都是倫敦大學的講師。以我自己說，我的聘書是東方學院發的，所以我只算學院裡的講師，和大學不發生關係。那些英國講師多數的是大學的講師，這倒不一定是因為英國講師的學問怎樣的好，而是一種資格問題：有了大學講師的資格，他們好有升格的希望，由講師而副教授而教授。教授既全是英國人，如前面所說過的，那麼外國人得到了大學的講師資格也沒有多大用處。況且有許多部分，根本不成為學系，沒有教授，自然得到大學講師的資格也不會有什麼發展。在這裡，看出英國人的偏見來。以梵文，古希伯來文，阿拉伯文等說，英國的人才並不弱於大陸上的各國；至於遠東語文與學術的研究，英國顯然的追不上德國或法國。設若英國人願意，他們很可以用較低的薪水去到德法等國聘請較好的教授。可是他們不肯。他們的教授必須是英國人，不管學問怎樣。就我所知道的，這個學院裡的中國語文學系的教授，還沒有一位真正有點學問的。這在學術上是吃了虧，可是英國人自有英國人的辦法，絕不會聽別人的。幸而呢，別的學系真有幾位好的教授與講師，好歹一背拉，這個學院的教員大致的還算說得過去。況且，於各系的主任教授而外，還有幾位學者來講專門的學問，像印度的古代律法，巴比侖的古代美術等等，把這學院的聲價也提高了不少。在這些教員之外，另有位音韻學專家，教給一切學生以發音與辨音的訓練與技巧，以增加學習語言的效率。這倒是個很好的辦法——

大概的說，此處的教授們並不像牛津或劍橋的教授們那樣只每年給學生們一個有系統的講演，而是每天與講師們一樣的教功課。這就必須說一說此處的學生了。到這裡來的學生，幾乎沒有任何的限制。以年齡說，有的是七十歲的老夫或老太婆，有的是十幾歲的小男孩或女孩。只要交上學費，便能入學。於是，一人學一樣，很少有兩個學生恰巧學一樣東西的。拿中國語文系說吧，當我在那兒的時候，學生中就有兩位七十多歲的老人：一位老人是專學中國字，不大管它們都唸作什麼，所以他指定要英國的講師教他。另一位老人指定要跟我學，因為他非常注重發音；他對語言很有研究，古希臘，拉丁，希伯來，他都會，到七十多歲了，他要聽聽華語是什麼味兒；學了些日子華語，他又選上了日語。這兩個老人都很用功，頭髮雖白，心卻不笨。這一對老人而外，還有許多學生：有的學言語，有的唸書，有的要在倫敦大學得學位而來預備論文，有的念元曲，有的念《漢書》，有的是要往中國去，所以先來學幾句話，有的是已在中國住過十年八年而想深造……總而言之，他們學的功課不同，程度不同，上課的時間不同，所要的教師也不同。這樣，一個人一班，教授與兩個講師便一天忙到晚了。這些學生中最小的一個才十二歲——

因此，教授與講師都沒法開一定的課程，而是兵來將擋，學生要學什麼，他們就得教什麼；學院當局最怕教師們說「這我可教不了」。於是，教授與講師就很不易當。還拿中國語文系說吧，有一回，一個英國醫生要求教他點中國醫學。我不肯教，教授也瞪了眼。結果呢，還是由教授和他對付了一個學期。我很佩服教授這點對付勁兒；我也準知道，假若他不肯敷衍這個醫生，大概院長那兒就更難對付。由這一點來說，我很喜歡這個學院的辦法，來者不拒，一人一班，完全聽學生的。不過，要這樣辦，教員可得真多，一系裡只有兩三個人，而想使個個學生滿意，是作不到的。

成班上課的也有：軍人與銀行裡的練習生。軍人有時候一來就是一撥兒，這一撥兒分成幾組，三個學中文，兩個學日文，四個學土耳其文……既是同時來的，所以可以成班。這是最好的學生。他們都是小軍官，又差不多都是世家出身，所以很有規矩，而且很用功。他們學會了一種語言，不管用得著與否，只要考試及格，在餉銀上就有好處。據說會一種語言的可以每年多關一百鎊錢。他們在英國學一年中文，然後就可以派到中國來。到了中國，他們繼續用功，而後回到英國受試驗，試驗及格便加薪俸了。我幫助考過他們，考題很不容易，言語，要能和中國人說話；文字，要能讀大報紙上的社會論與新聞，和能將中國的操典與公文譯成英文。學中文的如是，學別種語文的也如是。厲害！英國的祕密偵探是著名的，軍隊中就有這麼多，這麼好的人才呀：和哪一國交戰，他們就有會哪一國言語文字的軍官。我認得一個年輕的軍官，他已考及格過四種言語的初級試驗，才二十三歲！想打倒帝國主義麼，啊，得先充實自己的學問與知識，否則喊啞了嗓子只有自己難受而已。

最壞的學生是銀行的練習生們。這些都是中等人家的子弟——不然也進不到銀行去——可是沒有軍人那樣的規矩與紀律，他們來學語言，只為馬馬虎虎混個資格，考試一過，馬上就把「你有錢，我吃飯」忘掉。考試及格，他們就有被呼叫到東方來的希望，只是希望，並不保準。即使真被派遣到東方來，如新加坡，香港，上海等處，他們早知道滿可以不說一句東方語言而把事全辦了。他們是來到這個學院預備資格，不是預備言語，所以不好好的學習。教員們都不喜歡教他們，他們也看不起教員，特別是外國教員。沒有比英國中等人家的二十上下歲的少年再討厭的了，他們有英國人一切的討厭，而英國人所有的好處他們還沒有學到，因為他們是正在剛要由孩子變成大人的時候，所以比大人更討厭。

班次這麼多，功課這麼複雜，不能不算是累活了。可是有一樣好處；他們排功課表總設法使每個教員空閒半天。星期六下午照例沒有課，再加上每週當中休息半天，合起來每一星期就有兩天的休息。再說呢，一年分為三學期，每學期只上十個星期的課，一年倒可以有五個月的假日，還算不壞。不過，假期中可還有學生願意上課；學生願意，先生自然也得願意，所以我不能在假期中一氣離開倫敦許多天。這可也有好處，假期中上課，學費便歸先生要。

學院裡有個很不錯的圖書館，專藏關於東方學術的書籍，樓上還有些中國書。學生在上課前，下課後，不是在休息室裡，便是到圖書館去，因為此外別無去處。這裡沒有運動場等等的裝置，學生們只好到圖書館去看書，或在休息室裡吸菸，沒別的事可作。學生既多數的是一人一班，而且上課的時間不同，所以不會有什麼團體與運動。每一學期至多也不過有一次茶話會而已。這個會總是在圖書館裡開，全校的人都被約請。沒有演說，沒有任何儀式，只有茶點，隨意的吃。在開這個會的時候，學生才有彼此接談的機會，老幼男女聚在一處，一邊喫茶一邊談話。這才看出來，學生並不少；平日一個人一班，此刻才看到成群的學生。

假期內，學院裡清靜極了，只有圖書館還開著，讀書的人可也並不甚多。我的《老張的哲學》，《趙子曰》，與《二馬》，大部分是在這裡寫的，因為這裡清靜啊。那時候，學院是在倫敦城裡。四外有好幾個火車站，按說必定很亂，可是在學院裡並聽不到什麼聲音。圖書館靠街，可是正對著一塊空地，有些花木，像個小公園。讀完了書，到這個小公園去坐一下，倒也方便。現在，據說這個學院已搬到大學裡去，圖書館與課室——一個友人來信這麼說——相距很遠，所以館裡更清靜了。哼，希望多咱有機會再到倫敦去，再在這圖書館裡寫上兩本小說！

五、寫小說

二十七歲出國。為學英文，所以念小說，可是還沒想起來寫作。到異鄉的新鮮勁兒漸漸消失，半年後開始感覺寂寞，也就常常想家。從十四歲就不住在家裡，此處所謂「想家」實在是想在國內所知道的一切。那些事既都是過去的，想起來便像一些圖畫，大概那色彩不甚濃厚的根本就想不起來了。這些圖畫常在心中來往，每每在讀小說的時候使我忘了讀的是什麼，而呆呆的憶及自己的過去。小說中是些圖畫，記憶中也是些圖畫，為什麼不可以把自己的圖畫用文字畫下來呢？我想拿筆了。

◈《老張的哲學》

但是，在拿筆以前，我總得有些畫稿子呀。那時候我還不知道世上有小說作法這類的書，怎辦呢？對中國的小說我讀過唐人小說和《儒林外史》什麼的，對外國小說我才唸了不多，而且是東一本西一本，有的是名家的著作，有的是女招待嫁皇太子的夢話。後來居上，新讀過的自然有更大的勢力，我決定不取中國小說的形式，可是對外國小說我知道的並不多，想選擇也無從選擇起。好吧，隨便寫吧，管它像樣不像樣，反正我又不想發表。況且呢，我剛讀了 Nicholas · Nickleby（《尼考拉斯·尼柯爾貝》）和 Pick-wickPapers（《匹克威克外傳》）等雜亂無章的作品，更足以使我大膽放野；寫就好，管它什麼。這就決定了那想起便使我害羞的《老張的哲學》的形式。

形式是這樣決定的；內容呢，在人物與事實上我想起什麼就寫什麼，簡直沒有箇中心；浮在記憶上的那些有色彩的人與事都隨手取來，沒等把它們安置好，又去另拉一批，人擠著人，事挨著事，全喘不過氣來。這一本中的人與事，假如擱在今天寫，實在夠寫十本的。

在思想上，那時候我覺得自己很高明，所以毫不客氣的叫做「哲學」。哲學！現在我認明白了自己；假如我有點長處的話，必定不在思想上。我的感情老走在理智前面，我能是個熱心的朋友，而不能給人以高明的建議。感情使我的心跳得快，因而不加思索便把最普通的、浮淺的見解拿過來，作為我判斷一切的準則。在一方面，這使我的筆下常常帶些感情；在另一方面，我的見解總是平凡。

假若我專靠著感情，也許我能寫出有相當偉大的悲劇，可是我不徹底；我一方面用感情咂摸世事的滋味，一方面我又管束著感情，不完全以自己的愛憎判斷。這種矛盾是出於我個人的性格與環境。我自幼便是個窮人，在性格上又深受我母親的影響——她是個楞挨餓也不肯求人的，同時對別人又是很義氣的女人。窮，使我好罵世；剛強，使我容易以個人的感情與主張去判斷別人；義氣，使我對別人有點同情心。有了這點分析，就很容易明白為什麼我要笑罵，而又不趕盡殺絕。我失了諷刺，而得到幽默。據說，幽默中是有同情的。我恨壞人，可是壞人也有好處；我愛好人，而好人也有缺點：「窮人的狡猾也是正義」，還是我近來的發現；在十年前我只知道一半恨一半笑的去看世界。

有人說，《老張的哲學》並不幽默，而是討厭。我不完全承認，也不完全否認這個。有的人天生的不懂幽默；一個人一個脾氣，無須再說什麼。有的人急於救世救國救文學，痛恨幽默；這是師出有名，除了太專制一些，尚無大毛病。不過這兩種人說我討厭，我不便為自己辯護，可也不便馬上抽自己幾個嘴巴。有的人理會得幽默，而覺得我太過火，以至於討厭。我承認這個。前面說過了，我初寫小說，只為寫著玩玩，並不懂何為技巧，哪叫控制。我信口開河，抓住一點，死不放手，誇大了還要誇大，而且津津自喜，以為自己的筆下跳脫暢肆。討厭？當然的。

大概最討厭的地方是那半白半文的文字。以文字耍俏本來是最容易流於耍貧嘴的，可是這個誘惑不易躲避；一個局面或事實可笑，自然而然在描寫的時候便順手加上了招笑的文字，以助成那誇張的陳述。適可而止；好不容易。

寫成此書，大概費了一年的工夫。閒著就寫點，有事便把它放在一旁，所以漓漓拉拉的延長到一年；若是一氣寫下，本來不需要這麼多的時間。寫的時候是用三個便士一本的作文簿，鋼筆橫書，寫得不甚整齊。這些小事足以證明我沒有大吹大擂的通電全國——我在著作；還是那句話，我只是寫著玩。寫完了，許地山兄來到倫敦；一塊兒談得沒有什麼好題目了，我就掏出小本給他念兩段。他沒給我什麼批評，只顧了笑。後來，他說寄到國內去吧。我倒還沒有這個勇氣；即使寄去，也得先修改一下。可是他既不告訴我哪點應當改正，我自然聞不見自己的腳臭；於是馬馬虎虎就寄給了鄭西諦兄——並沒掛號，就那麼捲了一卷扔在郵局。兩三個月後，《小說月報》居然把它登載出來。我到中國飯館吃了頓「雜碎」，作為犒賞三軍。

◈《趙子曰》

我只知道《老張的哲學》在《小說月報》上發表了，和登完之後由文學研究會出單行本。自己的作品用鉛字印出來總是件快事，我自然也覺得高興。《趙子曰》便是這點高興的結果。我知道「老張」很可笑，很生動；好了，照樣再寫一本就是了。於是我就開始寫《趙子曰》。

材料自然得換一換：「老張」是講些中年人們，那麼這次該換些年輕的了。寫法可是不用改，把心中記得的人與事編排到一處就行。「老張」是揭發社會上那些我所知道的人與事，「老趙」是描寫一群學生。不管是誰與什麼吧，反正要寫得好笑好玩；一回吃出甜頭，當然想再吃；所以這兩本東西是同窩的一對小動物。

可是，這並不完全正確。怎麼說呢？「老張」中的人多半是我親眼看見的，其中的事多半是我親身參加過的；因此，書中的人與事才那麼擁擠紛亂；專憑想像是不會來得這麼方便的。這自然不是說，此書中的人物都可以——的指出，「老張」是誰誰，「老李」是某某。不，絕不是！所謂「真」，不過是大致的說，人與事都有個影子，而不是與我所寫的完全一樣。它是我記憶中的一個百貨店，換了東家與字號，即使還賣那些舊貨，也另經擺列過了。其中頂壞的角色也許長得像我所最敬愛的人；就是叫我自己去分析，恐怕也沒法作到一個蘿蔔一個坑兒。不論怎樣吧，為省事起見，我們暫且籠統的說「老張」中的人與事多半是真實的。趕到寫《趙子曰》的時節，本想還照方抓一劑，可是材料並不這麼方便了。所以只換換材料的話不完全正確。這就是說：在動機上相同，而在執行時因事實的困難使它們不一樣了。

在寫「老張」以前，我已作過六年事，接觸的多半是與我年歲相同的中年人。我雖沒想到去寫小說，可是時機一到，這六年中的經驗自然是極有用的。這成全了「老張」，但委屈了《趙子曰》，因為我在一方面離開學生生活已六七年，而在另一方面這六七年中的學生已和我作學生時候的情形大不相同了，即使我還清楚地記得自己的學校生活也無補於事。我在「招待學員」的公寓裡住過，我也極同情於學生們的熱烈與活動，可是我不能完全把自己當作個學生，於是我在解放與自由的聲浪中，在嚴重而混亂的場面中，找到了笑料，看出了縫子。在今天想起來，我之立在「五四」運動外面使我的思想吃了極大的虧，《趙子曰》便是個明證，它不鼓舞，而在輕搔新人物的癢癢肉！

有了這點說明，就曉得這兩本書的所以不同了。「老張」中事實多，想像少；《趙子曰》中想像多，事實少。「老張」中縱有極討厭的地方，究竟是與真實相距不遠；有時候把一件很好的事描寫得不堪，那多半是文字的毛病；文字把我拉了走，我收不住腳。至於《趙子曰》，簡直沒多少事實，而只有些可笑的體態，像些滑稽舞。小學生看了能跳著腳笑，它的長處止於此！我並不是幽默完又後悔；真的，真正的幽默確不是這樣，現在我知道了，雖然還是眼高手低。

此中的人物只有一兩位有個真的影子，多數的是臨時想起來的；好的壞的都是理想的，而且是箇中年人的理想，雖然我那時候還未到三十歲，我自幼貧窮，作事又很早，我的理想永遠不和目前的事實相距很遠，假如使我設想一個地上樂園，大概也和那初民的滿地流蜜，河裡都是鮮魚的夢差不多。窮人的空想大概離不開肉餡饅頭，我就是如此。明乎此，才能明白我為什麼有說有笑，好諷刺而並沒有絕高的見解。因為窮，所以作事早；作事早，碰的釘子就特別的多；不久，就成了中年人的樣子。不應當如此，但事實上已經如此，除了酸笑還有什麼辦法呢？！

前面已經提過，在立意上，《趙子曰》與「老張」是魯衛之政，所以《趙子曰》的文字還是——往好裡說——很挺拔俐落。往壞裡說呢，「老張」所有的討厭，「老趙」一點也沒減少。可是，在結構上，從《趙子曰》起，一步一步的確是有了進步，因為我讀的東西多了。《趙子曰》已比「老張」顯著緊湊了許多。

這本書裡只有一個女角，而且始終沒露面。我怕寫女人；平常日子見到女人也老覺得拘束。在我讀書的時候，男女還不能同校；在我作事的時候，終日與些中年人在一處，自然要假裝出穩重。我沒機會交女友，也似乎以此為榮。在後來的作品中雖然有女角，大概都是我心中想出來的，而加上一些我所看到的女人的舉動與姿態；設若有人問我：女子真是這樣麼？我沒法不搖頭，假如我不願撒謊的話。《趙子曰》中的女子沒露面，是我最誠實的地方。

這本書仍然是用極賤的「練習簿」寫的，也經過差不多一年的工夫。寫完，我交給寧恩承兄先讀一遍，看看有什麼錯兒；他笑得把鹽當作了糖，放到茶裡，在吃早飯的時候。

◈《二馬》

《二馬》是我在國外的末一部作品：從「作」的方面說，已經有了些經驗；從「讀」的方面說，我不但讀得多了，而且認識了英國當代作家的著作。心理分析與描寫工細是當代文藝的特色；讀了它們，不會不使我感到自己的粗劣，我開始決定往「細」裡寫。

《二馬》中的細膩處是在《老張的哲學》與《趙子曰》裡找不到的，「張」與「趙」中的潑辣恣肆處從《二馬》以後可是也不多見了。人的思想不必一定隨著年紀而往穩健裡走，可是文字的風格差不多是「晚節漸於詩律細」的。讀與作的經驗增多，形式之美自然在心中添了份量，不管個人願意這樣與否。

《二馬》在一開首便把故事最後的一幕提出來，就是這「求細」的證明：先有了結局，自然是對故事的全盤設計已有了個大概，不能再信口開河。可是這還不十分正確；我不僅打算細寫，而且要非常的細，要像康拉德那樣把故事看成一個球，從任何地方起始它總會滾動的。我本打算把故事的中段放在最前面，而後倒轉回來補講前文，而後再由這裡接下去講——講馬威逃走以後的事。這樣，篇首的兩節，現在看起來是像尾巴，在原來的計劃中本是「腰眼兒」。為什麼把腰眼兒變成了尾巴呢？有兩個原因：第一個是我到底不能完全把幽默放下，而另換一個風格，於是由心理的分析又走入姿態上的取笑，笑出以後便沒法再使文章縈迴跌宕；無論是尾巴吧，還是腰眼吧，放在前面乃全無意義！第二個是時間上的關係：我應在一九二九年的六月離開英國，在動身以前必須把這本書寫完寄出來，以免心中老存著塊病。時候到了，我只寫了那麼多，馬威逃走以後的事無論如何也趕不出來了，於是一狠心，就把腰眼當作了尾巴，硬行結束。那麼，《二馬》只是比較的「細」，並非和我的理想一致；到如今我還是沒寫出一部真正細膩的東西，這或者是天才的限制，沒法勉強吧。

在文字上可是稍稍有了些變動。這不能不感激亡友白滌洲——他死去快一年了！已經說過，我在「老張」與《趙子曰》裡往往把文言與白話夾裹在一處；文字不一致多少能幫助一些矛盾氣，好使人發笑。滌洲是頭一個指出這一個毛病，而且勸我不要這樣討巧。我當時還不以為然，我寫信給他，說我這是想把文言溶解在白話裡，以提高白話，使白話成為雅俗共賞的東西。可是不久我就明白過來，利用文言多少是有點偷懶；把文言與白話中容易用的，現成的，都拿過來，而毫不費力的作成公眾講演稿子一類的東西，不是偷懶麼？所謂文藝創作不是兼思想與文字二者而言麼？那麼，在文字方面就必須努力，作出一種簡單的，有力的，可讀的，而且美好的文章，才算本事。在《二馬》中我開始試驗這個。請看看那些風景的描寫就可以明白了。《紅樓夢》的言語是多麼漂亮，可是一提到風景便立刻改腔換調而有詩為證了；我試試看：一個洋車伕用自己的言語能否形容一個晚晴或雪景呢？假如他不能的話，讓我代他來試試。什麼「潺浮」咧，「淒涼」咧，「幽徑」咧，「蕭條」咧……我都不用，而用頂俗淺的字另想主意。設若我能這樣形容得出呢，那就是本事，反之則寧可不去描寫。這樣描寫出來，才是真覺得了物境之美而由心中說出；用文言拼湊只是修辭而已。論味道，英國菜——就是所謂英法大菜的菜——可以算天下最難吃的了；什麼幾乎都是白水煮或楞燒。可是英國人有個說法——記得好像 George Gissing（喬治．吉辛）也這麼說過——英國人烹調術的主旨是不假其他材料的幫助，而是把肉與蔬菜的原味，真正的香味，燒出來。我以為，用白話著作倒須用這個方法，把白話的真正香味燒出來；文言中的現成字與辭雖一時無法一概棄斥，可是用在白話文裡究竟是有些像醬油與味之素什麼的，放上去能使菜的色味俱佳，但不是真正的原味兒。

在材料方面，不用說，是我在國外四五年中慢慢積蓄下來的。可是像故事中那些人與事全是想像的，幾乎沒有一個人一件事曾在倫敦見過或發生過。寫這本東西的動機不是由於某人某事的值得一寫，而是在比較中國人與英國人的不同處，所以一切人差不多都代表著什麼；我不能完全忽略了他們的個性，可是我更注意他們所代表的民族性。因此，《二馬》除了在文字上是沒有多大的成功的。其中的人與事是對我所要比較的那點負責，而比較根本是種類似報告的東西。自然，報告能夠新穎可喜，假若讀者不曉得這些事；但它的取巧處只是這一點，它缺乏文藝的偉大與永久性，至好也不過是一種還不討厭的報章文學而已。比較是件容易作的事，連個小孩也能看出洋人鼻子高，頭發黃；因此也就很難不浮淺。注意在比較，便不能不多取些表面上的差異作數據，而由這些數據裡提出判斷。臉黃的就是野蠻，與頭髮捲著的便文明，都是很容易說出而且說著怪高興的；越是在北平住過一半天的越敢給北平下考語，許多汙辱中國的電影，戲劇，與小說，差不多都是僅就表面的觀察而後加以主觀的判斷。《二馬》雖然沒這樣壞，可是究竟也算上了這個當。

老馬代表老一派的中國人，小馬代表晚一輩的，誰也能看出這個來。老馬的描寫有相當的成功：雖然他只代表了一種中國人，可是到底他是我所最熟識的；他不能普遍的代表老一輩的中國人，但我最熟識的老人確是他那個樣子。他不好，也不怎麼壞；他對過去的文化負責，所以自尊自傲，對將來他茫然，所以無從努力，也不想努力。他的希望是老年的舒服與有所依靠；若沒有自己的子孫，世界是非常孤寂冷酷的。他背後有幾千年的文化，面前只有個兒子。他不大愛思想，因為事事已有了準則。這使他很可愛，也很可恨；很安詳，也很無聊。至於小馬，我又失敗了。前者我已經說過，五四運動時我是個旁觀者；在寫《二馬》的時節，正趕上革命軍北伐，我又遠遠的立在一旁，沒機會參加。這兩個大運動，我都立在外面，實在沒有資格去描寫比我小十歲的青年。我們在倫敦的一些朋友天天用針插在地圖上：革命軍前進了，我們狂喜；退卻了，懊喪。雖然如此，我們的訊息只來自新聞報，我們沒親眼看見血與肉的犧牲，沒有聽見槍炮的響聲。更不明白的是國內青年們的思想。那時在國外讀書的，身處異域，自然極愛祖國；再加上看著外國國民如何對國家的事盡職責，也自然使自己想作個好國民，好像一箇中國人能像英國人那樣作國民便是最高的理想了。個人的私事，如戀愛，如孝悌，都可以不管，自要能有益於國家，什麼都可以放在一旁。這就是馬威所要代表的。比這再高一點的理想，我還沒想到過。先不用管這個理想高明不高明吧，馬威反正是這個理想的產兒。他是個空的，一點也不像個活人。他還有缺點，不盡合我的理想，於是另請出一位李子榮來作補充；所以李子榮更沒勁！

對於英國人，我連半個有人性的也沒寫出來。他們的褊狹的愛國主義決定了他們的罪案，他們所表現的都是偏見與討厭，沒有別的。自然，猛一看過去，他們確是有這種討厭而不自覺的地方，可是稍微再細看一看，他們到底還不這麼狹小。我專注意了他們與國家的關係，而忽略了他們其他的部分。幸而我是用幽默的口氣述說他們，不然他們簡直是群可憐的半瘋子了。幽默寬恕了他們，正如寬恕了馬家父子，把褊狹與浮淺消解在笑聲中，萬幸！

最危險的地方是那些戀愛的穿插，它們極容易使《二馬》成為《留東外史》一類的東西。可是我在一動筆時就留著神，設法使這些地方都成為揭露人物性格與民族成見的機會，不准戀愛情節自由的展動。這是我很會辦的事，在我的作品中差不多老是把戀愛作為副筆，而把另一些東西擺在正面。這個辦法的好處是把我從三角四角戀愛小說中救出來，它的壞處是使我老不敢放膽寫這個人生最大的問題——兩性間的問題。我一方面在思想上失之平凡，另一方面又在題材上不敢摸這個禁果，所以我的作品即使在結構上文字上有可觀，可是總走不上那偉大之路。三角戀愛永不失為好題目，寫得好還是好。像我這樣一碰即走，對打八卦拳倒許是好辦法，對寫小說它使我輕浮，激不起心靈的震顫。

這本書的寫成也差不多費了一年的工夫。寫幾段，我便對朋友們去朗讀，請他們批評，最多的時候是找祝仲謹兄去。他是北平人，自然更能聽出句子的順當與否，和字眼的是否妥當。全篇寫完，我又託酈堃厚兄給看了一遍，他很細心的把錯字都給挑出來。把它寄出去以後——仍是寄給《小說月報》——我便向倫敦說了「再見」。

第四節　新加坡

◆一、巴黎與三等艙

離開倫敦，我到大陸上玩了三個月，多半的時間是在巴黎。

錢在我手裡，也不怎麼，不會生根。我並不胡花，可是錢老出去的很快。據相面的說，我的指縫太寬，不易存財；到如今我還沒法打倒這個講章。在德法意等國跑了一圈，心裡很舒服了，因為錢已花光。錢花光就不再計劃什麼事兒，所以心裡舒服。幸而巴黎的朋友還拿著我幾個錢，要不然哪，就離不了法國。這幾個錢僅夠買三等票到新加坡的。那也無法，到新加坡再講吧。反正新加坡比馬賽離家近些，就是這個主意。

上了船，袋裡還剩了十幾個佛郎，合華幣大洋一元有餘；多少不提，到底是現款。船上遇見了幾位留法回家的「國留」——複雜著一點說，就是留法的中國學生。大家一見如故，不大會兒的工夫，大家都彼此明白了經濟狀況：最闊氣的是位姓李的，有二十七個佛郎，比我闊著塊把來錢。大家把錢湊在一處，很可以買瓶香檳酒，或兩支不錯的呂宋煙。我們既不想喝香檳或吸呂宋，連頭髮都決定不去剪剪，那麼，我們到底不是赤手空拳，幹嘛不快活呢？大家很高興，說得也投緣。有人提議：到上海可以組織個銀行。他是學財政的。我沒表示什麼，因為我的船票只到新加坡；上海的事先不必操心。

船上還有兩位印度學生，兩位美國華僑少年，也都挺和氣。兩位印度學生穿得滿講究，也關心中國的事。在開船的第三天早晨，他倆打起來：一個弄了個黑眼圈，一個臉上捱了一鞋底。打架的原因，他倆分頭向我們訴冤，是為一雙襪子，也不知誰賣給誰，穿了（或者沒穿）一天又不要了，於是打起架來。黑眼圈的除用溼手絹捂著眼，一天到晚嘟囔著：「在國裡，我吐痰都不屑於吐在他身上！他髒了我的鞋底！」吃了鞋底的那位就對我們講：「上了岸再說，揍他，勒死，用小刀子捅！」他倆不再和我們討論中國的問題，我們也不問甘地怎樣了。

那兩位華僑少年中的一位是出來遊歷：由美國到歐洲大陸，而後到上海，再回家。他在柏林住了一天，在巴黎住了一天，他告訴我，都是停在旅館裡，沒有出門。他怕引誘。柏林巴黎都是壞地方，沒意思，他說。到了馬賽，他丟了一隻皮箱。那一位少年是幹什麼的，我不知道。他一天到晚想家。想家之外，便看法國姑娘，爾後告訴那位出來遊歷的：「她們都釣我呢！」

所謂「她們」，是七八個到安南或上海的法國舞女，最年輕的不過才三十多歲。三等艙的食堂永遠被她們占據著。她們吸菸，吃飯，掄大腿，練習唱，都在這裡。領導的是個五十多歲的小乾老頭兒。臉像個乾橘子。她們沒事的時候也還光著大腿，有倆小軍官時常和她們弄牌玩。可是那位少年老說她們關心著他。

三等艙裡不能算不熱鬧，舞女們一唱就唱兩個多鐘頭。那個小乾老頭似乎沒有誇獎她們的時候，差不多老對她們喊叫。可是她們也不在乎。她們唱或掄腿，我們就瞎扯，扯膩了便到甲板上過過風。我們的茶房是中國人，永遠蹲在暗處，不留神便踩了他的腳。他賣一種黑玩藝，五個佛郎一小包，舞女們也有買的。

廿多天就這樣過去：聽唱，看大腿，瞎扯，吃飯。艙中老是這些人，外邊老是那些水。沒有一件新鮮事，大家的臉上眼看著往起長肉，好像一船受填時期的鴨子。坐船是件苦事，明知光陰怪可惜，可是沒法不白白扔棄。書讀不下去，海是看膩了，話也慢慢的少起來。我的心裡還想著：到新加坡怎辦呢？

二、國文教員

就在那麼心裡懸虛的一天，到了新加坡。再想在船上吃，是不可能了，只好下去。僱上洋車，不，不應當說僱上，是坐上；此處的洋車伕是多數不識路的，即使識路，也聽不懂我的話。坐上，用手一指，車伕便跑下去。我是想上商務印書館。不記得街名，可是記得它是在條熱鬧街上；上歐洲去的時候曾經在此處玩過一天。洋車一直路下去，我心裡說：商務印書館要是在這條街上等著我，便是開門見喜；它若不在這條街上，我便玩完。事情真湊巧，商務館果然等著我呢。說不定還許是臨時搬過來的。

這就好辦了。進門就找經理。道過姓字名誰，馬上問有什麼工作沒有。經理是包先生，人很客氣，可是說事情不大易找。他叫我去看看南洋兄弟菸草公司的黃曼士先生——在地面上很熟，而且好交朋友。我去見黃先生，自然是先在商務館吃了頓飯。黃先生也一時想不到事情，可是和我成了很好的朋友；我在新加坡，後來，常到他家去吃飯，也常一同出去玩。他是個很可愛的人。他家給他寄茶，總是龍井與香片兩樣，他不喜喝香片，便都歸了我；所以在南洋我還有香片茶吃。不過，這都是後話。我還得去找事。不遠就是中華書局，好，就是中華書局吧。經理徐採明先生至今還是我的好朋友。倒不在乎他給找著個事作，他的人可愛。見了他，我說明來意。他說有辦法。馬上領我到華僑中學去。這箇中學離街市至少有十多里，好在公眾汽車（都是小而紅的車，跑得飛快）方便，一會兒就到了。徐先生替我去吆喝。行了，他們正短個國文教員。馬上搬來行李，上任大吉。有了事作，心才落了實，花兩毛錢買了個大柚子吃吃。然後支了點錢，買了條毯子，因為夜間必須蓋上的。買了身白衣裳，中不中，西不西，自有南洋風味。賒了部《辭源》；教書不同自己讀書，字總得認清了——有好些好些字，我總以為認識而實在唸不出。一夜睡得怪舒服；新《辭源》擺在桌上被老鼠啃壞，是美中不足。預備用皮鞋打老鼠，及至見了面，又不想多事了，老鼠的身量至少比《辭源》長，說不定還許是仙鼠呢，隨它去吧。老鼠雖大，可並不多。許多是壁虎。到處是它們：棚上牆上玻璃杯裡——敢情它們喜甜味，盛過汽水的杯子總有它們來照顧一下。它們還會唱，吱吱的，沒什麼好聽，可也不十分討厭。

天氣是好的。早半天教書，很可以自自然然的，除非在堂上被學生問住，還不至於四脖子汗流的。吃過午飯就睡大覺，熱便在暗中度過去。六點鐘落太陽，晚飯後還可以作點工，壁虎在牆上唱著。夜間必須蓋條毯子，可見是不熱；比起南京的夏夜，這裡簡直是仙境了。我很得意，有薪水可拿，而夜間還可以蓋毯子，美！況且還得沖涼呢，早午晚三次，在自來水龍頭下，灌頂澆脊背，也是痛快事。

可是，住了不到幾天，我發燒，身上起了小紅點。平日我是很勇敢的，一病可就有點怕死。身上有小紅點喲，這玩藝，痧疹歸心，不死才怪！把校醫請來了，他給了我兩包金雞納霜，告訴我離死還很遠。吃了金雞納霜，睡在床上，既然離死很遠，死我也不怕了，於是依舊勇敢起來。早晚在床上聽著戶外行人的足聲，「心眼」裡制構著美的圖畫：路的兩旁雜生著椰樹檳榔；海藍的天空；穿白或黑的女郎，赤著腳，趿拉著木板，嗒嗒的走，也許看一眼樹叢中那怒紅的花。有詩意呀。矮而黑的錫蘭人，頭纏著花布，一邊走一邊唱。躺了二天，頗能領略這種濃綠的浪漫味兒，病也就好了。

一下雨就更好了。雨來得快，止得快，沙沙的一陣，天又響晴。路上溼了，樹木綠到不能再綠。空氣裡有些涼而濃厚的樹林子味兒，馬上可以穿上袷衣。喝碗熱咖啡頂那個。

學校也很好。學生們都會聽國語，大多數也能講得很好。他們差不多都很活潑，因為下課後便不大穿衣，身上就黑黑的，健康色兒。他們都很愛中國，願意聽激烈的主張與言語。他們是資本家（大小不同，反正非有倆錢不能入學讀書）的子弟，可是他們願打倒資本家。對於文學，他們也愛最新的，自己也辦文藝刊物的，他們對先生們不大有禮貌，可不是故意的；他們爽直。先生們若能和他們以誠相見，他們便很聽話。可惜有的先生愛耍些小花樣！學生們不奢華。一身白衣便解決了衣的問題；穿西服受洋罪的倒是先生們，因為先生們多是江浙與華北的人，多少習染了上海的派頭兒。吃也簡單，除了愛吃刨冰，他們並不多花錢。天氣使衣食住都簡單化了。以住說吧，有個床，有條毯子，便可以過去。沒毯子，蓋點報紙，其實也可以將就。再有個自來水管，作沖涼之用，便萬事亨通。還有呢，社會是個工商社會，大家不講究穿，不講究排場，也不講究什麼作詩買書，所以學生自然能儉樸。從一方面說，這個地方沒有上海或北平那樣的文化；從另一方面說，它也沒有酸味的文化病。此地不能產生《儒林外史》。自然，大煙窯子等是有的，可是學生還不至於幹這些事兒。倒是由內地來的先生們覺得苦悶，沒有社會。事業都在廣東福建人手裡，當教員的沒有地位，也打不進廣東或福建人的圈裡去。教員似乎是一些高等工人，僱來的；出錢辦學的人們沒有把他們放在心裡。玩的地方也沒有，除了電影，沒有可看的。所以住到三個月，我就有點厭煩了。別人也這麼說。還拿天氣說吧，老那麼好，老那麼好，沒有變化，沒有春夏秋冬，這就使人生厭。況且別的事兒也是死板板的沒變化呢。學生們愛玩球，愛音樂，倒能有事可作。先生們在休息的時候，只能弄點汽水閒談。我開始寫《小坡的生日》。

三、《小坡的生日》

本來我想寫部以南洋為背景的小說。我要表揚中國人開發南洋的功績：樹是我們栽的，田是我們墾的，房是我們蓋的，路是我們修的，礦是我們開的。都是我們作的。毒蛇猛獸，荒林惡瘴，我們都不怕。我們赤手空拳打出一座南洋來。我要寫這個。我們偉大。是的，現在西洋人立在我們頭上。可是，事業還仗著我們。我們在西人之下，其他民族之上。假如南洋是個糖燒餅，我們是那個糖餡。我們可上可下。自要努力使勁，我們只有往上，不會退下。沒有了我們，便沒有了南洋，這是事實，自自然然的事實。馬來人什麼也不幹，只會懶。印度人也幹不過我們。西洋人住上三四年就得回家休息，不然便支援不住。幹活是我們，作買賣是我們，行醫當律師也是我們。住十年，百年，一千年，都可以，什麼樣的天氣我們也受得住，什麼樣的苦我們也能吃，什麼樣的工作我們有能力去幹。說手有手，說腦子有腦子。我要寫這麼一本小說。這不是英雄崇拜，而是民族崇拜。所謂民族崇拜，不是說某某先生會穿西裝，講外國話，和懂得怎樣給太太提著小傘。我是要說這幾百年來，光腳到南洋的那些真正好漢。沒錢，沒國家保護，什麼也沒有。硬去幹，而且真幹出玩藝來。我要寫這些真正的中國人，真有勁的中國人。中國是他們的，南洋也是他們的。那些會提小傘的先生們，屁！連我也算在裡面。

可是，我寫不出。打算寫，得到各處去遊歷。我沒錢，沒工夫。廣東話，福建話，馬來話，我都不會。不懂的事還很多很多。不敢動筆。黃曼士先生沒事就帶我去看各種事兒，為是供給我點材料。可是以幾個月的工夫打算抓住一個地方的味兒，不會。再說呢，我必須描寫海，和中國人怎樣在海上冒險。對於海的知識太少了；我生在北方，到二十多歲才看見了輪船。

得補上一些。在到新加坡以前我還寫過一本東西呢。在大陸上寫了些，在由馬賽到新加坡的船上寫了些，一共寫了四萬多字。到了新加坡，我決定拋棄了它，書名是《大概如此》。

為什麼中止了呢？慢慢的講吧。這本書和《二馬》差不多，也是寫在倫敦的中國人。內容可是沒有《二馬》那麼複雜，只有一男一女。男的窮而好學，女的富而遭了難。窮男人救了富女的，自然嘍跟著就得戀愛。男的是真落於情海中，女的只拿愛作為一種應酬與報答，結果把男的毀了。文字寫得並不錯，可是我不滿意這個題旨。設若我還住在歐洲，這本書一定能寫完。

打了個大大的折扣，我開始寫《小坡的生日》。我愛小孩，我注意小孩子們的行動。在新加坡，我雖沒工夫去看成人的活動，可是街上跑來跑去的小孩，各種各色的小孩，是有意思的，可以隨時看到的。下課之後，立在門口，就可以看到一兩箇中國的或馬來的小兒在林邊或路畔玩耍。好吧，我以小人兒們作主角來寫出我所知道的南洋吧——恐怕是最小最小的那個南洋吧！

上半天完全消費在上課與改卷子上。下半天太熱，非四點以後不能作什麼。我只能在晚飯後寫一點。一邊寫一邊得驅逐蚊子，而老鼠與壁虎的搗亂也使我心中不甚太平，況且在熱帶的晚間獨抱一燈，低著頭寫字，更彷彿有點說不過去：屋外的蟲聲，林中吹來的溼而微甜的晚風，道路上印度人的歌聲，婦女們木板鞋的輕響，都使人覺得應到外邊草地上去，臥看星天，永遠不動一動。這地方的情調是熱與軟，它使人從心中覺到不應當作什麼。我呢，一氣寫出一千字已極不容易，得把外間的一切都忘了才能把筆放在紙上。這需要極大的注意與努力，結果，寫一千來字已是筋疲力盡，好似打過一次交手仗。朋友們稍微點點頭，我就放下筆，隨他們去到林邊的一間門面的茶館去喝咖啡了。從開始寫直到離開此地，至少有四個整月，我一共才寫成四萬字，沒法兒再快。

寫《小坡的生日》的動機是：表面的寫點新加坡的風景什麼的。還有：以兒童為主，表現著弱小民族的聯合——這是個理想，在事實上大家並不聯合，單說廣東與福建人中間的成見與爭鬥便很厲害。這本書沒有一個白小孩，故意的落掉。寫了三個多月吧，得到五萬來字；到上海又補了一萬。

這本書中好的地方，據我自己看，是言語的簡單與那些像童話的部分。它不完全是童話，因為前半截有好些寫實處——本來是要描寫點真事。這麼一來，實的地方太實，虛的地方又很虛，結果是既不像童話，又非以兒童為主的故事，有點四不像了。設若有工夫刪改，把寫實的部分去掉，或者還能成個東西。可是我沒有這個工夫。頂可笑的是在南洋各色小孩都講著漂亮（確是漂亮）的北平話。

《小坡的生日》寫到五萬來字，放年假了。我很不願離開新加坡，可是要走這是個好時候，學期之末，正好結束。在這個時節，又有去作別的事情的機會。若是這些事情中有能成功的，我自然可以辭去教職而仍不離開此地，為是可以多得些經驗。可是這些事都沒成功，因為有人從中破壞。這麼一來，我就決定離開。我不願意自己的事和別人搗亂爭吵。我已離家六年，老母已七十多歲，常有信催我回家。在陽曆二月底，我又上了船。

在上海寫完了，就手兒便把它交給了西諦，還在《小說月板》發表。登完，單行本已打好底版，被「一二八」的大火燒掉，所以才又交給生活書店印出來。

第三章　壯歲飽酸辛

第一節　濟南

三十四歲結婚，今已有一女一男，均狡猾可喜。閒時喜養花，不得其法，每每有葉無花，亦不忍棄。書無所不讀，全無所獲，並不著急。教書作事，均甚認真，往往吃虧，亦不後悔。如是而已，再活四十年也許能有點出息！

◆ 一、第二故鄉

在上海把《小坡的生日》交出，就跑回北平，住了三四個月，什麼也沒寫。在我從國外回到北平的時候，我已經有了去作職業寫家的心意，經好友們的諄諄勸告，我才就了齊魯大學的教職——從民國十九年七月到二十三年秋初，我整整的在濟南住過四載。在那裡，我有了第一個小孩，即起名為「濟」。在那裡，我交下不少的朋友：無論什麼時候我從那裡過，總有人笑臉地招呼我；無論我到何處去，那裡總有人惦唸著我。在那裡，我寫成了《大明湖》，《貓城記》，《離婚》，《牛天賜傳》，和收在《趕集》裡的那十幾個短篇。在那裡，我努力地創作，快活地休息……四年雖短，但是一氣住下來，於是事與事的聯絡，人與人的交往，快樂與悲苦的代換，便顯明地在這一生裡自成一段落，深深地印劃在心中；時短情長，濟南就成了我的第二故鄉。

◈美麗與敗陋

它介乎北平與青島之間。北平是我的故鄉，可是這七年來，我不是住濟南，便是住在青島。在濟南住呢，時常想念北平；及至到了北平的老家，便又不放心濟南的新家。好在道路不遠，來來往往，兩地都有親愛的人，熟悉的地方；它們都使我依依不捨，幾乎分不出誰重誰輕。在青島住呢，無論是由青去平，還是自平返青，中途總得經過濟南。車到那裡，不由的我便要停留一兩天。趵突泉，大明湖，千佛山等名勝，閉了眼也曾想出來，可是重遊一番總是高興的：每一角落，似乎都存著一些生命的痕跡；每一小小的變遷，都引起一些感觸；就是一風一雨也彷彿含著無限的情意似的。

講富麗堂皇，濟南遠不及北平；講山海之勝，也跟不上青島。可是除了北平青島，要在華北找個有山有水，交通方便，既不十分閉塞，而生活程度又不過高的城市，恐怕就得屬濟南了。況且，它雖是個大都市，可是還能看到樸素的鄉民，一群群的來此賣貨或買東西，不像上海與漢口那樣完全洋化。它似乎真是穩立在中國的文化上，城牆並不足攔阻住城與鄉的交往；以善作洋奴自誇的人物與神情，在這裡是不易找到的。這使人心裡覺得舒服一些。一個不以跳舞開香檳為理想的生活的人，到了這裡自自然然會感到一些平淡而可愛的滋味。

濟南的美麗來自天然，山在城南，湖在城北。湖山而外，還有七十二泉，泉水成溪，穿城繞郭。可惜這樣的天然美景，和那座城市結合到一處，不但沒得到人工的幫助而相得益彰，反而因市設的敷衍而淹沒了麗質。大路上灰塵飛揚，小巷裡汙穢雜亂，雖然天色是那麼清明，泉水是那麼方便，可是到處老使人憋得慌。近來雖修成幾條柏油路，也仍舊顯不出怎麼清潔來。至於那些名勝，趵突泉左右前後的建築破爛不堪，大明湖的湖面已化作水田，只剩下幾道水溝。有人說，這種種的敗陋，並非因為當局不肯努力建設，而是因為他們愛民如子，不肯把老百姓的錢都化費在美化城市上。假若這是可靠的話，我們便應當看見老百姓的錢另有出路，在國防與民生上有所建設。這個，我們卻沒有看見。這筆帳該當怎麼算呢？況且，我們所要求的並不是高樓大廈，池園庭館，而是城市應有的衛生與便利。假若在城市衛生上有相當的設施，到處注意秩序與清潔，這座城既有現成的山水取勝，自然就會美如畫圖，用不著浪費人工財力。

這倒並非專為山水喊冤，而是藉以說明許多別的事。濟南的多少事情都與此相似，本來可以略加調整便有可觀，可是事實上竟廢弛委棄，以至一切的事物上都罩著一層灰土。這層灰土下蠕蠕微動著一群可好可壞的人，隱覆著一些似有若無的事；不死不生，一切灰色。此處沒有嶄新的東西，也沒有徹底舊的東西，本來可以令人愛護，可是又使人無法不傷心。什麼事都在動作，什麼可也沒照著一定的計劃作成。無所拒絕，也不甘心接受，不易見到有何主張的人，可也不易見到很討厭的人，大家都那麼和氣一團，敷敷衍衍，不易捉摸，也沒什麼大了不起。有電燈而無光，有馬路而擁擠不堪，什麼都有，什麼也都沒有，恰似暮色微茫，灰灰的一片。

按理說，這層灰色是不應當存到今日的，因為五卅慘案的血還鮮紅的在馬路上，城根下，假若有記性的人會閉目想一會兒。我初到濟南那年，那被敵人擊破的城樓還掛著「勿忘國恥」的破布條在那兒含羞的立著。不久，城樓拆去，國恥布條也被撤去，同被忘掉。拆去城樓本無不可，但是別無建設或者就是表示著忘去煩惱是為簡便；結果呢，敵人今日就又在那裡唱凱歌了。

在我寫《大明湖》的時候，就寫過一段：在千佛山上北望濟南全城，城河帶柳，遠水生煙，鵲華對立，夾衛大河，是何等氣象。可是市聲隱隱，塵霧微茫，房貼著房，巷聯著巷。全城籠罩在灰色之中。敵人已經在山巔投過重炮，轟過幾晝夜了，以後還可以隨時地重演一次；第一次的炮火既沒能打破那灰色的大夢，那麼總會有一天全城化為灰燼，沖天的紅焰趕走了灰色，燒完了夢中人灰色的城，灰色的人，一切是統制，也就是因循，自己不幹，不會幹，而反倒把要幹與會幹的人的手捆起來；這是死城！此書的原稿已在上海隨著一二八的毒火殉了難，不過這一段有大意還沒有忘掉，因為每次由市裡到山上去，總會把市內所見的灰色景像帶在心中，而後登高一望，自然會起了憂思。湖山是多麼美呢，卻始終被灰色籠罩著，誰能不由愛而畏，由失望而顫抖呢？

再說，破碎的城樓可以拆去，而敵人並未退出；眼不見心不煩，可是小鬼們就在眼前，怎能疏忽過去，視而不見呢？敵人的醫院，公司，鋪戶，旅館，分散在商埠各處。那一個買賣也帶「白麵」，即使不是專售，也多少要預備一些，餘利作為婦女與小孩子們的零錢。大批的劣貨壟斷著市場，零整批發的嗎啡白麵毒化著市民，此外還不時的暗放傳染病的毒菌，甚至於把他們國內穿殘的破褲爛襖也整船的運來銷賣。這夠多麼可怕呢？可是我們有目無睹，仍舊逍遙自在；等因奉此是唯一的公事，奉命唯謹落個好官，我自為之，別無可慮。人家以經濟吸盡我們的血，我們只會加捐添稅再抽斷老百姓的筋。對外講親善，故無抵制；對內講愛民，而以大家不出聲為感戴。敵人的炮火是厲害的，敵人的經濟侵略是毒辣的，可是我們的捆束百姓的政策就更可怕。濟南是久已死去，美麗的湖山只好默然蒙羞了！

平日對敵人的經濟侵略不加防範，還可以用有心無力或事關全國為詞。及至敵軍已深入河北，而大家依舊安閒自在，就太可怪了。山東的富力為江北各省之冠，人民既善於經營，又強壯耐苦。有這樣的才力與人力，假若稍有準備，即使不能把全省防禦得如銅牆鐵壁至少也得教敵人吃很大的苦頭，方能攻入。可是，濟南是省會，既系灰色，別處就更無可說的了。濟南為全省的腦府，而實際上只是空空的一個殼兒，並無腦子。這個空殼子響一響便是政治，四面低低的回應便算辦了事情。計劃、科學、文化、人才，都是些可疑的名詞，因為它們不是那空殼子所能了解的。反之，隨便響一響，從心所欲正好見出權威。濟南是必須死的，而且必不可免的累及全省。

這裡一點無意去攻擊任何人，追悔不如更新，我們且揭過這一頁去吧。

◈濟南的秋冬

濟南的秋天是詩境的。設若你的幻想中有箇中古的老城，有睡著了的大城樓，有狹窄的古石路，有寬厚的石城牆，環城流著一道清溪，倒映著山影，岸上蹲著紅袍綠褲的小妞兒。你的幻想中要是這麼個境界，那便是個濟南。設若你幻想不出——許多人是不會幻想的——請到濟南來看看吧。

請你在秋天來。那城，那河，那古路，那山影，是終年給你預備著的。可是，加上濟南的秋色，濟南由古樸的畫境轉入靜美的詩境中了。這個詩意秋光秋色是濟南獨有的。上帝把夏天的藝術賜給瑞士，把春天的賜給西湖，秋和冬的全賜給了濟南。秋和冬是不好分開的，秋睡熟了一點便是冬，上帝不願意把它忽然喚醒，所以作個整人情，連秋帶冬全給了濟南。

詩的境界中必須有山有水。那末，請看濟南吧。那顏色不同，方向不同，高矮不同的山，在秋色中便越發的不同了。以顏色說吧，山腰中的松樹是青黑的，加上秋陽的斜射，那片青黑便多出些比灰色深，比黑色淺的顏色，把旁邊的黃草蓋成一層灰中誘黃的陰影。山腳是鑲著各色條子的，一層層的，有的黃，有的灰，有的綠，有的似乎是藕荷色兒。山頂上的色兒也隨著太陽的轉移而不同。山頂的顏色不同還不重要，山腰中的顏色不同才真叫人想作幾句詩。山腰中的顏色是永遠在那兒變動，特別是在秋天，那陽光能夠忽然清涼一會兒，忽然又溫暖一會兒，這個變動並不激烈，可是山上的顏色覺得出這個變化，而立刻隨著變換。忽然黃色更真了一些，忽然又暗了一些，忽然像有層看不見的薄霧在那兒流動，忽然像有股細風替「自然」調合著彩色，輕輕的抹上一層各色俱全而全是淡美的色道兒。有這樣的山，再配上那藍的天，晴暖的陽光；藍得像要由藍變綠了，可又沒完全綠了；晴暖得要發燥了，可是有點涼風，正像詩一樣的溫柔；這便是濟南的秋。況且因為顏色的不同，那山的高低也更顯然了。高的更高了些，低的更低了些，山的稜角曲線在晴空中更真了，更分明了，更瘦硬了。看山頂上那個塔！

再看水。以量說，以質說，以形式說，哪兒的水能比濟南？有泉——到處是泉——有河，有湖，這是由形式上分。不管是泉是河是湖，全是那麼清，全是那麼甜，哎呀，濟南是「自然」的Sweet heart吧？大明湖夏日的蓮花，城河的綠柳，自然是美好的了。可是看水，是要看秋水的。濟南有秋山，又有秋水，這個秋才算個秋，因為秋神是在濟南住家的。先不用說別的，只說水中的綠藻吧。那份兒綠色，除了上帝心中的綠色，恐怕沒有別的東西能比擬的。這種鮮綠全藉著水的清澄顯露出來，好像美人藉著鏡子鑒賞自己的美。是的，這些綠藻是自己享受那水的甜美呢，不是為誰看的。它們知道它們那點綠的心事，它們終年在那兒吻著水皮，做著綠色的香夢。淘氣的鴨於，用黃金的腳掌碰它們一兩下。浣女的影兒，吻它們的綠葉一兩下。只有這個，是它們的香甜的煩惱。羨慕死詩人呀！

在秋天，水和藍天一樣的清涼。天上微微有些白雲，水上微微有些波皺。天水之間，全是清明，溫暖的空氣，帶著一點桂花的香味。山影兒也更真了。秋山秋水虛幻的吻著。山兒不動，水兒微響。那中古的老城，帶著這片秋色秋聲，是濟南，是詩。

對於一個在北平住慣的人，像我，冬天要是不颳大風，便是奇蹟；濟南的冬天是沒有風聲的。對於一個剛由倫敦回來的，像我，冬天要能看得見日光，便是怪事；濟南的冬天是響晴的。自然，在熱帶的地方，日光是永遠那麼毒，響亮的天氣反有點叫人害怕。可是，在北中國的冬天，而能有溫晴的天氣，濟南真得算個寶地。

設若單單是有陽光，那也算不了出奇。請閉上眼想：一個老城，有山有水，全在藍天下很暖和安適的睡著；只等春風來把他們喚醒，這是不是個理想的境界？

小山整把濟南圍了個圈兒，只有北邊缺著點口兒，這一圈小山在冬天特別可愛，好像是把濟南放在一個小搖籃裡，它們全安靜不動的低聲的說：你們放心吧，這裡準保暖和。真的，濟南的人們在冬天是面上含笑的。他們一看那些小山，心中便覺得有了著落，有了依靠。他們由天上看到山上，便不覺的想起：明天也許就是春天了吧？這樣的溫暖，今天夜裡山草也許就綠起來吧？就是這點幻想不能一時實現，他們也並不著急，因為有這樣的慈善的冬天，幹啥還希望別的呢。

最妙的是下點小雪呀。看吧，山上的矮松越發的青黑，樹尖上頂著一髻兒白花，像些小日本看護婦。山尖全白了，給藍天鑲上一道銀邊。山坡上有的地方雪厚點，有的地方草色還露著，這樣，一道兒白，一道兒暗黃，給山們穿上一件帶水紋的花衣；看著看著，這件花衣好像被風兒吹動，叫你希望看見一點更美的山的肌膚。等到快日落的時候，微黃的陽光斜射在山腰上，那點薄雪好像忽然害了羞，微微露出點粉色。就是下小雪吧，濟南是受不住大雪的，那些小山太秀氣。

古老的濟南，城內那麼狹窄，城外又那麼寬敞，山坡上臥著些小村莊，小樹莊的房頂上臥著點雪，對，這是張小水墨畫，或者是唐代的名手畫的吧。

那水呢，不但不結冰，反倒在綠藻上冒著點熱氣。水藻真綠，把終年貯蓄的綠色全拿出來了。天兒越晴，水藻越綠，就憑這些綠的精神，水也不忍得冰上；況且那長枝的垂柳還要在水裡照個影兒呢。看吧，由澄清的河水慢慢往上看吧，空中，半空中，天上，自上而下全是那麼清亮，那麼藍汪汪的，整個的是塊空靈的藍水晶。這塊水晶裡，包著紅屋頂，黃草山，像地毯上的小團花的小灰色樹影；這就是冬天的濟南。

樹雖然沒有葉兒，鳥兒可並不偷懶，看在日光下張著翅叫的百靈們。山東人是百靈鳥的崇拜者，濟南是百靈的國。家家處處聽得到它們的歌唱；自然，小黃鳥兒也不少，而且在百靈國內也很努力的唱。還有山喜鵲呢，成群的在樹上啼，扯著淺藍的尾巴飛。樹上雖沒有葉，有這些羽翎裝飾著，也倒有點像西洋美女。坐在河岸上，看著它們在空中飛，聽著溪水活活的流，要睡了，這是有催眠力的；不信你就試試；睡吧，決凍不著你。

◈齊魯大學

齊大在濟南的南關外，空氣自然比城裡的新鮮，這已得到成個公園的最要條件。花木多，又有了成個公園的資格。確是有許多人到那裡玩，意思是拿它當作——非正式的公園。

逛這個非正式的公園以夏天為最好。春天花多，秋天樹葉美，但是隻在夏天才有「景」，冬天沒有什麼特色。

當夏天，進了校門便看見一座綠樓，樓前一大片綠草地，樓的四圍全是綠樹，綠樹的尖上浮著一兩個山峰，因為綠樹太密了，所以看不見樹後的房子與山腰，使你猜不到綠蔭後邊還有什麼；深密偉大，你不由的深吸一口氣。綠樓？真的，「爬山虎」的深綠肥大的葉一層一層的把樓蓋滿，只露著幾個白邊的窗戶；每陣小風，使那層層的綠葉掀動，橫著豎著都動得有規律，一片豎立的綠浪。

往裡走吧，沿著草地——草地邊上不少的小藍花呢——到了那綠蔭深處。這裡都是楓樹，樹下四條潔白的石凳，圍著一片花池。花池裡雖沒有珍花異草，可是也有可觀；況且往北有一條花徑，全是小紅玫瑰。花徑的北端有兩大片洋葵，深綠葉，淺紅花；這兩片花的後面又有一座樓，門前的白石階欄像享受這片鮮花的神龕。樓的高處，從綠槐的密葉的間隙裡看到，有一個大時辰鐘。

往東西看，西邊是一進校門便看見的那座樓的側面與後面，與這座樓平行，花池東邊還有一座；這兩座樓的側面山牆，也都是綠的。花徑的南端是白石的禮堂，堂前開滿了百日紅，壁上也被綠蔓爬勻。那兩座樓後，兩大片草地，平坦，深綠，像張綠毯。這兩塊草地的南端，又有兩座樓，四周圍薔薇作成短牆。設若你坐在石凳上，無論往哪邊看，視線所及不是紅花，便是綠葉；就是往上下看吧：下面是綠草，紅花，與樹影；上面是綠楓樹葉，往平裡看，有時從樹隙花間看見女郎的一兩把小白傘，有時看男人的白大衫。傘上衫上時時落上些綠的葉影。人不多。因為放暑假了。

拐過禮堂，你看見南面的群山，綠的。山前的田，綠的。

一個綠海，山是那些高的綠浪。

禮堂的左右，東西兩條綠徑，樹蔭很密，幾乎見不著陽光。順著這綠徑走，不論往西往東，你看見些小的樓房，每處有個小花園。園牆都是矮松做的。

春天的花多，特別是丁香和玫瑰，但是綠得不到家。秋天的紅葉美，可是草變沒了。冬天樹葉落淨，在園中便看見了山的大部分，又欠深遠的意味。只有夏天，一切顏色消沉在綠的中間，由地上一直綠到樹上浮著的綠山峰，成功以綠為主色的一景。

到了齊大，暑假還未曾完。除了太陽要落的時候，校園裡不見一個人影。那幾條白石凳，上面有楓樹給張著傘，便成了我的臨時書房。手裡拿著本書，並不見得念；念地上的樹影，比讀書還有趣。我看著：細碎的綠影，夾著些小黃圈，不定都是圓的，葉兒稀的地方，光也有時候透出七稜八角的一小塊。小黑驢似的螞蟻，單喜歡在這些光圈上慌手忙腳的來往過。那邊的白石凳上，也印著細碎的綠影，還落著個小藍蝴蝶，抿著翅兒，好像要睡。一點風兒，把綠影兒吹醉，散亂起來；小藍蝶醒了懶懶的飛，似乎是作著夢飛呢；飛了不遠，落下了，抱住黃蜀菊的蕊兒。看著，老大半天，小蝶兒又飛了，來了個楞頭磕腦的馬蜂。

真靜。往南看，千佛山懶懶的倚著一些白雲，一聲不出。往北看，圍子牆根有時過一兩個小驢，微微有點鈴聲。往東西看，只看見樓牆上的爬山虎。葉兒微動，像豎起的兩面綠浪。往下看，四下都是綠草。往上看，看見幾個紅的樓尖。全不動。綠的，紅的，上上下下的，像一張畫，顏色固定，可是越看越好看。只有辦公處的大鐘的針兒，偷偷的移動，好似唯恐怕叫光陰知道似的，那麼偷偷的動，從樹隙裡偶爾看見一個小女孩，花衣裳特別花哨，突然把這一片靜的景物全刺激了一下；花兒也是更紅，葉兒也更綠了似的；好像她的花衣裳要帶這一群顏色跳舞起來。小女孩看不見了，又安靜起來。槐樹上輕輕落下個豆瓣綠的小蟲，在空中懸著，其餘的全不動了。

園中就是缺少一點水呀！連小麻雀也似乎很關心這個，時常用小眼睛往四下找，假如園中，就是有一道小溪吧，那要多麼出色，溪裡再有些各色的魚，有些荷花！那怕是有個噴水池呢，水聲，和著楓葉的輕響，在石臺上睡一刻鐘，要作出什麼有聲有色有香味的夢！花木夠了，只缺一點水。

短松牆覺得有點死板，好在發著一些松香；若是上面繞著些密羅松，開著些血紅的小花，也許能減少一些死板氣兒，園外的幾行洋槐很體面，似乎缺少一些小白石凳。可是繼而一想，沒有石凳也好，校園的全景，就妙在只有花木，沒有多少人工作的點綴，磚砌的花池咧，綠竹籬咧，全沒有；這樣，沒有人的時候，才真像沒有人，連一點人工經營的痕跡也看不出來；換句話說這才不俗氣。

◆ 二、《大明湖》

到校後，忙著預備功課，也沒工夫寫什麼。可是我每走在街上，看見西門與南門的炮眼，我便自然的想起「五三」慘案；我開始打聽關於這件事的詳情；不是那些報紙登載過的大事，而是實際上的屠殺與恐怖的情形。有好多人能供給我材料，有的人還儲存著許多像片，也借給我看。半年以後，濟南既被走熟，而「五三」的情形也知道了個大概，我就想寫《大明湖》了。

《大明湖》裡沒有一句幽默的話，因為想著「五三」。可是「五三」並不是正題，而是個副筆。設若全書都是描寫那次的屠殺，我便不易把別的事項插進去了，而我深怕筆力與材料都不夠寫那麼硬的東西。我需要個別的故事，而把戰爭與流血到相當的時機加進去，既不乾枯，又顯著越寫越火熾。我很費了些時間去安置那些人物與事實：前半的本身已像個故事，而這故事裡已暗示出濟南的危險。後半還繼續寫故事，可是遇上了「五三」，故事與這慘案一同緊張起來。在形式上，這本書有些可取的地方。

故事的進展還是以愛情為聯絡，這裡所謂愛情可並不是三角戀愛那一套。痛快著一點來說，我寫的是性慾問題。在女子方面，重要的人物是很窮的母女兩個。母親受著性慾與窮困的兩重壓迫，而扔下了女兒不再管。她交結過好幾個男人，全沒有所謂浪漫故事中的追求與迷戀，而是直截了當的講肉與錢的獲得。讀書的青年男女好說自己如何苦悶，如何因失戀而想自殺，好像別人都沒有這種問題，而只有他們自己的委屈很值錢似的。所以我故意的提出幾個窮男女，說說他們的苦處與需求。在她所交結的幾個男人中，有一個是非常精明而有思想的人。他雖不是故事中的主要人物，可是由他口中說出許多現在應當用××畫出來的話語。這個女的最後跳了大明湖。她的女兒呢，沒有人保護著，而且沒有一個錢，也就走上她母親所走的路——在《櫻海集》所載的《月牙兒》便是這件事的變形。可是在《大明湖》裡，這個孤苦的女兒到了也要跳湖的時候，被人救出而結了婚。救她的人是兄弟三個，老大老二是對雙生的弟兄，也就是故事中的男主角。

在這一對男主角身上，愛情的穿插沒有多少重要，主要的是在描寫他倆的心理上的變動。他們是雙生子，長得一樣，而且極相愛，可是他們的性格極不相同，他們想盡方法去彼此明白與諒解，可是不能隨心如意；他們到底有個自己，這個自己不會因愛心與努力而溶解在另一個自己裡。他倆在外表上是一模一樣，而在內心上是背道而馳。老大表現著理智的能力，老二表現著感情的熱烈。一冷一熱，而又不肯公然衝突。這象徵著「學問呢，還是革命呢？」的不易決定。老大是理智的，可是被疾病徵服的時候，在夢裡似的與那個孤女發生了關係，結果非要她不可——大團圓。

可是這個大團圓是個悲劇的——假如這句話可以說得通——「五三」事件發生了，老三被殺。剩下老大老二，一個用腦，一個用心，領略著國破家亡的滋味。

由這點簡要的述說可以看出來《大明湖》裡實在包含著許多問題，在思想上似乎是有些進步。可是我並不滿意這本作品，因為文字太老實。前面說過了：此書中沒有一句幽默的話，而文字極其平淡無奇，唸著很容易使人打盹兒。我是個爽快的人，當說起笑話來，我的想像便能充分的活動，隨筆所至自自然然的就有趣味。教我哭喪著臉講嚴重的問題與事件，我的心沉下去，我的話也不來了！

在暑假後把它寫成，交給張西山兄看了一遍，還是寄給《小說月報》。因為剛登完了《小坡的生日》，所以西諦兄說留到過了年再登吧。過了年，稿子交到印工手裡去，「一二八」的火把它燒成了灰。沒留副稿。我向來不留副稿。想好就寫，寫完一大段，看看，如要不得，便扯了另寫；如能要，便只略修改幾個字，不作更大的更動。所以我的稿子多數是寫得很清楚。我偏不起書記給另抄一遍，也不願旁人代寫。稿子既須自己寫，所以無論故事多麼長，總是全篇寫完才敢寄出去，沒膽子寫一點發表一點。全篇寄出去，所以要燒也就都燒完；好在還痛快！

有好幾位朋友勸我再寫《大明湖》，我打不起精神來。創作的那點快樂不能在默寫中找到。再說呢，我實在不甚滿意它，何必再寫。況且現在寫出，必須用許多××與……，更犯不著了。

到濟南後，自己印了稿紙，張大格大，一張可寫九百多字。用新稿紙寫的第一部小說就遭了火劫，總算走「紅」運！

三、暑假

我與學界的人們一同分潤寒假暑假的「寒」與「暑」，「假」字與我老不發生關係似的。寒與暑並不因此而特別的留點情；可是，一想及拉車的，當巡警的，賣苦力氣的，我還抱怨什麼？而且假期到底是假期，晚起個三兩分鐘到底不會耽誤了上堂；暫時不作銅鈴的奴隸也總得算偌大的自由！況且沒有粉筆面子的「雙」薰——對不起，一對鼻孔總是一齊吸氣，還沒練成「單吸」的功夫，雖然作了不少年的教員。

整理已講過的講義，預備下學期的新教材，這把「念讀寫作，四者缺一不可」的功夫已作足。此外，還要寫小說呢。教員兼寫家，或寫家兼教員，無論怎樣排列吧，這是最時行的事。單幹哪一行也不夠養家的，況且我還養著一隻小貓！幸而教員兼車伕，或寫家兼屠戶，還沒大行開，這在像中國這麼文明的國家裡，還不該唸佛？

鬧鐘的鈴自一放學就停止了工作，可是沒在六點後起來過，小說的人物總是在天亮左右便在腦中開了戰事；設若不乘著打得正歡的時候把他們捉住，這一天，也許是兩三天，不用打算順當的調動他們，不管你吸多少支香菸，他們總是在面前耍鬼臉，及至你一伸手，他們全跑得連個影兒也看不見。

早起的鳥捉住蟲兒，寫小說的也如此。

這絕不是說早起可以少出一點汗。在濟南的初伏以前而打算不出汗，除非離開濟南。早晨，晌午，晚間，夜裡，毛孔永遠川流不息；只要你一眨巴眼，或叫聲球——那隻小貓——得，遍體生津。早起絕不為少出汗，而是為拿起筆來把汗嚇回去。出汗的工作是人人怕的，連汗的本身也怕。一邊寫，一邊流汗；越流汗越寫得起勁；汗知道你是與它拚個你死我活，它便不流了。這個道理或者可以從《易經》裡找出來，但是我還沒有工夫去檢查。

自六點至九點，也許寫成五百字，也許寫成三千字，假如沒有客人來的話。五百字也好，三千字也好，早晨的工作算是結束了。值得一說的是：寫五百字比寫三千的時候要多吸至少七八支香菸，吸菸能助文思不永遠靈驗，是不是還應當多給文曲星燒股高香？

九點以後，寫信——寫信！老得寫信！希望郵差再大罷工一年！——澆澆院中的草花，和小貓在地上滾一回，然後讀歐．亨利。這一鬧哄就快十二點了。吃午飯，也許只是聞一聞；夏天聞聞菜飯便可以飽了的。飯後，睡大覺，這一覺非遇見非常的事件是不能醒的。打大雷，鄰居小夫婦吵架，把水缸從牆頭擲過來，……只是不希望地震，雖然它準是最有效的。醒了，該弄講義了，多少不拘，天天總弄出一點來。六點，又吃飯。飯後，到齊大的花園去走半點鐘，這是一天中挺直脊骨的特許期間，二十四點鐘內挺兩刻鐘的脊骨好像有什麼衛生神術在其中似的。不過，挺著胸膛走到底是壯觀的；究竟挺直了沒有自然是另一問題，未便深究。

挺背運動完畢，回家，屋子裡比烤麵包的爐子的熱度高著多少？無從知道，因為沒有寒暑表。屋內的蚊子還沒都被烤死呢，我放心了。洗個澡，在院中坐一會兒，聽著街上賣汽水，冰淇淋的吆喝。心靜自然涼，我永遠不喝汽水，不吃冰淇淋；香片茶是我一年到頭的唯一飲料，多咱香片茶是由外洋販來我便不喝了。九點鐘前後就去睡，不管多熱，我永遠的躺下（有時還沒有十分躺好）便能入夢。身體弱多睡覺，是我的格言。一氣睡到天明，又該起來拿筆嚇走汗了。

四、《貓城記》

自《老張的哲學》到《大明湖》，都是交《小說月報》發表，而後由商務印書館印單行本。《大明湖》的稿子燒掉，《小坡的生日》的底版也殉了難；後者，經過許多日子，轉讓給生活書店承印。《小說月報》停刊。施蟄存兄主編的《現代》雜誌為滬戰後唯一的有起色的文藝月刊，他約我寫個「長篇」，我答應下來；這是我給別的刊物——不是《小說月報》了——寫稿子的開始。這次寫的是《貓城記》。登完以後，由現代書局出書，這是我在別家書店——不是「商務」了——印書的開始。

《貓城記》，據我自己看，是本失敗的作品。它毫不留情地揭顯出我有塊多麼平凡的腦子。寫到了一半，我就想收兵，可是事實不允許我這樣作，硬把它湊完了！有人說，這本書不幽默，所以值得叫好，正如梅蘭芳反串小生那樣值得叫好。其實這只是因為討厭了我的幽默，而不是這本書有何好處。吃厭了饅頭，偶爾來碗粗米飯也覺得很香，並非是真香。說真的，《貓城記》根本應當幽默，因為它是篇諷刺文章；諷刺與幽默在分析時有顯然的不同，但在應用上永遠不能嚴格的分隔開。越是毒辣的諷刺，越當寫得活動有趣，把假託的人與事全要精細的描寫出，有聲有色，有骨有肉，看起來頭頭是道，活像有此等人與此等事；把諷刺埋伏在這個底下，而後才文情並茂，罵人才罵到家。它不怕是寫三寸丁的小人國，還是寫酸臭的君子之邦，它得先把所憑藉的寓言寫活，而後才能彷彿把人與事玩之股掌之上，細細的創造出，而後捏著骨縫兒狠狠的罵，使人哭不得笑不得。它得活躍，靈動，玲瓏，和幽默。必須幽默。不要幽默也成，那得有更厲害的文筆，與極聰明的腦子，一個巴掌一個紅印，一個閃一個雷。我沒有這樣厲害的手與腦，而又捨去我較有把握的幽默，《貓城記》就沒法不爬在地上，像只折了翅的鳥兒。

在思想上，我沒有積極的主張與建議。這大概是多數諷刺文字的弱點，不過好的諷刺文字是能一刀見血，指出人間的毛病的：雖然缺乏對思想的領導，究竟能找出病根，而使熱心治病的人知道該下什麼藥。我呢，既不能有積極的領導，又不能精到的搜出病根，所以只有諷刺的弱點，而沒得到它的正當效用。我所思慮的就是普通一般人所思慮的，本用不著我說，因為大家都知道。眼前的壞現象是我最關切的；為什麼有這種惡劣現象呢？我回答不出。跟一般人相同，我拿「人心不古」——雖然沒用這四個字——來敷衍。這只是對人與事的一種惋惜，一種規勸；惋惜與規勸，是「陰騭文」的正當效用——其效用等於說廢話。這連諷刺也夠不上了。似是而非的主張，即使無補於事，也還能顯出點諷刺家的聰明。我老老實實的談常識，而美其名為諷刺，未免太荒唐了。把諷刺改為說教，越說便越膩得慌；敢去說教的人不是絕頂聰明的，便是傻瓜。我知道我不是頂聰明，也不肯承認是道地傻瓜；不過我既寫了《貓城記》，也就沒法不叫自己傻瓜了。

自然，我為什麼要寫這樣一本不高明的東西也有些外來的原因。頭一個就是對國事的失望，軍事與外交種種的失敗，使一個有些感情而沒有多大見解的人，像我，容易由憤恨而失望。失望之後，這樣的人想規勸，而規勸總是婦人之仁的。一個完全沒有思想的人，能在糞堆上找到糧食；一個真有思想的人根本不將就這堆糞。只有半瓶子醋的人想維持這堆糞而去勸告蒼蠅：「這裡不衛生！」我吃了虧，因為任著外來的刺激去支配我的「心」，而一時忘了我還有塊「腦子」。我居然去勸告蒼蠅了！

不錯，一個沒有什麼思想的人，滿能寫出很不錯的文章來；文學史上有許多這樣的例子。可是，這樣的專家，得有極大的寫實本領，或是極大的情緒感訴能力。前者能將浮面的觀感詳實的寫下來，雖然不像顯微鏡那麼厲害，到底不失為好好的一面玻璃鏡，映出個真的世界。後者能將普通的感觸，強而有力的道出，使人感動。可是我呢，我是寫了篇諷刺。諷刺必須高超，而我不高超。諷刺要冷靜，於是我不能大吹大擂，而扭扭捏捏。既未能懸起一面鏡子，又不能向人心擲去炸彈，這就很可憐了。

失了諷刺而得到幽默，其實也還不錯。諷刺與幽默雖然是不同的心態，可是都得有點聰明。運用這點聰明，即使不能高明，究竟能見出些性靈，至少是在文字上。我故意的禁止幽默，於是《貓城記》就一無可取了。《大明湖》失敗在前，《貓城記》緊跟著又來了個第二次。朋友們常常勸我不要幽默了，我感謝，我也知道自己常因幽默而流於討厭。可是經過這兩次的失敗，我才明白一條狗很難變成一隻貓。我有時候很想努力改過，偶爾也能因努力而寫出篇鄭重、有點模樣的東西。但是這種東西總缺乏自然的情趣，像描眉擦粉的小腳娘。讓我信口開河，我的討厭是無可否認的，可是我的天真可愛處也在裡邊，Aristophanes（阿里斯托芬）的撒野正自不可及；我不想高攀，但也不必因謙虛而抹殺事實。

自然，這兩篇東西——《大明湖》與《貓城記》——也並非對我全無好處；它們給我以練習的機會，練習怎樣老老實實的寫述，怎樣瞪著眼說謊而說得怪起勁。雖然它們的本身是失敗了，可是經過一番失敗總多少增長些經驗。

《貓城記》的體裁，不用說，是諷刺文章最容易用而曾經被文人們用熟了的。用個貓或人去冒險或遊歷，看見什麼寫什麼就好了。冒險者到月球上去，或到地獄裡去，都沒什麼關係。他是個批評家，也許是個傷感的新聞記者。《貓城記》的探險者分明是後一流的，他不善於批評，而有不少浮淺的感慨；他的報告於是顯著像赴宴而沒吃飽的老太婆那樣回到家中瞎嘮叨。

我早就知道這個體裁。說也可笑，我所以必用貓城，而不用狗城者，倒完全出於一件家庭間的小事實——我剛剛抱來個黃白花的小貓。威爾思的 The first man in the moon（《月亮上的第一個人》），把月亮上的社會生活與螞蟻的分工合作相較，顯然是有意的指出人類文明的另一途徑。我的貓人之所以為貓人卻出於偶然。設若那天我是抱來一隻兔，大概貓人就變成兔人了；雖然貓人與兔人必是同樣糟糕的。

貓人的糟糕是無可否認的。我之揭露他們的壞處原是出於愛他們也是無可否認的。可惜我沒給他們想出辦法來。我也糟糕！可是，我必須說出來：即使我給貓人出了最高明的主意，他們一定會把這個主意弄成個五光十色的大笑話；貓人的糊塗與聰明是相等的。我愛他們，慚愧！我到底只能諷刺他們了！況且呢，我和貓人相處了那麼些日子，我深知道我若是直言無隱的攻擊他們，而後再給他們出好主意，他們很會把我偷偷的弄死。我的怯懦正足以暗示出貓人的勇敢，何等的勇敢！算了吧，不必再說什麼了！

五、《離婚》

也許這是個常有的經驗吧：一個寫家把他久想寫的文章擱在心裡，撐著，甚至於擱一輩子，而他所寫出的那些便是偶然想到的。有好幾個故事在我心裡已存放了六七年，而始終沒能寫出來；我一點也不曉得它們有沒有能夠出世的那一天。反之，我臨時想到的倒多半在白紙上落了黑字。在寫《離婚》以前，心中並沒有過任何可以發展到這樣一個故事的「心核」，它幾乎是忽然來到而馬上成了個「樣兒」的。在事前，我本來沒打算寫個長篇，當然用不著去想什麼。邀我寫個長篇與我臨陣磨刀去想主意正是同樣的倉促。是這麼回事：《貓城記》在《現代》雜誌登完，說好了是由良友公司放入《良友文學叢書》裡。我自己知道這本書沒有什麼好處，覺得它還沒資格入這個《叢書》。可是朋友們既願意這麼辦，便隨它去吧，我就答應了照辦。及至事到臨期，現代書局又願意印它了，而良友撲了個空。於是良友的「十萬火急」來到，立索一本代替《貓城記》的。我冒了汗！可是我硬著頭皮答應下來；知道拚命與靈感是一樣有勁的。

這我才開始打主意。在沒想起任何事情之前，我先決定了：這次要「返歸幽默」。《大明湖》與《貓城記》的雙雙失敗使我不得不這麼辦。附帶的也決定了，這回還得求救於北平。北平是我的老家，一想起這兩個字就立刻有幾百尺「故都景象」在心中開映。啊！我看見了北平，馬上有了個

「人」。我不認識他，可是在我二十歲至二十五歲之間我幾乎天天看見他。他永遠使我羨慕他的氣度與服裝，而且時時發現他的小小變化：這一天他提著條很講究的手杖，那一天他騎上腳踏車——穩穩的溜著馬路邊兒，永遠碰不了行人，也好似永遠走不到目的地，太穩，穩得幾乎像凡事在他身上都是一種生活趣味的展示。我不放手他了。這個便是「張大哥」。

叫他作什麼呢？想來想去總在「人」的上面，我想出許多的人來。我得使「張大哥」統領著這一群人，這樣才能走不了板，才不至於雜亂無章。他一定是個好媒人，我想；假如那些人又恰恰的害著通行的「苦悶病」呢？那就有了一切，而且是以各色人等揭顯一件事的各種花樣，我知道我捉住了個不錯的東西。這與《貓城記》恰相反：《貓城記》是但丁的遊「地獄」，看見什麼說什麼，不過是既沒有但丁那樣的詩人，又沒有但丁那樣的詩。《離婚》在決定人物時已打好主意：鬧離婚的人才有資格入選。一向我寫東西總是冒險式的，隨寫隨著發現新事實；即使有時候有個中心思想，也往往因人物或事實的趣味而唱荒了腔。這回我下了決心要把人物都拴在一個木樁上。

這樣想好，寫便容易了。從暑假前大考的時候寫起，到七月十五，我寫得了十二萬字。原定在八月十五交卷，居然能早了一個月，這是生平最痛快的一件事。天氣非常的熱——濟南的熱法是至少可以和南京比一比的——我每天早晨七點動手，寫到九點；九點以後便連喘氣也很費事了。平均每日寫兩千字。所餘的大後半天是一部分用在睡覺上，一部分用在思索第二天該寫的二千來字上。這樣，到如今想起來，那個熱天實在是最可喜的。能寫入了迷是一種幸福，即使所寫的一點也不高明。

在下筆之前，我已有了整個計劃；寫起來又能一氣到底，沒有間斷，我的眼睛始終沒離開我的手，當然寫出來的能夠整齊一致，不至於大嘟嚕小塊的。勻淨是《離婚》的好處，假如沒有別的可說的。我立意要它幽默，可是我這回把幽默看住了，不准它把我帶了走。饒這麼樣，到底還有「滑」下去的地方，幽默這個東西——假如它是個東西——實在不易拿得穩，它似乎知道你不能老瞪著眼盯住它，它有機會就跑出去。可是從另一方面說呢，多數的幽默寫家是免不了順流而下以至野調無腔的。那麼，要緊的似乎是這個：文藝，特別是幽默的，自要「底氣」堅實，粗野一些倒不算什麼。Dostoevsky（陀思妥耶夫斯基）的作品——還有許多這樣偉大寫家的作品——是很欠完整的，可是他的偉大處永不被這些缺欠遮蔽住。以今日中國文藝的情形來說，我倒希望有些頂硬頂粗莽頂不易消化的作品出來，粗野是一種力量，而精巧往往是種毛病。小腳是纖巧的美，也是種文化病，有了病的文化才承認這種不自然的現象，而且稱之為美。文藝或者也如此。這麼一想，我對《離婚》似乎又不能滿意了，它太小巧，笑得帶著點酸味！受過教育的與在生活上處處有些小講究的人，因為生活安適平靜，而且以為自己是風流蘊藉，往往提到幽默便立刻說：幽默是含著淚的微笑。其實據我看呢，微笑而且得含著淚正是「裝蒜」之一種。哭就大哭，笑就狂笑，不但顯出一點真摯的天性，就是在文學裡也是很健康的。唯其不敢真哭真笑，所以才含淚微笑；也許這是件很難作到與很難表現的事，但不必就是非此不可。我真希望我能寫出些震天響的笑聲，使人們真痛快一番，雖然我一點也不反對哭聲震天的東西。說真的，哭與笑原是一事的兩頭兒；而含淚微笑卻兩頭兒都不站。《離婚》的笑聲太弱了。寫過了六七本十萬字左右的東西，我才明白了一點何謂技巧與控制，可是技巧與控制不見得就會使文藝偉大。《離婚》有了技巧，有了控制；偉大，還差得遠呢！文藝真不是容易作的東西。我說這個，一半是恨自己的藐小，一半也是自勵。

六、寫短篇

我本來不大寫短篇小說，因為不會。可是自從滬戰後，刊物增多，各處找我寫文章；既蒙賞臉，怎好不捧場？同時寫幾個長篇，自然是作不到的，於是由靠背戲改唱短打。這麼一來，快信便接得更多：「既肯寫短篇了，還有什麼說的？寫吧，夥計！三天的工夫還趕不出五千字來？少點也行啊！無論怎麼著吧，趕一篇，要快！」話說得很「自己」，我也就不好意思，於是天昏地暗，胡扯一番；明知寫得不成東西，還沒法不硬著頭皮幹。

我在寫長篇之前並沒有寫短篇的經驗。我吃了虧。短篇想要見好，非拚命去作不可。長篇有偷手。寫長篇，全篇中有幾段好的，每段中有幾句精彩的，便可以立得住。這自然不是理應如此，但事實上往往是這樣；連讀者彷彿對長篇——因為是長篇——也每每特別的原諒。世上允許很不完整的長篇存在，對短篇便不很客氣。這樣，我沒有一點寫短篇的經驗，而硬寫成五六本長的作品；從技巧上說，我的進步的遲慢是必然的。短篇小說是後起的文藝，最需要技巧，它差不多是仗著技巧而成為獨立的一個體裁。可是我一上手便用長篇練習，很有點像練武的不習「彈腿」而開始便舉「雙石頭」，不被石頭壓壞便算好事；而且就是能夠力舉千斤也是沒有什麼用處的笨勁。這點領悟是我在寫了些短篇後才得到的。大家都要稿子，短篇自然方便一些。是的，「方便」一些，只是「方便」一些；這時候我還有點看不起短篇，以為短篇不值得一寫，所以就寫了《抱孫》等笑話。隨便寫些笑話就是短篇，我心裡這麼想。隨便寫笑話，有了工夫還是寫長篇；這是我當時的計劃。

《微神》與《黑白李》等篇都經過三次的修正；既不想再鬧著玩，當然就得好好的幹了。可是還有好些篇是一揮而就，亂七八糟的，因為真沒工夫去修改。報酬少，少寫不如多寫；怕得罪朋友，有時候就得硬擠；這兩樁決定了我的——也許還有別人——少而好不如多而壞的大批發賣。這不是政策，而是不得不如此。自己覺得很對不起文藝，可是錢與朋友也是不可得罪的。有一次有位姓王的編輯跟我要一篇東西，我隨寫隨放棄，一共寫了三萬多字而始終沒能成篇。為怕他不信，我把那些零塊兒都給他寄去了。這並不是表明我對寫作是怎樣鄭重，而是說有過這麼一回，而且只能有這麼「一」回。假如每回這樣，不累死也早餓死了。累死還倒乾脆而光榮，餓死可難受而不體面。每寫五千字，設若，必扔掉三萬字；而五千字只得二十元錢或更少一些，不餓死等什麼呢？《月牙兒》，《陽光》，《斷魂槍》，與《新時代的舊悲劇》——並沒有什麼特別的好處。可我的態度變了。事實逼得我不能不把長篇的材料寫作短篇了，這是事實，因為索稿子的日多，而材料不那麼方便了，於是把心中留著的長篇材料拿出來救急。不用說，這麼由批發而改為零賣是有點難過。可是及至把十萬字的材料寫成五千字的一個短篇——像《斷魂槍》——難過反倒變成了覺悟。經驗真是可寶貴的東西！覺悟是這個：用長材料寫短篇並不吃虧，因為要從夠寫十幾萬字的事實中提出一段來，當然是提出那最好的一段。這就是楞吃仙桃一口，不吃爛杏一筐了。再說呢，長篇雖也有箇中心思想，但因事實的複雜與人物的繁多，究竟在描寫與穿插上是多方面的。假如由這許多方面之中挑選出一方面來寫，當然顯著緊湊精到。長篇的各方面中的任何一方面都能成個很好的短篇，而這各方面散布在長篇中就不易顯出任何一方面的精彩。長篇要勻調，短篇要集中。拿《月牙兒》說吧，它本是《大明湖》中的一片段。《大明湖》被焚之後，我把其他的情節都毫不可惜的忘棄，可是忘不了這一段。這一段是，不用說，《大明湖》中最有意思的一段。但是，它在《大明湖》裡並不像《月牙兒》這樣整齊，因為它是夾在別的一堆事情裡，不許它獨當一面。由現在看來，我楞願要《月牙兒》而不要《大明湖》了。不是因它是何等了不得的短篇，而是因它比在《大明湖》裡「窩」著強。

《斷魂槍》也是如此。它本是我所要寫的「二拳師」中的一小塊。「二拳師」是個——假如能寫出來——武俠小說。我久想寫它，可是誰知道寫出來是什麼樣呢？寫出來才算數，創作是不敢「預約」的。在《斷魂槍》裡，我表現了三個人，一樁事。這三個人與這一樁事是我由一大堆材料中選出來的，他們的一切都在我心中想過了許多回，所以他們都能立得住。那件事是我所要在長篇中表現的許多事實中之一，所以它很俐落。拿這麼一件小小的事，聯絡上三個人，所以全篇是從從容容的，不多不少正合適。這樣，材料受了損失，而藝術占了便宜；五千字也許比十萬字更好。文藝並非肥豬，塊兒越大越好。有長時間的培養，把一件複雜的事翻過來掉過去的調動，人也熟了，事也熟了，而後抽出一節來寫個短篇，就必定成功，因為一下筆就是地方，準確產出調勻之美。不過呢，十萬字可以得到三五百元，而這五千字只得了十九塊錢，這恐怕也就是不敢老和藝術親熱的原因吧。為藝術而犧牲是很好聽的，可是餓死誰也是不應當的，為什麼一定先叫做家餓死呢？我就不明白！

《新時代的舊悲劇》有許多的缺點。最大的缺點是有許多人物都見首不見尾，沒有「下回分解」。毛病是在「中篇」。我本來是想拿它寫長篇的，一經改成中篇，我沒法不把精神集註在一個人身上，同時又不能不把次要的人物搬運出來，因為我得湊上三萬多字。設若我把它改成短篇，也許倒沒有這點毛病了。不過呢，陳老先生確是有個勁頭，假如我真是寫了長篇，我真不敢保他能這麼硬梆。因此，我還是不後悔把長篇材料這樣零賣出去，而反覺得武戲文唱是需要更大的本事的，其成就也絕非亂打亂鬧可比。

七、一九三四年計劃

沒有職業的時候，當然談不到什麼計劃——找到事再說。找到了事作，生活比較的穩定了，野心與奢望又自減縮——混著吧，走到哪兒是哪兒；於是又忘了計劃。過去的幾年總是這樣，自己也鬧不清是怎麼過來的。至於寫小說，那更提不到計劃。有朋友來信說「作」，我就作；信來得太多了呢，便把後到的辭退，說上幾聲「請原諒」。有時候自己想寫一篇，可是一擱便許擱到永遠。一邊作事，一邊寫作，簡直不是回事兒！

一九三四年了，恐怕又是馬虎的過去。不過，我有個心願：希望能在暑後不再教書，而專心寫文章，這個不是容易實現的。自己的負擔太重，而寫文章的收入又太薄；我是不能不管老母的，雖然知道創作的要緊。假如這能實現，我願意暑後到南方去住些日子；杭州就不錯，那裡也有朋友。

不論怎樣吧，這是後半年的話。前半年呢，大概還是一邊教書，一邊寫點東西。現在已經欠下了幾個刊物的債，都該在新年後還上，每月至少須寫一短篇。至於長篇，那要看暑假後還教書與否；如能辭退教職，自然可以從容的亂寫了。不能呢，長篇即沒希望。我從前寫的那幾本小說都成於暑假與年假中，因除此再找不出較長的時間來。這麼一來，可就終年苦幹，一天不歇。明年暑假絕不再這麼幹，我的身體實在不能說是很強壯。春假想去跑泰山，暑假要到非避暑的地方去避暑——真正避暑的地方不是為我預備的。我只求有個地點休息一下，暑一點也沒關係。能一個月不拿筆，就是死上一回也甘心！

提到身體，我在四月裡忽患背痛，痛得翻不了身，許多日子也不能「鯉魚打挺」。缺乏運動啊。

籃球足球，我幹不了，除非有意結束這一輩子。於是想起了練拳。原先我就會不少刀槍劍戟——自然只是擺樣子，並不能去廝殺一陣。從五月十四開始又練拳，雖不免近似義和團，可是真能運動運動。因為打拳，所以起得很早；起得早，就要睡得早；這半年來，精神確是不壞，現在已能一氣練下四五趟拳來。這個我要繼續下去，一定！

自從我練習拳術，舍貓小球也胖了許多，因我一跳，她就撲我的腿，以為我是和她玩耍呢。她已一歲多了，尚未生小貓。撲我的腿和有時候高聲咪喵，或系性慾的壓迫，我在來年必須為她定婚，這也在計劃之中。

至於錢財，我向無計劃。錢到手不知怎麼就全另找了去處。來年呢，打算要小心一些。書，當然是要買的。飯，也不能不吃。要是儉省，得由零花上設法。袋中至多隻帶一塊錢是個好辦法；不然，手一癢則鈔票全飛。就這樣吧，袋中只帶一元，想進鋪子而不敢，則得之矣。

這像個計劃與否，我自己不知道。不過，無論怎樣，我是有志向善，想把生活「計劃化」了。「計劃化」慣了，生命就能變成個計劃。將來不幸一命身亡，會有人給立一小塊石碑，題曰「舒計劃葬於此」。新年不宜說喪氣話，那麼，取消這條。

八、《牛天賜傳》

一九三四年，自從一入七月門，濟南就熱起，那年簡直熱得出奇；那就是我「避暑床下」的那一回。早晨一睜眼，屋裡——是屋裡——就九十多度！小孩拒絕吃奶，專門哭號；大人不肯吃飯，立志喝水！可是我得趕文章，昏昏忽忽，半睡半醒，左手揮扇與打蒼蠅，右手握筆疾寫，汗順著指背流到紙上。寫累了，想走一走，可不敢出去，院裡的牆能把人身炙得像叉燒肉——那二十多天裡，每天街上都熱死行人！屋裡到底強得多，忍著吧。自然，要是有個電扇，再有個冰箱，一定也能稍好一些。可是我的財力還離設定電扇與冰箱太遠。一連十五天，我不敢出街門。要說在這個樣的暑天裡，能寫出怪象回事兒的文章，我就有點不信。

《牛天賜傳》是三月二十三日動筆的，可是直到七月四日才寫成兩萬多字。三個多月的工夫只寫了這麼點點，原因是在學校到六月尾才能放暑假，沒有充足的工夫天天接著寫。在我的經驗裡，我覺得今天寫十來個字，明天再寫十來個字，碰巧了隔一個星期再寫十來個字，是最要命的事。這是向詩神伸手乞要小錢，不是創作。

七月四日以後，寫得快了；七月十九日已有了五萬多字。忽然快起來，因為已放了暑假。八月十號，我的日記上記著：

「《牛天賜傳》寫完，匆匆趕出，無一是處！」

天氣是那麼熱，心裡還有不痛快的事呢。我在老早就想放棄教書匠的生活，到這一年我得到了辭職的機會。六月二十九日我下了決心，就不再管學校裡的事。不久，朋友們知道了我這點決定，信來了不少。在上海的朋友勸我到上海去，爽性以寫作為業。在別處教書的朋友呢，勸我還是多少教點書，並且熱心的給介紹事。我心中有點亂，亂就不痛快。辭事容易找事難，機會似乎不可都錯過了。另一方面呢，且硬試試職業寫家的味兒，倒也合脾味。生活，創作，二者在心中大戰三百幾十回合。寸心已成戰場，可還要假裝沒事似的寫《牛天賜傳》，動中有靜，好不容易。結果，我拒絕了好幾位朋友的善意，決定到上海去看看。八月十九日動了身。在動身以前，必須寫完《牛天賜傳》，不然心中就老存著塊病。這又是非快寫不可的促動力。

熱，亂，慌，是我寫《牛天賜傳》時生活情形的最合適的三個形容字。這三個字似乎都與創作時所需要的條件不大相合。「牛天賜」產生的時候不對，八字根本不夠格局！

此外，還另有些使它不高明的原因。第一個是文字上的限制。它是《論語》半月刊的特約長篇，所以必須幽默一些。幽默與偉大不是不能相容的，我不必為幽默而感到不安；《吉訶德先生傳》等名著譯成中文也並沒招出什麼「打倒」來。我的困難是每一期只要四五千字，既要顧到故事的連續，又須處處輕鬆招笑。為達到此目的，我只好抱住幽默死啃；不用說，死啃幽默總會有失去幽默的時候；到了幽默論斤賣的地步，討厭是必不可免的。我的困難至此乃成為毛病。藝術作品最忌用不正當的手段取得效果，故意招笑與無病呻吟的罪過原是一樣的。

每期只要四五千字，所以書中每個人，每件事，都不許信其自然的發展。設若一段之中我只詳細的描寫一個景或一個人，無疑的便會失去故事的趣味。我得使每期不落空，處處有些玩藝。因此，一期一期的讀，它倒也怪熱鬧；及至把全書一氣讀完，它可就顯出緊促慌亂，缺乏深厚的味道了。

書中的主角──按老話兒說，應當叫做「書膽」──是個小孩兒。一點點的小孩兒沒有什麼思想，意志，與行為。這樣的英雄全仗著別人來捧場，所以在最前的幾章裡我幾乎有點和個小孩子開玩笑的嫌疑了。其實呢，我對小孩子是非常感覺趣味，而且最有同情心的。我的脾氣是這樣：不輕易交朋友，但是隻要我看誰夠個朋友，便完全以朋友相待。至於對小孩子，我就一律的看待，小孩子都可愛。世界上有千千萬萬的受壓迫的人，其中的每一個都值得我們替他們呼冤，代他想方法。可是小孩子就更可憐，不但是無衣無食的，就是那打扮得馬褂帽頭像小老頭的也可憐。牛天賜是屬於後者的，因為我要寫得幽默，就不能拿個頂窮苦的孩子作書膽——那樣便成了悲劇。自然，我也明知道照我那麼寫一定會有危險的——幽默一放手便會成為瞎胡鬧與開玩笑。於此，我至今還覺得怪對不起牛天賜的！

第二節　青島

◆ 一、山大

我在三四年七月中辭去齊大的教職，八月跑到上海。我不是去逛，而是想看看，能不能不再教書而專以寫作賺飯吃。我早就想不再教書。在上海住了十幾天，我心中涼下去，雖然天氣是那麼熱。為什麼心涼？那時正是「一二八」以後，書業不景氣，文藝刊物很少，滬上的朋友告訴我不要冒險。兜底兒一句話：專仗著寫東西吃不上飯。

第二步棋很好決定，還得去教書。於是我就接了山東大學的聘書來到青島。

到了青島不久，至友白滌洲死去；我跑回北平哭了一場。

這兩件事——不能去專心寫作，與好友的死——使我好久好久打不起精神來；願意幹的事不准幹，應當活著的人反倒死。是呀，我知道活一天便須歡蹦亂跳一天，我照常的作事寫文章，但是心中堵著一塊什麼，它老在那兒！寫得不好？因為心裡堵得慌！我是個愛笑的人，笑不出了！我一向寫東西寫得很快，快與好雖非一回事，但刷刷的寫一陣到底是件痛快事；哼，自去年秋天起，刷刷不上來了。我不信什麼「江郎才盡」那一套，更不信將近四十歲便得算老人；我願老努力的寫，幾時入棺材，幾時不再買稿紙。可是，環境也得允許我去寫，我才能寫，才能寫得好。整天的瞎忙，在應休息的時間而拿起筆來寫東西，想要好，真不大容易！我並不願把一切的罪過都推出去，只說自己高明。不，我永遠沒說過自己高明；不過外面的壓迫也真的使我「更」不高明。這是非說出不可的，我自己的不高明，與那些使我更不高明的東西，至少要各擔一半責任。

一個大學或者正像一個人，他的特色總多少與它所在的地方有些關係。山大雖然成立了不多年，但是它既在青島，就不能不帶些青島味兒。這也就是常常引起人家誤解的地方。一般的說，人們大概會這樣想：山大立在青島恐怕不大合適吧？舞場、咖啡館、電影院、浴場……在花花世界裡能安心讀書嗎？這種因愛護而擔憂的猜想，止是我們所願解答的。……青島之有夏，正如青島之有冬；可是一般人似乎只知其夏，不知其冬，猜測多半由此而來。說真的，山大所表現的精神是青島的冬。是呀，青島忙的時候也是山大忙的時候，學會咧，參觀團咧，講習會咧，有時候同時借用山大作會場或宿舍，熱忙非常。但這總是在夏天，夏天我們也放假呀。當我們上課的期間，自秋至冬，自冬至初夏，青島差不多老是靜寂的。春山上的野花，秋海上的晴霞，是我們的，避暑的人們大概連想也沒想到過。至於冬日寒風惡月裡的寂苦，或者也只有我們的讀書聲與足球場上的歡笑可與相抗；稍微貪點熱鬧的人恐怕連一個星期也住不下去。我常說，能在青島住過一冬的，就有修仙的資格。我們的學生在這裡一住就是四冬啊！他們不會在畢業時候都成為神仙——大概也沒人這樣期望他們——可是他們的靜肅態度已經養成了。一個沒到過山大的人，也許容易想到，青島既是富有洋味的地方，當然山大的學生也得洋服啷噹的，像些華僑子弟似的。根本沒有這一回事。山大的校舍是昔年的德國兵營，雖然在改作學校之後，院中鋪滿短草，道旁也種上了玫瑰，可是它總脫不了營房的嚴肅氣象。學校的後面左面都是小山，挺立著一些青松，我們每天早晨一抬頭就看見山石與松林之美，但不是柔媚的那一種。學校裡我們設若打扮得怪漂亮的，即使沒人多看兩眼，也覺得彷彿有些不得勁兒。整個的嚴肅空氣不許我們漂亮，到學校外去，依然用不著修飾。六七月之間，此處固然是萬紫千紅，士女如雲，好一片摩登景象了。可是過了暑期，海邊上連個人影也沒有；我們大概用不著花花綠綠的去請白鷗與遠帆來看吧？因此，山大雖在青島，而很少洋味兒，制服以外，藍布大衫是第二制服。就是在六七月最熱鬧的時候，我們還是如此，因為樸素成了風氣，藍布大衫一穿大有「眾人摩登我獨古」的氣概。

還有呢，不管青島是怎樣西洋化了的都市，它到底是在山東。「山東」二字滿可以用作樸儉靜肅的象徵，所以山大——雖然學生不都是山東人——不但是個北方大學，而且是北方大學中最帶「山東」精神的一個。我們常到嶗山去玩，可是我們的眼卻望著泰山，彷彿是。這個精神使我們樸素，使我們能吃苦，使我們靜默。往好裡說，我們是有一種強毅的精神；往壞裡講，我們有點鄉下氣。不過，即使我們真有鄉下氣，我們也會自傲的說，我們是在這裡矯正那有錢有閒來此避暑的那種奢華與虛浮的摩登，因為我們是一群「山東兒」——雖然是在青島，而所表現的是青島之冬。

二、習慣

不管別位，以我自己說，思想是比習慣容易變動的。每讀一本書，聽一套議論，甚至看一回電影，都能使我的腦子轉一下。腦子的轉法像螺絲釘，雖然是轉，卻也往前進。所以，每轉一回，思想不僅變動，而且多少有點進步。記得小的時候，有一陣子很想當「黃天霸」。每逢四顧無人，便掏出瓦塊或碎磚，回頭輕喊：看鏢！有一天，把醋瓶也這樣出了手，幾乎捱了頓打。這是聽《五女七貞》的結果。及至後來讀了託爾斯泰等人的作品，就是看了楊小樓扮演的「黃天霸」，也不會再扔醋瓶了。你看，這不僅是思想老在變動，而好歹的還高了一二分呢。

習慣可不能這樣。拿吸菸說吧，讀什麼，看什麼，聽什麼，都吸著煙。圖書館裡不准吸菸，乾脆就不去。書裡告訴我，吸於有害，於是想戒菸，可是想完了，照樣點上一支。醫院裡陳列著「煙肺」也看見過，頗覺恐慌，我也是有肺動物啊！這點嗜好都去不掉，連肺也對不起呀，怎能成為英雄呢？！思想很高偉了；乃至吃過飯，高偉的思想又隨著藍煙上了天。有的時候確是堅決，半天兒不動些小白紙捲兒，而且自號為理智的人——對面是習慣的人。後來也不是怎麼一股勁，連吸三支，合著並未吃虧。肺也許又黑了許多，可是心還跳著，大概一時還不至於死，這很足自慰。什麼都這樣。按說一個自居「摩登」的人，總該常常攙著夫人在街上走走了。我也這麼想過，可是做不到。大家一看，我就毛咕，「你慢慢走著，我們家裡見吧！」把夫人落在後邊，我自己邁開了大步。什麼「尖頭曼」「方頭曼」的，不管這一套。雖然這麼說，到底覺得差一點，從此再不雙雙走街。

明知電影比京戲文明一些，明知京戲的鑼鼓專會供給頭疼，可是嘉寶或紅發女郎總勝不過楊小樓去。鑼鼓使人頭疼的舒服，彷彿是吧。同樣，冰淇淋，咖啡，青島洗海澡，美國桔子，都使我搖頭。酸梅湯，香片茶，裕德池，肥城桃，老有種知己的好感。這與提倡國貨無關，而是自幼兒養成的習慣。年紀雖然不大，可是我的幼年還趕上了野蠻時代。那時候連皇上都不坐汽車，可想見那是多麼野蠻了。

跳舞是多麼文明的事呢，我也沒份兒。人家印度青年與日本青年，在巴黎或倫敦看見跳舞，都講究饞得嚥唾沫。有一次，在艾丁堡，跳舞場拒絕印度學生進去，有幾位差點上了吊。還有一次在海船上舉行跳舞會，一個日本青年氣得直哭，因為沒人招呼他去跳。有人管這種好熱鬧叫做猴子摹仿，我倒並不這麼想。在我的腦子裡，我看這並不成什麼問題，跳不能叫印度登時獨立。也不能叫日本滅亡。不跳呢，更不會就怎樣了不得。可是我不跳。一個人吃飽了沒事，獨自跳跳，還倒怪好。叫我和位女郎來回的拉扯，無論說什麼也來不得。看著就是不順眼，不用說真去跳了。這和吃冰淇淋一樣，我沒有這個胃口。舌頭一涼，馬上聯想到瀉肚，其實心裡準知道沒有危險。

還有吃西餐呢。乾淨，有一定份量，好消化，這些我全知道。不過吃完西餐要不補充上一碗餛飩兩個燒餅，總覺得怪委屈的。吃了帶血的牛肉，喝涼水，我一定跑肚。想像的作用。這就沒有辦法了，想像真會叫肚子山響！

對於朋友，我永遠愛交老粗兒。長髮的詩人，洋裝的女郎，打微高爾夫的男性女性，咬言咂字的學者，滿跟我沒緣。看不慣。老粗兒的言談舉止是咱自幼聽慣看慣的。一看見長髮詩人，我老是要告訴他先去理髮；即使我十二分佩服他的詩才，他那些長髮使我堵的慌。家兄永遠到「推剃兩從便」的地方去「剃」，亮堂堂的很悅目。女子也剪髮，在理論上我極同意，可是看著彆扭。問我女子該梳什麼「頭」，我也答不出，我總以為女性應留著頭髮。我的母親，我的大姐，不都是世界上最好的女人麼？她們都沒剪髮。

行難知易，有如是者。

三、小孩

獨人一身，自己吃飽便天下太平，每逢困於油鹽醬醋的災難中，就感覺到家庭的累贅。家庭之累，大半由兒女造成。先不用提教養的花費，只就淘氣哭鬧而言，已足使人心慌意亂。小女三歲，專會等我不在屋中，在我的稿子上畫圓拉扛，且美其名曰「小濟會寫字」！把人要氣沒了脈，她到底還是有理！再不然，我剛想起一句好的，在腦中盤旋，自信足以愧死莎士比亞，假若能寫出來的話。當是時也，小濟拉拉我的肘，低聲說：「上公園看猴？」於是我至今還未成莎士比亞。小兒一歲正，還不會「寫字」，也不曉得去看猴，但善親親，閉眼，張口展覽上下四個小牙。我若沒事，請求他閉眼，露牙，小胖子總會東指西指的打岔。趕到我拿起筆來，他那一套全來了，不但親臉，閉眼，還「指」令我也得表演這幾招。有什麼辦法呢？！

這還算好的。趕到小濟午後不睡，按著也不睡，那才難辦。到這麼四點來鐘吧，她的困鬧開始，到五點鐘我已沒有人味。什麼也不對，連公園的猴都變成了臭的，而且猴之所以臭，也應當由我負責。小胖子也有這種困而不睡的時候，大概多數是與小濟同時發難。兩位小醉鬼一齊找毛病，我就是諸葛亮恐怕也得唱空城計，一點辦法沒有！在這種乾等束手被擒的時候，偏偏會來一兩封快信——催稿子！我也只好鬧脾氣了。不大一會兒，把太太也鬧急了，一家大小四口，都成了醉鬼，其熱鬧至為驚人。大人聲言離婚，小孩怎說怎不是，於離婚的爭辯中瞎打混。一直到七點後，二位小天使已困得動不的，離婚的宣言才無形的撤銷。這還算好的。遇上小胖子出牙，那才真教厲害，不但白天沒有情理，夜裡還得上夜班。一會兒一醒，若被針紮了似的驚啼，他出牙，誰也不用打算睡。他的牙出俐落了，大家全成了紅眼虎。

在沒有小孩的時候，一個人的世界還是未曾發現美洲的時候的。小孩是科侖布，把人帶到新大陸去。這個新大陸並不很遠，就在熟習的街道上和家裡。你看，街市上給我預備的，在沒有小孩的時候，似乎只有理髮館，飯鋪，書店，郵政局等。我想不出嬰兒醫院，糖食店，玩具鋪等等的意義。連藥房裡的許許多多嬰兒用的藥和粉，報紙上嬰兒自己藥片的廣告，百貨店裡的小襪子小鞋，都顯著多此一舉，勞而無功。及至小天使自天飛降，我的眼睛似乎戴上了一雙放大鏡，街市依然那樣，跟我有關係的東西可是不知增加了多少倍！嬰兒醫院不但掛著牌子，敢情裡邊還有醫生呢。不但有醫生，還是挺神氣，一點也得罪不得。拿著醫生所給的神符，到藥房去，敢情那些小瓶子小罐都有作用。不但要買瓶子裡的白汁黃面和各色的藥餅，還得買瓶子罐子，軋粉的缽，量奶的漏鬥，乳頭，衛生尿布，玩藝多多了！百貨店裡那些小衣帽，小家具，也都有了意義；原先以為多此一舉的東西，如今都成了非它不行；有時候鋪中缺乏了我所要的那一件小物品，我還大有看不起他們的意思：既是百貨店，怎能不預備這件東西呢？！慢慢的，全街上的鋪子，除了金店與古玩鋪，都有了我的足跡；連當鋪也走得怪熟。鋪中人也漸漸熟識了，甚至可以隨便閒談，以小孩為中心，談得頗有味兒。夥計們，掌櫃們，原來不僅是站櫃作買賣，家中還有小孩呢！有的鋪子，竟自敢允許我欠帳，彷彿一有了小孩，我的人格也好了些，能被人信任。三節的帳條來得很踴躍，使我明白了過節過年的時候怎樣出汗。

小孩使世界擴大，使隱藏著的東西都顯露出來。非有小孩不能明白這個。看著別人家的孩子，肥肥胖胖，整整齊齊，你總覺得小孩們理應如此，一生下來就戴著小帽，穿著小襖，好像小雛雞生下來就披著一身黃絨似的。趕到自己有了小孩，才能曉得事情並不這麼簡單。一個小娃娃身上穿戴著全世界的工商業所能供給的，給全家人以一切啼笑愛怨的經驗，小孩的確是位小活神仙！

有了小活神仙，家裡才會熱鬧。窗臺上，我一向認為是擺花的地方。夏大呢，開著窗，風兒輕輕吹動花與葉，屋中一陣陣的清香。冬天呢，陽光射到花上，使全屋中有些顏色與生氣。後來，有了小孩，那些花盆很神祕的都不見了，窗臺上滿是瓶子罐子，數不清有多少。尿布有時候上了辦公室，奶瓶倒在書架上。大掃除才有了意義，是的，到時候非痛痛快快的收拾一頓不可了，要不然東西就有把人埋起來的危險。上次大掃除的時候，我由床底下找到了但丁的《神曲》。不知道這老傢伙幹嘛在那裡藏著玩呢！

人的數目也增多了，而且有很多問題。在沒有小孩的時候，用一個僕人就夠了，現在至少得用倆。以前，僕人「拿糖」，滿可以暫時不用；沒人作飯，就外邊去吃，誰也不用拿捏誰。有了小孩，這點豪氣乘早收起去。三天沒人洗尿布，屋裡就不要再進來人。牛奶等項是非有人管理不可，有兒方知衛生難，奶瓶子一天就得燙五六次；沒僕人簡直不行！有僕人就得搗亂，沒辦法！

好多沒辦法的事都得馬上有辦法，小孩子不會等著「國聯」慢慢解決兒童問題。這就長了經驗。半夜裡去買藥，藥鋪的門上原來有個小口，可以交錢拿藥，早先我就不曉得這一招。西藥房裡敢情也打價錢，不等他開口，我就提出：「還是四毛五？」這個「還是」使我省五分錢，而且落個行家。這又是一招。找老媽子有作坊，當票兒到期還可以入利延期，也都被我學會。沒工夫細想，大概自從有了兒女以後，我所得的經驗至少比一張大學文憑所能給我的多著許多。大學文憑是由課本裡掏出來的，現在我卻唸著一本活書，沒有頭兒。

連我自己的身展現在都會變形，經小孩們的指揮，我得去裝馬裝牛，還須裝得像個樣兒。不但裝牛像牛，我也學會牛的忍性，小胖子覺得「開步走」有意思，我就得百走不厭；只作一回，絕對不行。多咱他改了主意，多咱我才能「立正」。在這裡，我體驗出母性的偉大，覺得打老婆的人們滿該下獄。

中秋節前來了個老道，不要米，不要錢，只問有小孩沒有？看見了小胖子，老道高了興，說十四那天早晨須給小胖子左腕上系一根紅線。備清水一碗，燒高香三炷，必能消災除難。右鄰家的老太太也出來看，老道問她有小孩沒有，她慘淡的搖了搖頭。到了十四那天，倒是這位老太太的提醒，小胖子的左腕上才拴了一圈紅線。小孩子征服了老道與鄰家老太太。一看胖手腕的紅線，我覺得比寫完一本偉大的作品還驕傲，於是上街買了兩尊兔子王，感到老道，紅線，兔子王，都有絕大的意義！

◆四、《駱駝祥子》

在寫《駱駝祥子》以前，我總是以教書為正職，寫作為副業，從《老張的哲學》造成《牛天賜傳》止，一直是如此。這就是說，在學校開課的時候，我便專心教書，等到學校放寒暑假，我才從事寫作。我不甚滿意這個辦法。因為它使我既不能專心一志的寫作，而又終年無一日休息，有損於健康。為了一家子的生活，我不敢獨斷獨行的丟掉了月間可靠的收入，可是我的心裡一時一刻也沒忘掉嘗一嘗職業寫家的滋味。

事有湊巧，在「山大」教過兩年書之後，學校鬧了風潮，我便隨著許多位同事辭了職。這回，我既不想到上海去看看風向，也沒同任何人商議，便決定在青島住下去，專憑寫作的收入過日子。這是「七七」抗戰的前一年。《駱駝祥子》是我作職業寫家的第一炮。這一炮要放響了，我就可以放膽的作下去，每年預計著可以寫出兩部長篇小說來。不幸這一炮若是不過火，我便只好再去教書，也許因為掃興而完全放棄了寫作。所以我說，這本書和我的寫作生活有很重要的關係。

記得是在一九三六年春天吧，「山大」的一位朋友跟我閒談，隨便的談到他在北平時曾用過一個車伕。這個車伕自己買了車，又賣掉，如此三起三落，到末了還是受窮。聽了這幾句簡單的敘述，我當時就說：「這頗可以寫一篇小說。」緊跟著，朋友又說：有一個車伕被軍隊抓了去，哪知道，轉禍為福，他乘著軍隊移動之際，偷偷的牽回三匹駱駝回來。

這兩個車伕都姓什麼？哪裡的人？我都沒問過。我只記住了車伕與駱駝。這便是駱駝祥子的故事的核心。

從春到夏，我心裡老在盤算，怎樣把那一點簡單的故事擴大，成為一篇十多萬字的小說。我入了迷似的去蒐集材料，把祥子的生活與相貌變換過不知多少次——材料變了，人也就隨著變。

不管用得著與否？我首先向齊鐵恨先生打聽駱駝的生活習慣。齊先生生長在北平的西山，山下有許多家養駱駝的。得到他的回信，我看出來，我須以車伕為主，駱駝不過是一點陪襯，因為假若以駱駝為主，恐怕我就須到「口外」去一趟，看看草原與駱駝的情景了。若以車伕為主呢，我就無須到口外去，而隨時隨處可以觀察。這樣，我便把駱駝與祥子結合到一處，而駱駝只負引出祥子的責任。

怎麼寫祥子呢？我先細想車伕有多少種，好給他一個確定的地位。把他的地位確定了，我便可以把其餘的各種車伕順手兒敘述出來；以他為主，以他們為賓，既有中心人物，又有他的社會環境，他就可以活起來了。換言之，我的眼一時一刻也不離開祥子；寫別的人正可以烘托他。

車伕們而外，我又去想，祥子應該租賃哪一車主的車，和拉過什麼樣的人。這樣，我便把他的車伕社會擴大了，而把比他的地位高的人也能介紹進來。可是，這些比他高的人物，也還是因祥子而存在故事裡，我決定不許任何人奪去祥子的主角地位。

有了人，事情是不難想到的。人既以祥子為主，事情當然也以拉車為主。只要我教一切的人都和車發生關係，我便能把祥子拴住，像把小羊拴在草地上的柳樹下那樣。

可是，人與人，事與事，雖以車為聯絡，我還感覺著不易寫出車伕的全部生活來。於是，我還再去想：颳風天，車伕怎樣？下雨天，車伕怎樣？假若我能把這些細瑣的遭遇寫出來，我的主角便必定能成為一個最真確的人，不但吃的苦，喝的苦，連一陣風，一場雨，也給他的神經以無情的苦刑。

由這裡，我又想到，一個車伕也應當和別人一樣的有那些吃喝而外的問題。他也必定有志願，有性慾，有家庭和兒女。對這些問題，他怎樣解決呢？他是否能解決呢？這樣一想，我所聽來的簡單的故事便馬上變成了一個社會那麼大。我所要觀察的不僅是車伕的一點點的浮現在衣冠上的、表現在言語與姿態上的那些小事情了，而是要由車伕的內心狀態觀察到地獄究竟是什麼樣子。車伕的外表上的一切，都必有生活與生命上的根據。我必須找到這個根源，才能寫出個勞苦社會。

到了夏天，我辭去了「山大」的教職，開始把祥子寫在紙上。

一九三七年一月，「祥子」開始在《宇宙風》上出現，作為長篇連載。當發表第一段的時候，全部還沒有寫完，可是通篇的故事與字數已大概的有了方法，不會有很大的出入。假若沒有這個把握，我是不敢一邊寫一邊發表的。剛剛入夏，我將它寫完，共二十四段，恰合《宇宙風》每月要兩段，連載一年之用——

當我剛剛把它寫完的時候，我就告訴了《宇宙風》的編輯：這是一本最使我自己滿意的作品。後來，刊印單行本的時候，書店即以此語嵌入廣告中。它使我滿意的地方大概是：（一）故事在我心中醞釀得相當的長久，收集的材料也相當的多，所以一落筆便準確，不蔓不枝，沒有什麼敷衍的地方。（二）我開始專以寫作為業，一天到晚心中老想著寫作這一回事，所以雖然每天落在紙上的不過是一二千字，可是在我放下筆的時候，心中並沒有休息，依然是在思索；思索的時候長，筆尖上便能滴出血與淚來。（三）在這故事剛一開頭的時候，我就決定拋開幽默而正正經經的去寫。在往常，每逢遇到可以幽默一下的機會，我就必抓住它不放手。有時候事情本沒什麼可笑之處，我也要運用俏皮的言語，勉強的使它帶上點幽默味道。這，往好裡說，足以使文字活潑有趣；往壞裡說，就往往招人討厭。「祥子」裡沒有這個毛病。即使它還未能完全排除幽默，可是它的幽默是出自事實本身的可笑，而不是由文字裡硬擠出來的。這一決定，使我的作風略有改變，教我知道了只要材料豐富，心中有話可說，就不必一定非幽默不足叫好。（四）既決定了不利用幽默，也就自然的決定了文字要極平易，澄清如無波的湖水。因為要求平易，我就注意到如何在平易中而不死板。恰好，在這時候，好友顧石君先生供給了我許多北平口語中的字和詞。在平日，我總以為這些詞彙是有音無字的，所以往往因寫不出而割愛。現在，有了顧先生的幫助，我的筆下就豐富了許多，而可以從容調動口語，給平易的文字添上些親切，新鮮，恰當，活潑的味兒。因此。「祥子」可以朗誦。它的言語是活的。

「祥子」自然也有許多缺點。使我自己最不滿意的是收尾收得太慌了一點。因為連載的關係，我必須整整齊齊的寫成二十四段；事實上，我應當多寫兩三段才能從容不迫的剎住。這，可是沒法補救了，因為我對已發表過的作品是不願再加修改的。

五、職業寫家的生活

辭職後，一直住在青島，壓根兒就沒動窩。青島自秋至春都非常的安靜，絕不像只在夏天來過的人所說的那麼熱鬧。

安靜，所以適於寫作，這就是我捨不得離開此地的原因。

除了星期日或有點病的時候，我天天總寫一點，有時少至幾百字，有時多過三千；平均的算，每天可得二千來字。細水長流，抵不上老寫，日子一多，自有成績，可是，從發表過的來看，似乎湊不上這個數兒，那是因為長稿即使寫完，也不能一口氣登出，每月只能發表一兩段。還有寫好又扔掉也是常有的事，所以有傷耗。

地方安靜，個人的生活也就有了規律。我每天差不多總是七點起床，梳洗過後便到院中去打拳，自一刻鐘到半點鐘，要看高興不高興。不過，即使高興，也必打上一刻鐘，求其不間斷。遇上雨或雪，就在屋中練練小拳。

這種運動不一定比別種運動好，而且耍刀弄棒，大有義和拳上體的嫌疑。不過它的好處是方便：用不著去找伴兒，一個人隨時隨地都可以活動；可長可短，可軟可硬，由慢而速，亦可由速而慢，缺乏紀律，可是能夠從心所欲不踰矩。練上幾趟就多少能見點汗兒；背上微微見汗，臉色微紅，最為舒服。

打完拳，我便去澆花，喜花而不會養，只有天天澆水，以求不虧心。有的花不知好歹，水多就死；有的花，勉強的到時開幾朵小花。不管它們怎樣吧，反正我盡了責任。這麼磨蹭十多分鐘，才去吃早飯，看報。這差不多就快九點鐘了。

吃過早飯，看看有應回答的信沒有；若有，就先寫信，溜一溜腦子；若沒有，就試著寫點文章。在這時候寫文，不易成功，腦子總是東一頭西一腳的亂鬧哄。勉強的寫一點，多數是得扔到紙簍去。不過，這麼鬧哄一陣，雖白紙上未落多少黑字，可是這一天所要寫的，多少有了個譜兒，到下午便有轍可循，不致再拿起筆來發怔了。簡直可以這麼說，早半天的工作是拋自己的磚，以便引出自家的玉來。

十一時左右，外埠的報紙與信件來到，看報看信；也許有個朋友來談一會兒，一早晨就這麼無為而治的過去了。遇到天氣特別晴美的時候，少不了就帶小孩到公園去看猴，或到海邊拾蛤殼。住在青島，看海很方便：潮退後，每攜小女到海邊上去；沙灘上有的是蛤殼與斷藻，便與她拾著玩。

拾來的蛤殼很不少了。但是很少出奇的。至於海藻，更不便往家中拿，往往是拾起來再送到水中去。這得九點多就出發，十二時才能回來，我們是能將一里路當作十里走的；看見地上一顆特別亮的砂子，我們也能研究老大半天。

十二點吃午飯。吃完飯，我搶先去睡午覺，給孩子們示範。等孩子都決定去學我的好榜樣，而閉上了眼，我便起來了；我只需一刻鐘左右的休息，不必睡那偉大的覺。孩子睡了，我便可以安心拿起筆來寫一陣。等到他們醒來，我就把墨水瓶蓋好，一直到晚八點再開啟。大概的說吧，寫文的主要時間是午後兩點到三點半，和晚上八點到九點半。這兩個時間，我可以不受小孩們的欺侮。

九點半必定停止工作。按說，青島的夜裡最適於寫文，因為各處靜得連狗彷彿都懶得吠一聲，可是，我不敢多寫，身體釘不住；一咬牙，我便整夜的睡不好；若是早睡呢，我便能睡得像塊木頭，有人把我搬了走我也不知道，我可也不去睡的太早了，因為末一次的信是九點後才能送到，我得等著；還有呢，花貓每晚必出去活動，到九點後才回來，把貓收入，我才好鎖上門。有時候躺下而睡不著，便讀些書，直到困了為止。讀書能引起倦意，寫文可不能；讀書是把別人的思想裝入自己的腦子裡，寫文是把自己的思想擠出來，這兩樣不是一回事，寫文更累得慌。

星期六下午和星期日整天，該熱鬧了。看朋友，約吃飯，理髮，偶爾也看看電影，都在這兩天。一到星期一，便又安靜起來，鴉雀無聲，除了和孩子們說廢話，幾乎連唇齒舌喉都沒有了用處似的。說真的，青島確是過於安靜了。可是，只要熬過一兩個月，習慣了，可也就捨不得它了。

按說，我既愛安靜，而又能在這極安靜的地方寫點東西，豈不是很抖的事嗎？唉（必得先嘆一口氣）！都好哇，就是寫文章吃不了飯啊！

我的身體不算很強，多寫字總不能算是對我有益處的事。但是，我不在乎，多活幾年，少活幾年，有什麼關係呢？死，我不怕；死不了而天天吃個半飽，遠不如死了呢。我愛寫作，可就是得挨餓，怎辦呢？連版稅帶稿費，一共還不抵教書的收入的一半，而青島的生活程度又是那麼高，買蔥要論一分錢的，坐車起碼是一毛錢！怎樣活下去呢？

常常接到青年朋友們的著作，教我給看，改；如有可能，給介紹到各雜誌上去。每接到一份，我就要落淚，我沒有工夫給詳細的改，但是總抓著工夫給看一遍，盡我所能見到的給批註一下，客氣的給寄回去。有好一點的呢。我當然找個相當的刊物，給介紹一下；選用與否，我不能管，盡到我的心算了。這點義務工作，不算什麼；我要落淚，因為這些青年們都是想要指著投稿吃飯的呀！——這裡沒有飯吃！

六、蘆溝橋事變

蘆溝橋事變初起，我還在青島，正趕寫兩部長篇小說。——

這兩部東西都定好在九月中登載出，作為「長篇連載」，足一年之用。七月底，平津失陷，兩篇共得十萬字，一篇三萬，一篇七萬。再有十幾萬字，兩篇就都完成了，我停了筆。一個刊物，隨平津失陷而停刊，自然用不著供給稿子；另一個卻還在上海繼續刊行，而且還直催預定貨件。可是，我不願寫下去。初一下筆的時候，還沒有戰爭的影子，作品內容也就沒往這方面想。及至戰爭已在眼前，心中的悲憤萬難允許再編制「太平歌詞」了。街巷中喊賣號外，自午及夜半，而所載電訊，僅三言兩語，至為惱人！一聞呼喚，小兒女爭來扯手：「爸！號外！」平均每日寫兩千字，每因買號外打斷思路。至七月十五日，號外不可再見，往往步行七八里，遍索賣報童子而無所得；日僑尚在青，疑市府已禁號外，免生是非。日人報紙則號外頻發，且於鋪戶外揭貼，加以朱圈；訊息均不利於我方。我弱彼強，處處慚忍，有如是者！

老母尚在北平，久無信示；內人又病，心緒極劣。時在青朋友紛紛送眷屬至遠方，每來辭行，必囑早作離青之計；蓋一旦有事，則敵艦定封鎖海口，我方必拆毀膠濟路，青島成死地矣。家在故鄉，已無可歸，內人身重，又難行旅，乃力自鎮定，以寫作擯擾，文字之劣，在意料中。自十五至廿五，天熱，訊息沉悶，每深夜至友家聽廣播，全無收穫。歸來，海寂天空，但聞遠處犬吠，輒不成寐。

廿六日又有號外，廊坊有戰事，友朋來辭行者倍於前。寫文過苦，乃強讀雜書。廿八號外，收復廊坊與豐臺，不敢深信，但當隨眾歡笑。廿九日訊息惡轉，號外又停。卅一日送內人入醫院。在家看管兒女；客來數起，均謂大難將臨。是日仍勉強寫二千字給《民眾日報》。

八月一日得小女，大小俱平安。久旱，飲水每斷，忽得大雨，即以「雨」名女——原擬名「亂」，妻嫌過於現實。電平報告老人；復訪友人，告以妻小無恙；夜間又寫千字。次日，攜兒女往視媽媽與小妹，路過旅行社，購車票者列陣，約數百人。四日，李友入京，良鄉有戰事；此地大風，海水激卷，馬路成河。乘帆船逃難者，多沉溺。每午，待兒女睡去，即往醫院探視；街上賣布小販已絕，車馬群趨碼頭與車站；偶遇遷逃友人，匆匆數語即別，至為難堪。九日，《民眾日報》停刊，末一號仍載有我小文一篇。王劍三以七號攜眷去滬，臧克家、楊楓、孟超諸友，亦均有南下之意。我無法走。十一日，妻出院，實之自滬來電，促南下。商之內人，她決定不動。以常識判斷，青島日人產業值數萬萬，必不敢立時暴動，我方軍隊雖少，破壞計劃則早已籌妥。是家小尚可暫留，俟雨滿月後再定去向，至於我自己，市中報紙既已停刊，我無用武之地，救亡工作復無詳妥計劃，亦無人蓡加，不如南下，或能有些用處。遂收拾書籍，藏於他處，即電亢德，準備南下。十二日，已去託友買船票，得亢德覆電：「滬緊緩來」，南去之計既不能行，乃決去濟南。前月已與齊大約定，秋初開學，任國文系課兩門，故決先去，以便在校內找房，再接家小。別時，小女啼泣甚悲，妻亦落淚。十三早到濟，滬戰發。心極不安：滬戰突然爆發，青島或亦難免風波，家中無男人，若遭遇事變……

果然，十四日敵陸戰隊上岸。急電至友，送眷來濟。妻小以十五日晨來，車上至為擁擠。下車後，大雨；妻疲極，急送入醫院。復冒雨送兒女至敬環處暫住。小兒頻呼「回家」，甚慘。大雨連日，小女受涼亦病，送入小兒科。自此，每日赴醫院分看妻女，而後到友宅看小兒，焦急萬狀。《病夫》已有七萬字，無法續寫，復以題旨距目前情形過遠，即決放棄。

十日間，雨愈下愈大。行李未到，家具全無，日行泥水中，買置應用物品。自青來濟者日多，友朋相見，只有慘笑。留濟者找房甚難，遷逃者匆匆上路，忙亂中無一是處，真如惡夢。

廿八日，妻女出院，覓小房，暫成家。覆電在青至友，託送器物。七月事變，濟南居民遷走甚多，至此又漸熱鬧，物價亦漲。家小既團圓，我始得勻出工夫，看訪故人；多數友人已將妻女送往鄉間，家家有男無女，頗有談笑，但欠自然。滬戰激烈，我的稿費停止，搬家買物看病僱車等又費去三百元，遂決定不再遷動。深盼學校能開課，有些事作，免生閒愁，果能如此，還足以傲友輩也。

學校於九月十五日開課，學生到及半數。十六日大同失陷；十九日中秋節，街上生意不多，幾不見提筐肩盒送禮者。《小實報》在濟復刊，約寫稿。平津流亡員生漸多來此，或辦刊物，或籌救亡工作，我又忙起來。廿一日，敵機過市空，投一彈，傷數人，群感不安。此後時有警報。廿五六日，傷兵過濟者極多，無衣無食無藥物，省政府似不甚熱心照料。到站慰勞與看護者均是學界中人。卅日，敵軍入魯境，學生有請假回家者。時中央派大員來指揮，軍事應有好轉，但本省軍事長官嫌客軍在魯，設法避戰，戰事遂告失利。德州危，學校停課。師生相繼遷逃，市民亦多東去，來自膠東者又復搬回，車上擁擠，全無秩序。我絕不走。遠行無力，近遷無益，不如死守濟南，幾每日有空襲警報，仍不斷寫作。筆為我唯一武器，不忍藏起。

入十月，我方不反攻，敵軍不再進，至為沉悶。校內寂無人，貓狗被棄，群來啼饑。秋高氣爽，樹漸有紅葉，正是讀書時候，而校園中全無青年笑語聲矣。每日小女助母折紗布揉棉球，備救護傷兵之用，小兒高呼到街上買木槍，好打飛機，我低首構思，全室有緊張之象。流亡者日增，時來貸金求衣，量力購助，不忍拒絕。寫文之外，多讀傳記及小說，並錄佳句於冊。十四日，市保安隊槍械被收繳，市面不安，但無暴動。青年學子，愛國心切，時約赴會討論工作計劃。但政府多慮，不准活動，相對悲嘆。下半月，各線失利，而濟市沉寂如常，雖仍未停寫作，亦難自信果有何用處矣。

十一月中，敵南侵，我方退守黃河。友人力勸出走，以免白白犧牲，但：

一、車極難上，沿途且有轟炸之險。

二、兒女輩俱幼弱，天氣復漸寒，遇險或受病，同是危難。

三、存款無多，僅足略購柴米，用之行旅，則成難民。版稅稿費俱絕，找事非易，有出無入，何以支援？獨逃可僅顧三餐，同來則無法盡避饑寒。

有此數因，故妻決留守，在濟多友，亦願為照料。不過，說著容易，實行則難，於心有所不忍，遂遲遲不敢行。

第三章　壯歲飽酸辛

第四章　八方風雨

第一節　開始流亡

所謂，「八方風雨」者，並不是說我曾東討西征，威風凜凜，也非私下港滬，或飛到緬甸，去弄些奇珍異寶，而後潛入後方，待價而沽。沒有，這些事我都沒有作過。在抗戰前，我是平凡的人，抗戰後，仍然是個平凡的人。那也就可見，我並沒有乘著能夠混水摸魚的時候，發點財，或作了官；不，我不單沒有摸到魚，連小蝦也未曾撈住一個。我只有一枝筆。這枝筆是我的本錢，也是我的抗敵的武器。我不肯，也不應該，放棄了它，而去另找出路。於是，我由青島跑到濟南，由濟南跑到武漢，而後跑到重慶。由重慶，我曾到洛陽，西安，蘭州，青海，綏遠去遊蕩，到川東川西和昆明大理去觀光。到處，我老拿著我的筆。風把我的破帽子吹落在沙漠上，雨打溼了我的瘦小的鋪蓋捲兒；比風雨更厲害的是多少次敵人的炸彈落在我的附近，用沙土把我埋了半截。這，是流亡，是酸苦，是貧寒，是興奮，是抗敵，也就是「八方風雨」。

直到二十六年十一月中旬，我還沒有離開濟南。第一，我不知道上哪裡去好：回老家北平吧，道路不通；而且北平已陷入敵手，我曾函勸諸友逃出來，我自己怎能去自投羅網呢？到上海去吧，滬上的友人又告訴我不要去，我只好「按兵不動」。第二，從泰安到徐州，火車時常遭受敵機轟炸，而我的幼女才不滿三個月，大的孩子也不過四歲，實在不便去冒險。第三，我獨自逃亡吧，把家屬留在濟南，於心不忍；全家走吧，既麻煩又危險。這是最淒涼的日子。齊魯大學的學生已都走完，教員也走了多一半。那麼大的院子，只剩下我們幾家人。每天，只要是晴天，必有警報：上午八點開始，到下午四五點鐘才解除。院裡靜寂得可怕：賣青菜，賣果子的都已不再來，而一群群的失了主人的貓狗都跑來乞飯吃。

我著急，而毫無辦法。戰事的訊息越來越壞，我怕城市會忽然的被敵人包圍住，而我作了俘虜。死亡事小，假若我被他捉去而被逼著作漢奸，怎麼辦呢？這點恐懼，日夜在我心中盤旋。是的，我在濟南，沒有財產，沒有銀錢；敵人進來，我也許受不了多大的損失。但是，一個讀書人最珍貴的東西是他的一點氣節。我不能等待敵人進來，把我的那點珍寶劫奪了去。我必須趕緊出走。

幾次我把一隻小皮箱打點好，幾次我又把它開啟。看一看痴兒弱女，我實不忍獨自逃走。這情形，在我到了武漢的時候，我還不能忘記，而且寫出一首詩來：

弱女痴兒不解哀，牽衣問父去何來？
話因傷別潸應淚，血若停流定是灰。
已見鄉關淪水火，更堪江海逐風雷；
徘徊未忍道珍重，暮雁聲低切切催。

可是，我終於提起了小箱，走出了家門。那是十一月十五日的黃昏。在將要吃晚飯的時候，天上起了一道紅閃，緊接著是一聲震動天地的爆炸。三個紅閃，爆炸了三聲。這是——當時並沒有人知道——我們的軍隊破壞黃河鐵橋。鐵橋距我的住處有十多里路，可是我的院中的樹木都被震得葉如雨下。

立刻，全市的鋪戶都上了門，街上幾乎斷絕了行人。大家以為敵人已到了城外。我撫摸了兩下孩子們的頭，提起小箱極快的走出去。我不能再遲疑，不能不下狠心：稍一踟躕，我就會放下箱子，不能邁步了。

同時，我也知道不一定能走，所以我的臨別的末一句話是：「到車站看看有車沒有，沒有車就馬上次來！」在我的心裡，我切盼有車，寧願在中途被炸死，也不甘心坐待敵人捉去我。同時我也願車已不通，好折回來跟家人共患難。這兩個不同的盼望在我心中交戰，使我反倒忘了苦痛。我已主張不了什麼，走與不走全憑火車替我決定。

在路上，我找到一位朋友，請他陪我到車站去，假若我能走，好託他照應著家中。

車站上居然還賣票。路上很靜，車站上卻人山人海。擠到票房，我買了一張到徐州的車票。八點，車入了站，連車頂上已坐滿了人。我有票，而上不去車。

生平不善爭奪搶擠。不管是名，利，減價的貨物，還是車位，船位，還有電影票，我都不會把別人推開而伸出自己的手去。看看車子看看手中的票，我對友人說：「算了吧，明天再說吧！」

友人主張再等一等。等來等去，已經快十一點了，車子還不開，我也上不去。我又要回家。友人代我打定了主意：「假若能走，你還是走了好！」他去敲了敲末一間車的窗。窗子開啟，一個茶役問了聲：「幹什麼？」友人遞過去兩塊錢，只說了一句話：「一個人，一個小箱。」茶役點了頭，先接過去箱子，然後拉我的肩。友人託了我一把，我鑽入了車中，我的腳還沒落穩，車裡的人——都是士兵——便連喊：「出去！出去！沒有地方。」好容易立穩了腳，我說了聲：我已買了票。大家看著我，也不怎麼沒再說什麼。我告訴窗外的友人：「請回吧！明天早晨請告訴我家裡一聲，我已上了車！」友人向我招了招手。

沒有地方坐，我把小箱豎立在一輛腳踏車的旁邊，然後用腳，用身子，用客氣，用全身的感覺，擴充我的地盤。最後，我蹲在小箱旁邊。又待了一會兒，我由蹲而坐，坐在了地上，下頦恰好放在腳踏車的坐墊上——那個三角形的，皮的東西。我只能這麼坐著，不能改換姿式，因為四面八方都擠滿了東西與人，恰好把我鑲嵌在那裡。

車中有不少軍火，我心裡說：「一有警報，才熱鬧！只要一個槍彈打進來，車裡就會爆炸；我，箱子，腳踏車，全會飛到天上去。」

同時，我猜想著，三個小孩大概都已睡去，妻獨自還沒睡，等著我也許回去！這個猜想可是不很正確。後來得到家信，才知道兩個大孩子都不肯睡，他們知道爸走了，一會兒一問媽：爸上哪兒去了呢？

夜裡一點才開車，天亮到了泰安。我仍維持著原來的姿式坐著，看不見外邊。我問了聲：「同志，外邊是陰天，還是晴天？」回答是：「陰天。」感謝上帝！北方的初冬輕易不陰天下雨，我趕的真巧！由泰安再開車，下起細雨來。

晚七點到了徐州。一天一夜沒有吃什麼，見到石頭彷彿都願意去啃兩口。頭一眼，我看見了個賣幹餅子的，拿過來就是一口。我差點兒噎死。一邊打著嗝兒，我一邊去買鄭州的票。我上了綠鋼車，安閒的，漂亮的，停在那裡，好像「戰地之花」似的。

到鄭州，我給家中與漢口朋友打了電報，而後歇了一夜。

到了漢口，我的朋友白君剛剛接到我的電報。他把我接到他的家中去。這是二十六年十一月十八日。從這一天起，我開始過流亡的生活。

第二節　在武漢

離開家裡，我手裡拿了五十塊錢。回想起來，那時候的五十元錢有多麼大的用處呀！它使我由濟南走到漢口，而還有餘錢送給白太太一件衣料——白君新結的婚。

白君是我中學時代的同學。在武漢，還另有兩位同學，朱君與蔡君。不久，我就看到了他們。蔡君還送給我一件大衣。住處有了，衣服有了，朋友有了：「我將幹些什麼呢？」這好決定。我既敢只拿著五十元錢出來，我就必是相信自己有賺飯吃的本領。我的資本就是我自己。只要我不偷懶，勤動著我的筆，我就有飯吃。

把個小一點的南京，和一個小一點的上海，搬攏在一處，放在江的兩岸，便是武漢。武昌很靜，而且容易認識——有那條像城的脊背似的蛇山，很難迷失了方向。漢口差不多和上海一樣的嘈雜混亂，而沒有上海的忙中有靜，和上海的那點文化事業與氣氛。它純粹的是個商埠，在北平，濟南，青島住慣了，我連上海都不大喜歡，更不用說漢口了。

在今天想起來，漢口幾乎沒有給我留下任何印象。雖然武昌的黃鶴樓是那麼奇醜的東西，雖然武昌也沒有多少美麗的地方，可是我到底還沒完全忘記了它。在蛇山的梅林外喫茶，在珞珈山下蕩船，在華中大學的校園裡散步，都使我感到舒適高興。

特別值得留戀的是武昌的老天成酒店。這是老字號。掌櫃與多數的夥計都是河北人。我們認了鄉親。每次路過那裡，我都得到最親熱的招呼，而他們的馳名的二鍋頭與碧醇是永遠管我喝夠的。

漢陽雖然又小又髒，卻有古蹟：歸元寺、鸚鵡洲、琴臺、魯肅墓，都在那裡。這些古蹟，除了歸元寺還整齊，其他的都破爛不堪，使人看了傷心。

漢陽的兵工廠是有歷史的。它給武漢三鎮招來不少次的空襲，它自己也受了很多的炸彈。

武漢的天氣也不令人喜愛。冬天很冷，有時候下很厚的雪。夏天極熱，使人無處躲藏。武昌，因為空曠一些，還有時候來一陣風。漢口，整個的像個大火爐子。樹木很少，屋子緊接著屋子，除了街道沒有空地。毒花花的陽光射在光光的柏油路上，令人望而生畏。

越熱，蚊子越多。在千家街的一間屋子裡，我曾在傍晚的時候，守著一大扇玻璃窗。在窗上，我打碎了三本刊物，擊落了幾百架小飛機。

蜈蚣也很多，很可怕。在褥下，箱子下，枕下，我都灑了雄黃；雖然不準知道，這是否確能避除毒蟲，可是有了這點設施，我到底能睡得安穩一些。有一天，一撕一個的小的郵卷，哼，裡面跳出一條蜈蚣來！

提到飲食，武漢並沒有什麼特殊的東西。除了珍珠丸子一類的幾種燕菜而外，烹調的風格都近似江蘇館子的——什麼菜都加點燴粉與糖，既不特別的好吃，也不太難吃。至於燒賣裡面放糯米，真是與北方老粗故意為難了！

在漢口，我第一篇文章是給《大公報》寫的。緊緊跟著，又有好幾位朋友約我寫稿。好啦，我的生活可以不成問題了。

倒是繼續住在漢口呢？還是另到別處去呢？使我拿不定主意。二十一日，國府明令移都重慶。二十二日，蘇州失守。武漢的人心極度不安。大家的不安，也自然的影響到我。我的行李簡單，「貨物」輕巧，而且喜歡多看些新的地方，所以我願意再走。

我打電報給趙水澄兄，他回電歡迎我到長沙去。可是武漢的友人們都不願我剛剛來到，就又離開他們；我是善交友的人，也就猶豫不決。

在武昌的華中大學，還有我一位好友，游澤丞教授。他不單不准我走，而且把自己的屋子與床鋪都讓給我，教我去住。他的寓所是在雲架橋——多麼美的地名！——地方安靜，飯食也好，還有不少的書籍。以武昌與漢口相較，我本來就歡喜武昌，因為武昌像個靜靜的中國城市，而漢口是不中不西的烏煙瘴氣的碼頭。雲架橋呢，又是武昌最清靜的所在，所以我決定搬了去。

遊先生還另有打算。假若時局不太壞，學校還不至於停課，他很願意約我在華中教幾點鐘書。

可是，我第一次到華中參觀去，便遇上了空襲，這時候，武漢的防空裝置都極簡陋。漢口的巷子裡多數架起木頭，上堆沙包。一個輕量的炸彈也會把木架打垮，而沙包足以壓死人。比這更簡單的是往租界裡跑。租界裡連木架沙包也沒有，可是大家猜測著日本人還不至於轟炸租界——這是心理的防空法。武昌呢，有些地方挖了地洞，裡邊用木頭撐住，上覆沙袋，這和漢口的辦法一樣不安全。有的人呢，一有警報便往蛇山上跑，藏在樹林裡邊。這，只須機槍一掃射，便要損失許多人。

華中更好了，什麼也沒有。我和朋友們便藏在圖書館的地窖裡。摩仿，使日本人吃了大虧。假若日本人不必等德國的猛襲波蘭與倫敦，就已想到一下子把軍事或政治或工業的中心炸得一乾二淨，我與我的許多朋友或者早已都死在武漢了。可是，日本人那時候只派幾架，至多不過二三十架飛機來。他們不猛襲，我們也就把空襲不放在心上。在地窖裡，我們還覺得怪安全呢。

不久，何容，老向與望雲諸兄也都來到武昌千家街福音堂。馮先生和朋友們都歡迎我們到千家街去。那裡，地方也很清靜，而且有個相當大的院子。何容與老向打算編個通俗的刊物；我去呢，也好幫他們一點忙。於是我就由雲架橋搬到千家街，而慢慢忘了到長沙去的事。流亡中，本來是到處為家，有朋友的地方便可以小住；我就這麼在武昌住下去——

第三節　寫通俗文藝

在抗日戰爭以前，無論怎樣，我絕對想不到我會去寫鼓詞與小調什麼的。抗戰改變了一切。我的生活與我的文章也都隨著戰鬥的急潮而不能不變動了。「七七」抗戰以後，濟南失陷以前，我就已經注意到如何利用鼓詞等宣傳抗戰這個問題。記得，我曾和好幾位熱心宣傳工作的青年去見大鼓名手白雲鵬與張小軒先生，向他們討教鼓詞的寫法。後來，濟南失陷，我逃到武漢，正趕上臺兒莊大捷，文章下鄉與文章入伍的口號既被文藝協會提出，而教育部，中宣部，政治部也都向文人們索要可以下鄉入伍的文章。這時候，我遇到了田漢先生。他是極熱心改革舊劇的，也鼓勵我馬上去試寫。對於舊劇的形式與歌唱，我懂得一些，所以用不著去請導師。對於鼓詞等，我可完全是外行，不能不去請教。於是，我就去找富少航和董蓮枝女士，討教北平的大鼓書與山東大鼓書。同時，馮煥章將軍收容了三四位由河南逃來唱書的，所以他們需要長的歌詞，一段至少也得夠唱半天的。他們都是在河南鄉間的集市上唱書的，我也朝夕與他們在一道，學習一點墜子的唱法。我向他們領教了墜子的句法，就開始寫一大段抗戰的故事，一共寫了三千多句。這三千多句長的一段韻文，可惜，已找不到了底稿。可是，我確知道那三位唱墜子的先生已把它背誦得飛熟，並且上了弦板。說不定，他們會真在民間去唱過呢——他們在武漢危急的時候，返回了故鄉。馮將軍還邀了幾位畫家，繪畫抗戰的「西湖景」，託我編歌詞，以便一邊現映畫片，一邊歌唱。同時，老向與何容先生正在編印《抗到底》月刊，專收淺易通俗的文字，我被邀為經常的撰稿者。

我寫了不少篇這類的東西，可是匯印起來的只有《三四一》——三篇鼓詞，四出舊形式新內容的戲，與一篇小說。這以外的，全隨寫隨棄，無從匯印，也不想匯印了。

《三四一》有三篇大鼓書詞，四出二簧戲，和一篇舊型的小說。

三篇鼓詞裡，我自己覺得《王小趕驢》還下得去。《張忠定計》不很實在。《打小日本》既無故事，段又太長，恐怕不能演唱，只能當小唱本唸唸而已。

四出戲的好歹，全不曉得；非經演唱不能知道好在哪裡，壞在何處。印出來權當參考，若要上演，必須大家修改；有願排演者，請勿客氣。

舊型小說一篇，因忙，寫得不十分像樣兒。

這八篇東西，都是用「舊瓶裝新酒」的辦法寫成的。功夫是不欺人的。它教我明白了什麼是民間的語言，什麼是中國語言的自然的韻律。不錯，它有許多已經陳腐了的東西，可是唯其明白了哪是陳腐的，才能明白什麼是我們必須馬上送給民眾的。明乎此，知乎彼，庶幾可以說民族形式矣。我感謝這個使我能學習的機會。

四一年以後，除有人特約，我很少自動地去寫通俗的東西了。一天，見到一位傷兵，他唸過我的鼓詞。他已割下一條腿。他是誰？沒人知道。他死，入無名英雄墓。他活，一個無名的跛子。他讀過我的書詞，而且還讀給別的兄弟們聽，這就夠了，只求多有些無名英雄們能讀到我的作品，能給他們一些安慰，好；一些激勵，也好。我設若因此而被擱在藝術之神的寺外，而老去伺候無名英雄們，我就滿意，因為我的筆並未落空。

第四節　文協與會刊

一、文協

文人們彷彿忽然集合到武漢。我天天可以遇到新的文友。我一向住在北方，又不愛到上海去，所以我認識的文藝界的朋友並不很多，戲劇界的名家，我簡直一個也不熟識。現在，我有機會和他們見面了。

郭沫若，茅盾，胡風，馮乃超，艾蕪，魯彥，郁達夫，諸位先生，都遇到了。此外，還遇到戲劇界的陽翰笙，宋之的諸位先生，和好多位名導演與名藝員。

朋友們見面，不約而同的都想組織全國文藝界抗敵協會，以便團結到一處，共同努力於抗戰的文藝。我不是好事喜動的人，可是大家既約我參加，我也不便辭謝。於是，我就參加了籌備工作。籌備得相當的快。到轉過年三月二十七日成立大會便開成了。文人，在平日似乎有點吊兒郎當，趕到遇到要事正事，他們會幹得很起勁，很緊張。文藝協會的籌備期間並沒有一個錢，可是大家肯掏腰包，肯跑路，肯車馬自備。就憑著這一點齊心努力的精神，大家把會開成，而且開得很體面。

◈「文協」成立大會

大中華民國二十七年三月二十七日，全國文藝界抗敵協會在漢口總商會禮堂開成立大會。我是籌備委員之一，本當在二十六晚過江（我住在武昌）預備次日的事情。天雨路髒，且必須趕出一篇小文，就偷懶沒去；自然已知事情是都籌備得差不離了。

武漢的天氣是陰晴無定，冷暖詭變的。今日的風雨定難據以測想明日的陰，還是晴。二十七日早五點我就睡不安了。

「壞天氣是好天氣」，已是從空襲的恐怖中造成的俗語；我深盼天氣壞——也就是好。假如晴天大日頭，而敵機結隊早來，赴會者全無法前去，豈不很糟？至於會已開了，再有警報，倒還好辦；前方後方，既已無從分別，誰還怕死麼？

六點，我再也躺不住。起看，紅日一輪正在武漢大學的白石建築上。洗洗臉，便往外走。心想，即便有空襲，能到了江那邊便有辦法，就怕截在江這邊，乾著急而上不去輪渡。急走，至江岸，霧甚重，水聲帆影，龜山隱隱，甚是好看，亦漸放心。到漢口，霧稍斂，才八點鐘。先到三戶印刷所找老向與何容二位。他們已都起來，大概都因開大會興奮。睡不著也，何容兄平日最善晚起。坐了一會兒，大家的眼都瞅著由窗子射進來的陽光，感到不安。「這天兒可不保險」，到底被說出來：緊跟著：「我們走吧！」

總商會大門前紮著綵牌，一條白布橫過寬大的馬路，寫著雄大的黑字。樓適夷先生已在門內立著，手裡拿著各色的緞條，預備分給到會者佩戴：據說，他是在七點鐘就來了。禮堂裡還沒有多少人，白布標語與臺上的鮮花就特別顯著鮮明清楚。那條寫著「文章下鄉文章入伍」的白布條，因為字寫得挺秀，就更明爽醒眼。除了這三四條白布，沒有別的標語，倒頗嚴肅大方。

最先見到的是王平陵與華林兩先生，他們為布置會場都受了很大的累：平陵先生笑著說：「我六點鐘就來了！」

人越來越多了，簽到處擠成一團！簽完字便都高興的帶起緞條和白布條——緞條上印著成立大會字樣，布條上寫著人名，以便彼此一握手時便知道誰是誰了。入了會場，大家三五成組，有的立，有的坐，都談得怪快活。又進來人了，識與不識，攔路握手，誰也不感到生疏或拘束。慢慢的，坐著的那些小組聯成大一點的組，或竟聯成一整排：立著的彷彿是表示服從多數，也都坐下去。攝影者來了不少，看還沒有開會，便各自分別約請作家，到屋外怕照。這時候，會員中作刊物編輯的先生們，都抱著自己的刊物，分發給大家。印好的大會宣言，告世界作家書，會章草案，告日本文藝作家書，本已在每個人的手中，現在又添上幾種刊物，手裡差不多已拿不了，只好放在懷中，立起或坐下都感到點不甚方便的喜悅。

啊，我看見了豐子愷先生！久想見見他而沒有機會，又絕沒想到他會來到漢口，今天居然在這裡遇到，真是驚喜若狂了。他的鬍子，我認得，見過他的像片。他的臉色（在像片上是看不出來的）原來是暗中有光，不像我理想的那麼白皙。他的眼，正好配他的臉，一團正氣，光而不浮，秀而誠樸。他的話，他的舉動，也都這樣可喜而可畏。他顯出不知如何是好的親熱，而並不慌急。他的官話似乎不甚流利，可是他的眼流露出沉著誠懇的感情。

在他旁邊坐著的是宋雲彬先生，也是初次會面。說了幾句話，他便教我寫點稿子，預備為兒童節出特刊用的。我趕緊答應下來。在武漢，誰來約稿都得答應；編輯者當面索要，少一遲疑，必會被他拉去吃飯；吃完朋友的飯，而稿子卻寫得欠佳，豈不多一層慚愧麼？

跟他們二位剛談了幾句，鐘天心先生就過來了。剛才已遇到他，八年未見，話當然是多的；好吧，我只好舍了豐宋二位而又找了天心兄去；況且，他還等著我給他介紹朋友啊。他這次是由廣州趕來的。胖了許多，態度還是那麼穩而不滯。我倆又談了會兒；提起許多老朋友，都已難得相見；可是目前有這麼多文藝界朋友，聚在一堂，多麼不容易呢！

人更多了。女賓開始求大家簽字。我很羨慕她們，能得到這樣的好機會；同時，又很慚愧，自己的字寫得是那麼壞，一頁一頁的專給人家糟蹋紙——而且是那麼講究的紙！

快開會，一眼看見了郁達夫先生。久就聽說，他為人最磊落光明，可惜沒機會見他一面。趕上去和他握手，果然他是個豪爽的漢子。他非常的自然，非常的大方，不故意的親熱，而確是親熱。正跟他談話，郭沫若先生來到，也是初次見面。只和郭先生說了一句話，大會祕書處的朋友便催大家就位，以備振鈴開會。黨政機關的官長，名譽主席團，和主席團，都坐在臺上。名譽主席團中最惹人注意的，是日本名寫家鹿地亙先生，身量不算太矮，細瘦；蒼白的臉，厚厚的頭髮，他不很像個日本人。胡風先生陪著他，給他向大家介紹。他的背挺著，而腰與手都預備好向人鞠躬握手，態度在稍微拘謹之中露出懇摯，謙虛之中顯出沉毅。他的小小的身體，好像負著大於他幾千幾萬倍的重擔。他的臉上顯著憂鬱，可是很勇敢，挺著身子，來向真正愛和平的朋友們握手，齊往艱苦而可以達到正義的路上走。他的妻坐在臺下，樣子頗像個廣東女人。

振鈴了，全體肅立。全堂再也聽不到一點聲音。

邵力子先生宣告開會，王平陵先生報告籌備經過，並讀各處的賀電。兩位先生一共用了十分鐘的工夫，這給予訓話和演講的人一個很好的暗示——要短而精。方治先生和陳部長的代表訓話，果然都很簡短而精到。鹿地亙先生講演！全場的空氣緊張到極度，由臺上往下看，幾乎每個人的頭都向前伸著。胡風先生作了簡單的介紹，而後鹿地亙先生的柔韌有勁的話，像用小石投水似的，達到每個人的心裡去。幾乎是每說完一段，掌聲就雷動；跟著就又是靜寂。這一動一靜之際，使人感到正義與和平尚在人間，不過只有心雄識遠的人才能見到，才肯不顧世俗而向卑汙黑暗進攻，給人類以光明。文藝家的責任是多麼重大呀！

周恩來先生與郭沫若先生相繼演說，都簡勁有力。末了，上來兩位大將，馮玉祥先生與陳銘樞先生。這兩位都是會員，他們不僅愛好文藝，而且對文藝運動與文化事業都非常的關心與愛護。歷史上——正像周恩來先生所說的——很難找到這樣的大團結，因為文人相輕啊。可是，今天不但文人們和和氣氣的坐在一堂，連抗日的大將也是我們的會員呀。

已到晌午，沒法再多請人演講；其實該請的人還很多呢。邵力子先生（主席）便求老向先生向大家報告：(一)請到門外去照相。(二)照完像，到普海春吃飯，來賓和會員都務請過去。(三)午餐後，會員就在普海春繼續開會，省得再往回跑。

照相真熱鬧，拿著像匣的你擋著我，我擋著你，後面的乾著急，前面的連連的照。照了好大半天，才大家有份的都「滿載而歸」。

晴暖的春光，射在大家的笑臉上，大家攜手向飯館進行。老的小的，胖的瘦的，男的女的，高的矮的，文的武的，洋裝的華服的，都說著笑著，走了一街。街上的人圍攏進來，大概覺得很奇怪——哪裡來這麼多酸溜溜的人呢？

普海春樓上已擺好十幾席。人家顧不得入席，有的去找久想晤談的友人談話，有的忙著給小姐們簽字——馮玉祥先生已被包圍得風雨不透。這時候，我看見了盧冀野先生。他更胖了，詩也作得更好——他已即席吟成七律一首；還說要和我的那首文協成立會的賀詩呢。我倆正交換住址，前面喊起入席呀，入席呀！

我趕到前面，找著個空位就坐下了。多麼巧，這一桌都是詩人！左旁是穆木天先生，右旁是錫金先生，再過去是宋元女士彭玲女士和蔣山青先生……。一盤橘子已被搶完，我只好把酒壺奪過來。剛吃了兩個菜，主席宣告，由我朗讀大會宣言。王平陵先生不知上哪裡去了。我就登了他的椅子，朗誦起來。沒想到這麼累得慌，讀到一半，我已出了汗。幸而喝過兩杯酒，還沒落個後力不佳。讀完歸座，菜已吃空，未免傷心。

盛成先生朗讀致全世界作家書的法文譯文，讀得真有工夫，博得幾次的滿堂彩。

一位難民不知怎的也坐在那裡，他立起來自動的唱了個流亡曲，大家也報以掌聲。他唱完，馮玉祥先生唱了個吃飯歌，詞句好，聲音大，大家更是高興。老將軍唱完，還敬大家一杯酒，他自己卻不喝，菸酒是與他無緣的。緊跟著，我又去宣讀告全世界作家的原稿，孫師毅先生朗讀胡風先生起草的告日本文藝作家書，老向先生宣讀慰勞最高領袖暨前線將士的電文。飯已吃完。

◈空襲警報！

早晨到會來時的那點不安，已因會場上與餐廳間的歡悅而忘掉。可是，到底未出所料，敵機果然來了。好像是暴敵必要在這群以筆為武器的戰士們團集的時候，給予威嚇，好使他們更堅決的抗日。日本軍閥是那麼愚蠢的東西呢？炮火屠殺只足以加強中華民族的團結與齊心呀！他們多放一個炸彈，我們便加強一份抗戰的決心。感謝小鬼們！

緊急警報！

桌上的杯盤撤下去，大家又按原位坐好。主席上了椅子，討論會章。正在討論中，敵機到了上空，高射炮響成一片，震得窗子嘩啦嘩啦的響。還是討論會章！

會章通過，適夷先生宣讀提議案，一一透過，警報還未解除。進行選舉。選舉票收齊，主席宣布委託籌備委員檢票，選舉結果在次日報紙上披露。

警報解除，散會。

晚報上登出大會的盛況，也載著敵機轟炸徐家棚，死傷平民二百多！報仇吧！文藝界同人們怒吼吧！中華民族不得到解放，世界上便沒有和平；成立大會是極圓滿的開完了，努力進行該作的事吧！

◈總務組長

第一次理事會是在馮先生那裡開的。會裡沒有錢，無法預備茶飯，所以大家硬派馮先生請客。馮先生非常的高興，給大家預備了頂豐富，頂實惠的飲食。理事都到會，沒有請假的。開會的時候，張善子畫師「聞風而至」，願作會員。大家告訴他：「這是文藝界協會，不是美術協會。」可是，他卻另有個解釋：「文藝就是文與藝術。」雖然這是個曲解，大家可不再好意思拒絕他，他就作了「文協」的會員。

後來，善子先生給我畫了一張頂精緻的扇面——秋山上立著一隻工筆的黑虎。為這個扇面，我特意過江到榮寶齋，花了五元錢，配了一副扇骨。榮寶齋的人們也承認那是傑作。那一面，我求豐子愷給寫了字。可惜，第一次拿出去，便丟失在洋車上，使我心中難過了好幾天。

我被推舉為常務理事，並須擔任總務組組長。我願作常務理事，而力辭總務組組長。「文協」的組織裡，沒有會長或理事長。在擬定章程的時候，大家願意教它顯出點民主的精神，所以只規定了常務理事分擔各組組長，而不願有個總頭目。因此，總務組組長，事實上，就是對外的代表，和理事長差不多。我不願負起這個重任。我知道自己在文藝界的資望既不夠，而且沒有辦事的能力。

可是，大家無論如何不准我推辭，甚至有人宣告，假若我辭總務，他們也就不幹了。為怕弄成僵局，我只好點了頭。

這一來不要緊，我可就年年的連任，整整作了七年。

上長沙或別處的計劃，連想也不再想了。「文協」的事務把我困在了武漢。

◈「文協」七歲——

在我的眼睛裡，「文協」有時候睡一會兒覺，而沒有死過一回。

當「文協」在武漢的時候，幾乎每一位會員都詳詳細細的知道會中工作的日記，因為座談會與茶會是那麼多，人人都能聽到會中昨天作了什麼，和明天要作什麼。那時候，會款差不多沒有超出三百元過，可是工作的緊張倒好像我們開著一家銀行似的。那時候，大家初次嘗到團結的快樂，自然要各顯身手，把精神、時間，與錢力，獻出一些給團體。那時候，政府與民眾團體之間有著密切的聯絡，所以大家喜歡作事，政府也願給我們事作。那是些愉快的日子。

趕到「文協」遷來重慶，大家在精神上還是愉快的，可是工作就趕不上在武漢時節那麼多了。一來是山城的交通不便，不像在武漢時彼此捎個口信便可以開會；二是物價漸漸的高漲，大家的口袋裡不再像從前那麼寬裕；於是，會務日記彷彿就只有理事們才知道，而會員們便不大關心它了。慢慢的，物價越來越高，會中越來越窮，而在團體的活動上又不能不抱著一動不如一靜的態度，「文協」就每每打個小盹了。可是它並沒有死。它的會刊時常脫期，而沒有停刊。它還組織了前線訪問團，並派代表參加前線慰勞團。每到「七七」，它必去獻金——不管錢數多少，我們總願盡心力而為之。它舉行各樣的座談會，參加國民月會和種種的集會。它的會所依然是會員們的「孃家」。

它沒有死，所以得到社會上的信任。它永遠不故意惹是非，所以政府對它也願時時予以提攜援助。

去年，它發動了援助貧病作家基金的徵募，沒有怎樣費力，它便得到了好幾百萬元。社會上看得起它。這筆錢有了極大的用處。有許多害病的會員，因得到助金而可以安心養病，有許多由湘桂流亡出來的會員，在半路上得到接濟得以及早的來到四川或雲南。有的會員來到重慶，「文協」因有了基金，所以能招待他們，給他們一些安慰。「文協」或者可以不再打盹兒了。

「文協」自二十七年三月二十七日降生，到如今已經整整的活了七年。它的會刊，《抗戰文藝》，自二十七年五月四日降生，到今天也整整的活了七年。七年雖短，可是以一個團體來說，以在抗戰中種種的艱苦來說，這實在不能算是很容易的事，在這七年中，它聽見過多少次炸彈的爆炸聲音哪！「文協」總會的窮而樂，睡而不死，也就影響到它的分會。雖然香港的、桂林的、曲江的、襄樊的分會都因軍事的關係而結束，可是貴陽的，成都的，昆明的分會反而因此而更見活躍。以昆明分會來說，它曾有一個時期也打了盹。可是在近二年來，它又復興起來，去年為貧病作家募集基金，它的成績比重慶總會還好。於此，我不能不喊一聲：「文協萬歲」了！

二、《抗戰文藝》

「文協」的「打炮」工作是刊行會刊。這又作得很快。大家湊了點錢，湊了點文章，就在五月四日發刊了《抗戰文藝》。這個日子選得好。「五四」是新文藝的生日，現在又變成了《抗戰文藝》的生日。新文藝假若是社會革命的武器，現在它變成了民族革命，抵禦侵略的武器。

《抗戰文藝》最初是三日刊。不行，這太緊促。於是，出到五期就改了週刊。最熱心的是姚蓬子，適夷，孔羅蓀，與錫金幾位先生：他們晝夜的為它操作，奔忙。

會刊雖不很大，它卻給文藝刊物開了個新紀元——它是全國寫家的，而不是一個人或幾個人的。積極的，它要在抗戰的大前題下，容納全體會員的作品，成為「文協」的一面鮮明的旗幟。消極的，它要儘量避免像戰前刊物上一些彼此的口角與近乎惡意的批評。它要穩健，又要活潑；它要集思廣益，還要不失了抗戰的，一定的目標；它要抱定了抗戰宣傳的目的，還要維持住相當高的文藝水準。這不大容易作到。可是，它自始至終，沒有改變了它的本來面目。始終沒有一篇專為發洩自己感情，而不顧及大體的文章。

《抗戰文藝》在武漢一共出了二十期。自十七期起，即在重慶復刊。這個變動的痕跡是可以由紙張上看出來的：前十六期及特刊四期都是用白報紙印的，自第十七期起，可就換用土紙了。重慶的印刷條件不及武漢那麼良好，紙張——雖然是土紙——也極缺乏。因此，在「文協」的週年紀念日起，會刊由週刊改為半月刊。後來，又改成了月刊。就是在改為月刊之後，它還有時候脫期。會中經費支絀與印刷太不方便是使它脫期的兩個重要原因。但是，無論怎麼困難，它始終沒有停刊。它是「文協」的旗幟，會員們絕不允許它倒了下去。

到了日本投降時，會刊出到了七十期。

我不憚繁瑣的這麼敘述「文協」會刊的歷史，因為它實在是一部值得重視的文獻。它不單刊露了戰時的文藝創作，也發表了戰時文藝的一切意見與討論，並且報告了許多文藝者的活動。它是文，也是史。它將成為將來文學史上的一些最重要的數據。同時它也表現了一些特殊的精神，使讀者看到作家們是怎樣的在抗戰中團結到一起，始終不懈的打著他們的大旗，向暴敵進攻。

在忙著辦會刊而外，我們幾乎每個星期都有座談會聯誼會。那真是快活的日子。多少相識與不相識的同道都成了朋友，在一塊兒討論抗戰文藝的許多問題。開茶會呢，大家各自掏各自的茶資；會中窮得連「清茶恭候」也作不到呀。會後，剛剛得到了稿費的人，總是自動的請客，去喝酒，去吃便宜的飯食。在會所，在公園，在美的咖啡館，在友人家裡，在旅館中，我們都開過會。假若遇到夜間空襲，我們便滅了燈，摸著黑兒談下去。

這時候大家所談的差不多集中在兩個問題上：一個是如何教文藝下鄉與入伍，一個是怎麼使文藝效勞於抗戰。前者是使大家開始注意到民間通俗文藝的原因；後者是在使大家於詩，小說，戲劇而外，更注意到朗誦詩，街頭劇，及報告文學等新體裁。

但是，這種文藝通俗運動的結果，與其說是文藝真深入了民間與軍隊，倒不如說是文藝本身得到新的力量，並且產生了新的風格。文藝工作者只能負討論，試作，與倡導的責任，而無法自己把作品送到民間與軍隊中去。這需要很大的經費與政治力量，而文藝家自己既找不到經費，又沒有政治力量。這樣，文藝家想到民間去，軍隊中去，都無從找到道路，也就只好寫出民眾讀物，在報紙上刊物上發表發表而已。這是很可惜，與無可如何的事。

雖然我的一篇《抗戰一年》鼓詞，在「七七」週年紀念日，散發了一萬多份；雖然何容與老向先生編的《抗到底》是專登載通俗文藝作品的刊物；雖然有人試將新寫的通俗文藝也用木板刻出，好和《孟姜女》與《嘆五更》什麼的放在一處去賣；雖然不久教育部也設立了通俗讀物編刊處；可是這個運動，在實施方面，總是枝枝節節沒有風起雲湧的現象。我知道，這些作品始終沒有能到鄉間與軍隊中去——誰出大量的金錢，一印就印五百萬份？誰給它們運走？和准否大量的印，准否送到軍民中間去？都沒有解決。沒有政治力量在它的後邊，它只能成為一種文藝運動，一種沒有什麼實效的運動而已。

會員郁達夫與盛成先生到前線去慰勞軍隊。歸來，他們報告給大家：前線上連報紙都看不到，不要說文藝書籍了。士兵們無可如何，只好到老百姓家裡去借《三國演義》，與《施公案》一類的閒書。聽到了這個，大家更願意馬上寫出一些通俗的讀物，先印一二百萬份送到前線去。我們確是願意寫，可是印刷的經費，與輸送的辦法呢？沒有人能回答。於是，大家只好乾著急，而想不出辦法來。

第五節　入川

◆一、空襲

在武漢，我們都不大知道怕空襲。遇到夜襲，我們必定「登高一望」。探照燈把黑暗劃開，幾條銀光在天上尋找。找到了，它們交叉在一處，照住那銀亮的，幾乎是透明的敵機。而後，紅的黃的曳光彈打上去，高射炮緊跟著開了火。有聲有色，真是壯觀。

四月二十九與五月三十一日的兩次大空戰，我們都在高處看望。看著敵機被我機打傷，曳著黑煙逃竄，走著走著，一團紅光，敵機打幾個翻身，落了下去；有多麼興奮，痛快呀！一架敵機差不多就在我們的頭上，被我們兩架驅逐機截住，它就好像要孵窩的母雞似的，有人捉它，它就爬下不動那樣，老老實實的被擊落。

可是，一進七月，空襲更凶了，而且沒有了空戰。在我的住處，有一個地洞，橫著豎著，上下與四壁都用木柱密密的撐住，頂上堆著沙包。有一天，也就是下午兩三點鐘吧，空襲，我們入了這個地洞。敵機到了。一陣風，我們聽到了飛沙走石；緊跟著，我們的洞就像一隻小盒子被個巨人提起來，緊緊的亂搖似的，使我們眩暈。離洞有三丈吧，落了顆五百磅的炸彈，碎片打過來，把院中的一口大水缸打得粉碎。我們門外的一排貧民住房都被打垮，馬路上還有兩個大的彈坑。

我們沒被打死，可是知道害怕了。再有空襲，我們就跑過鐵路，到野地的荒草中藏起去。天熱，草厚，沒有風，等空襲解除了，我的襪子都被汗溼透。

不久，馮先生把我們送到漢口去。武昌已經被炸得不像樣子了。千家街的福音堂中了兩次彈。蛇山的山坡與山腳死了許多人。

二、別武漢

因為我是「文協」的總務主任，我想非到萬不得已不離開漢口。我們還時常在友人家裡開晚會，十回倒有八回遇上空襲，我們煮一壺茶，滅去燈光，在黑暗中一直談到空襲解除。邵先生勸我們快走，他的理由是：「到了最緊急的時候，你們恐怕就弄不到船位，想走也走不脫了！」

這樣，在七月三十日，我，何容，老向，與肖伯青（「文協」的幹事），便帶著「文協」的印鑒與零碎東西，辭別了武漢。只有友人白君和馮先生派來的副官，來送行。

船是一家中國公司的，可插著義大利旗子。這是條裝置齊全，而一切裝置都不負責任的船。艙門有門軸，而關不上門；電扇不會轉；衣鉤掉了半截；什麼東西都有，而全無用處。開水是在大木桶裡。我親眼看見一位江北孃姨把洗腳水用完，又倒在開水桶裡！我開始拉痢。

一位軍人，帶著緊要公文，要在城陵磯下船。船上不答應在那裡停泊。他耽誤了軍機，就碰死在繞錨繩的鐵柱上！

船隻到宜昌。我們下了旅館。我繼續拉痢。天天有空襲。在這裡，等船的人很多，所以很熱鬧——是熱鬧，不是緊張。中國人彷彿不會緊張。這也許就是日本人侵華失敗的原因之一吧？日本人不懂得中國人的「從容不迫」的道理。

我們求一位黃老翁給我們買票。他是一位極誠實坦白的人，在民生公司作事多年。他極願幫我們的忙，可是連他也不住的抓腦袋。人多船少，他沒法子臨時給我們趕造出一隻船來。等了一個星期，他算是給我們買了鋪位——在甲板上。

我們不挑剔地方，只要不叫我們浮著水走就好。

彷彿全宜昌的人都上了船似的。不要說甲板上，連煙囪下面還有幾十個難童呢。開飯，晝夜的開飯。茶役端著飯穿梭似的走，把腳上的泥垢全印在我們的被上枕上。我必須到廁所去，但是在夜間三點鐘，廁所外邊還站著一排候補員呢！

三峽有多麼值得看哪。可是，看不見。人太多了，若是都擁到船頭上去觀景，船必會插在江裡，永遠不再抬頭。我只能側目看下面，看到人頭——頭髮很黑——在水裡打旋兒。

三、重慶

八月十四，我們到了重慶。上了岸，我們一直奔了青年會去。會中的黃次咸與宋傑人兩先生都歡迎我們，可是怎奈宿舍已告客滿。這時候重慶已經來了許多公務人員和避難的人，旅館都有人滿之患。青年會宿舍呢，地方清靜，床鋪上沒有臭蟲，房價便宜，而且有已經打好了的地下防空洞，所以永遠客滿。我們下決心不去另找住處。我們知道，在會裡——那怕是地板呢——作候補，是最牢靠的辦法。黃先生們想出來了一個辦法，教我們暫住在機器房內。這是個收拾會中的器具的小機器房，很黑，響聲很大。

天氣還很熱。重慶的熱是出名的。我永遠沒睡過涼蓆，現在我沒法不去買一張了。睡在涼蓆上，照舊汗出如雨。牆，桌椅，到處是燙的；人彷彿是在爐裡。只有在一早四五點鐘的時候，稍微涼一下，其餘的時間全是在熱氣團裡。城中樹少而坡多，頂著毒花花的太陽，一會兒一爬坡，實在不是好玩的。

四川的東西可真便宜，一角錢買十個很大的燒餅，一個銅板買一束鮮桂圓。好吧，天雖熱，而物價低，生活容易，我們的心中涼爽了一點。在青年會的小食堂裡，我們花一二十個銅板就可以吃飽一頓。

「文協」的會友慢慢的都來到，我們在臨江門租到了會所，開始辦公。

我們的計劃對了。不久，我們便由機器房裡移到樓下一間光線不很好的屋裡去。過些日子，又移到對門光線較好的一間屋中。最後，我們升到樓上去，屋子寬，光線好，開窗便看見大江與南山。何容先生與我各據一床。他編《抗到底》，我寫我的文章。他每天是午前十一點左右才起來。我呢，到十一點左右已寫完我一天該寫的一二千字。寫完，我去吃午飯。等我吃過午飯回來，他也出去吃東西，我正好睡午覺。晚飯，我們倆在一塊兒吃。晚間，我睡得很早，他開始工作，一直到深夜。我們，這樣，雖分住一間屋子，可是誰也不妨礙誰。趕到我們偶然都喝醉了的時候，才忘了這互不侵犯協定，而一齊吵嚷一回。

我開始正式的去和富少舫先生學大鼓書。好幾個月，才學會了一段《白帝城》，腔調都摹擬劉（寶全）派。學會了這麼幾句，寫鼓詞就略有把握了。幾年中，我寫了許多段，可是隻有幾段被富先生們採用了：

《新拴娃娃》（內容是救濟難童），富先生唱。

《文盲自嘆》（內容是掃除文盲），富先生唱。

《陪都巡禮》（內容是讚美重慶），富貴花小姐唱。

《王小趕驢》（內容是鄉民抗敵），董蓮枝女士唱。

以上四段，時常在陪都演唱。我也開始寫舊劇劇本——用舊劇的形式寫抗戰的故事。

這時候，我還為《抗到底》寫長篇小說——《蛻》。這篇東西沒能寫完。《抗到底》後來停刊了，我就沒再往下寫。

轉過年來，二十八年之春，我開始學寫話劇劇本。對戲劇，我是十成十的外行，根本不曉得小說與劇本有什麼分別。不過，和戲劇界的朋友有了來往，看他們寫劇，導劇，演劇，很好玩，我也就見獵心喜，決定瞎碰一碰。好在，什麼事情莫不是由試驗而走到成功呢。我開始寫《殘霧》。

五三、五四敵機狂炸重慶。投的是燃燒彈——不為炸軍事目標，而是蓄意要毀滅重慶、造成恐怖。

前幾天，我在公共防空洞裡幾乎憋死。人多，天熱，空襲的時間長，洞中的空氣不夠用了。五三、五四我可是都在青年會裡，所以沒受到什麼委屈。五四最糟，警報器因發生障礙，不十分響；沒有人準知道是否有了空襲，所以敵機到了頭上，人們還在街上游逛呢。火，四面八方全是火，人死得很多。我在夜裡跑到馮先生那裡去，因為青年會附近全是火場，我怕被火圍住。徹夜，人們像流水一般，往城外搬。

經過這個大難，「文協」會所暫時移到南溫泉去，和張恨水先生為鄰。我也去住了幾天。

四、友人與作家書屋

◈吳組緗先生的豬

從青木關到歌樂山一帶，在我所認識的文友中要算吳組緗先生最為闊綽。他養著一口小花豬。據說，這小動物的身價，值六百元。

每次我去訪組緗先生，必附帶的向小花豬致敬，因為我與組緗先生核計過了：假若他與我共同登廣告賣身，大概也不會有人出六百元來買！

有一天，我又到吳宅去。給小江——組緗先生的少爺——買了幾個比醋還酸的桃子。拿著點東西，好搭訕著騙頓飯吃，否則就太不好意思了。一進門，我看見吳太太的臉比晚日還紅。我心裡一想，便想到了小花豬。假若小花豬丟了，或是出了別的毛病，組緗先生的闊綽便馬上不存在了！一打聽，果然是為了小花豬：它已絕食一天了。我很著急，急中生智，主張給它點奎寧吃，恐怕是打擺子。大家都不贊跟我的主張。我又建議把它抱到床上蓋上被子睡一覺，出點汗也許就好了；焉知道不是感冒呢？這年月的豬比人還嬌貴呀！大家還是不贊成。後來，把豬醫生請來了，我頗興奮，要看看豬怎麼吃藥。豬醫生把一些草藥包在竹筒的大厚皮兒裡，使小花豬橫銜著，兩頭向後束在脖子上：這樣，藥味與藥汁便慢慢走入裡邊去。把藥包兒束好，小花豬的口中好像生了兩個翅膀，倒並不難看。

雖然吳宅有些騷動，我還是在那裡吃了午飯——自然稍微的有點不得勁兒！

過了兩天，我又去看小花豬——這回是專程探病，絕不為看別人；我知道現在豬的價值有多大——小花豬口中已無那個藥包，而且也吃點東西了。大家都很高興，我就又就棍打腿的騙了頓飯吃，並且提出宣告：到冬天，得分給我幾斤臘肉。組緗先生與太太沒加任何考慮便答應了。吳太太說：「幾斤？十斤也行！想想看，那天它要是一病不起……」大家聽罷，都出了冷汗！

◈馬宗融先生的時間觀念

馬宗融先生的表大概是、我想是一個裝飾品。無論約他開會，還是吃飯，他總遲到一個多鐘頭，他的表並不慢。

來重慶，他多半是住在白象街的作家書屋。有的說也罷，沒的說也罷，他總要談到夜裡兩三點鐘。假苦不是別人都困得不出一聲了，他還想不起上床去。有人陪著他談，他能一直坐到第二天夜裡兩點鐘。表、月亮、太陽，都不能引起他注意到時間。

比如說吧，下午三點他須到觀音巖去開會，到兩點半他還毫無動靜。「宗融兄，不是三點，有會嗎？該走了吧？」有人這樣提醒他，他馬上去戴上帽子，提起那有茶碗口粗的木棒，向外走。「七點吃飯。早回來呀！」大家告訴他。他回答聲「一定回來」，便匆匆地走出去。

到三點的時候，你若出去，你會看見馬宗融先生在門口與一位老太婆，或是兩個小學生，談話兒呢！即使不是這樣，他在五點以前也不會走到觀音巖。路上每遇到一位熟人，便要談，至少有十分鐘的話。若遇上打架吵嘴的，他得過去解勸，還許把別人勸開，而他與另一位勸架的打起來！遇上某處起火，他得幫著去救。有人追趕扒手，他必然得加入，非捉到不可。看見某種新東西，他得過去問問價錢，不管買與不買。看到戲報子，馬上他去借電話，問還有票沒有……這樣，他從白象街到觀音巖，可以走一天，幸而他記得開會那件事，所以只走兩三個鐘頭，到了開會的地方，即使大家已經散了會，他也得坐兩點鐘，他跟誰都談得來，都談得有趣，很親切，很細膩。有人剛買一條繩子，他馬上拿過來練習跳繩——五十歲了啊！

七點，他想起來回白象街吃飯，歸路上，又照樣的勸架，救火，追賊，問物價，打電話……至早，他在八點半左右走到目的地。滿頭大汗，三步當作兩步走的。他走了進來，飯早已開過了。

所以，我們與友人定約會的時候，若說隨便什麼時間，早晨也好，晚上也好，反正我一天不出門，你哪時來也可以，我們便說「馬宗融的時間吧」！

◈姚蓬子先生的硯臺

作家書屋是個神祕的地方，不信你交到那裡一份文稿，而三五日後再親自去索回，你就必定不說我扯謊了。

講到書屋，十之八九你找不到書層的主人——姚蓬子先生。他不定在哪裡藏著呢。他的被縟是稿子，他的枕頭是稿子，他的桌上、椅上、窗臺上……全是稿子。簡單的說吧，他被稿子埋起來了。當你要稿子的時候，你可以看見一個奇蹟。假如說尊稿是十張紙寫的吧，書屋主人會由枕頭底下翻出兩張，由褲袋裡掏出三張，書架裡找出兩張，窗子上揭下一張，還欠兩張。你別忙，他會由老鼠洞里拉出那兩張，一點也不少。

單說蓬子先生的那塊硯臺，也足夠驚人了！那是塊無法形容的石硯。不圓不方，有許多角兒，有任何角度。有一點沿兒，豁口甚多，底子最奇，四周翹起，中間的一點凸出，如元寶之背，它會像陀螺似的在桌子上亂轉，還會一頭高一頭低地傾斜，如浪中之船。我老以為孫悟空就是由這塊石頭跳出去的！

到磨墨的時候，它會由桌子這一端滾到那一端，而且響如快跑的馬車。我每晚十時必就寢，而對門兒書屋的主人要辦事辦到天亮。從十時到天亮，他至少有十次，一次比一次響——到夜最靜的時候，大概連南岸都感到一點震動。從我到白象街起，我沒做過一個好夢，剛一入夢，硯臺來了一陣雷雨，夢為之斷。在夏天，硯一響，我就起來拿臭蟲。冬天可就不好辦，只好咳嗽幾聲，使之聞之。

現在，我已交給作家書屋一本書，等到出版，我必定破費幾十元，送給書屋主人一塊平底的，不出聲的硯臺！

◈何容先生的戒菸

首先要宣告：這裡所說的煙是香菸，不是鴉片。

從武漢到重慶，我老同何容先生在一間屋子裡，一直到前年八月間。在武漢的時候，我們都吸「大前門」或「使館」牌；小大「英」似乎都不夠味兒。到了重慶，小大「英」似乎變了質，越來越「夠」味兒了，「前門」與「使館」倒彷彿沒了什麼意思。慢慢的，「刀」牌與「哈德門」又變成我們的朋友，而與小大「英」，不管是誰的主動吧，好像冷淡得日懸一日，不久，「刀」牌與「哈德門」又與我們發生了意見，差不多要絕交的樣子。何容先生就決心戒菸！

在他戒菸之前，我已宣告過：「先上吊。後戒菸！」本來嗎，「棄婦拋雛」的流亡在外，吃不敢進大三元，喝麼也不過是清一色（黃酒貴，只好吃點白乾），女友不敢去交，男友一律是窮光蛋，住是二人一室，睡是臭蟲滿床，再不吸兩枝香菸，還活著幹嘛？可是，一看何容先生戒菸，我到底受了感動，既覺自己無勇，又欽佩他的偉大；所以，他在屋裡，我幾乎不敢動手取煙！以免動搖他的堅決！

何容先生那天睡了十六個鐘頭，一支菸沒吸！醒來，已是黃昏，他便獨自走出去。我不敢陪他出去，怕不留神遞給他一支菸，破了戒！掌燈之後，他回來了，滿面紅光，含著笑，從口袋中掏出一包土產卷菸來。「你嘗嘗這個，」他客氣地讓我，「才一個銅板一枝！有這個，似乎就不必戒菸了！

沒有必要！」把菸接過來，我不敢說什麼，怕傷了他的尊嚴。面對面的，把菸燃上，我倆細細地欣賞。頭一口就驚人，冒的是黃煙，我以為他誤把爆竹買來了！聽了一會兒，還好，並沒有爆炸，就放膽繼續地吸。吸了不到四五口，我看見蚊子都爭著向外邊飛，我很高興。既吸菸，又驅蚊，太可貴了！再吸幾口之後，牆上又發現了臭蟲，大概也要搬家，我更高興了！吸到了半枝，何容先生與我也跑出去了，他低聲地說：「看樣子，還得戒菸！」

何容先生二次戒菸，有半天之久。當天的下午，他買來了菸斗與菸葉。「幾毛錢的菸葉，夠吃三四天的，何必一定戒菸呢！」他說。吸了幾天的菸斗，他發現了：(一)不便攜帶；(二)不用力，抽不到；用力，煙油射在舌頭上；(三)費洋火；(四)須天天收拾，麻煩！有此四弊，他就戒菸鬥，而又吸上香菸了。「始作卷菸者。其無後乎！」他說。

最近二年，何容先生不知戒了多少次菸了，而指頭上始終是黃的。

五、《殘霧》與劍北行

三九年初夏，「文協」得到戰地黨政工作委員會的資助，派出去戰地訪問團，以王禮錫先生為團長，宋之的先生為副團長，率領羅烽，白朗，葛一虹等十來位先生，到華北戰地去訪問抗戰將士。同時，慰勞總會組織南北兩慰勞團，函請「文協」派員參加。理事會決議：推舉姚蓬子，陸晶清兩先生參加南團，我自己參加北團。

「文協」為籌點款而想演戲。大家說，這次寫個諷刺劇吧，換換口味。誰寫呢？大家看我。並不是因為我會寫劇本，而是因為或者我會諷刺。我覺得，第一，義不容辭；第二，拚命試寫一次也不無好處。不曉得一位作家須要幾分天才，幾分功力。我只曉得努力必定沒錯。於是，我答應了半個月交出一本四幕劇來。雖然沒寫過劇本，可是聽說過一個完好的劇本須要花兩年的工夫寫成。我要只用半個月，太不知好歹。不過，也有原因，「文協」願將此劇在五月裡演出，故非快不可。再說，有寫劇與演戲經驗的朋友們，如應雲衛、章泯、宋之的、趙清閣、周伯勳諸先生都答應給我出主意，並改正。我就放大了膽，每天平均要寫出三千多字來。「五四」大轟炸那天，我把它寫完。

人心慢慢的安定了，我回渝籌備慰勞團與訪問團出發的事情。我買了兩身灰布的中山裝，準備遠行。

「文協」當然不會給我盤纏錢，我便提了個小鋪蓋卷，帶了自己的幾塊錢，北去遠征。在起身以前，《殘霧》沒加修改，便交王平陵先生去發表。我走了半年。等我回來，《殘霧》已上演過了，很成功。導演是馬彥祥先生，演員有舒繡文，吳茵，孫堅白，周伯勳諸位先生。可惜，我沒有看見。

慰勞團先到西安，而後繞過潼關，到洛陽。由洛陽到襄樊老河口，而後出武關再到西安。由西安奔蘭州，由蘭州到榆林，而後到青海，綏遠，寧夏，興集，一共走了五個多月，兩萬多里。

這次長徵的所見所聞，都記在《劍北篇》裡——一部沒有寫完，而且不大象樣的，長詩。在陝州，我幾乎被炸死。在興集，我差一點被山洪沖了走。這些危險與興奮，都記在《劍北篇》裡。

六、《劍北篇》

二十八，二十九，三十，這三年，日本費盡心機，用各種花樣來轟炸。我在夏天可必須離開重慶，因為在防空洞裡我沒法子寫作。於是，一到霧季過去，我就須預備下鄉，而馮先生總派人來迎接：「上我這裡來吧，城裡沒法子寫東西呀！」二十九年夏天，我住在陳家橋馮公館的花園裡。園裡只有兩間茅屋，歸我獨住。屋外有很多的樹木，樹上時時有各種的鳥兒為我——也許為它們自己——唱歌。我在這裡寫《劍北篇》。

我沒有什麼了不起的天才，但對文藝的各種形式都願試一試。小說，試過了，沒有什麼驚人的成績。話劇，在抗戰中才敢試一試，全無是處。通俗的鼓詞與劇本，也試寫過一些，感到十分的難寫，除了得到「俗更難」一點真經驗與教訓外，別無可述。現在，我又搬起份量最重的東西來了——詩！我作過舊詩，不怎麼高明，可是覺得怪有趣，而且格式管束著，也並不很難湊起那麼一首兩首的。志在多多學習，現在我要作的是新詩。新詩可真難：沒有格式管著，我寫著寫著便失去自信，不由的向自己發問，這是詩嗎？其次，我要寫得俗，而沒有地方去找到那麼多有詩意的俗字，於是一來二去就變成「舊詩新寫」或「中菜西吃」了。還有，一方面我找不到夠用的有詩意的俗字，另一方面在描寫風景事物的時候我又不能把自幼兒種下的審美觀念一掃而光；我不能強迫自己變成洋人，不但眼珠是綠的，而且把紅花也看成綠花！最後，新詩要韻不要，本不成為問題；我自己這回可是決定要韻（事實上是「轍」），而且仿照比較嚴整的鼓詞用韻的辦法，每行都用韻，以求讀誦時響亮好聽。這簡直是跟自己過不去！韻不難找，貴在自然，也不知怎麼越要自然，便越費力氣！

有上述的困難，本來已當知難而退；卻偏不！不但不退，而且想寫成一萬行！扯下臉硬幹並不算勇敢；再說，文藝貴精不貴多，臭的東西越多就越臭，我曉得。不過，我所要寫的是遊記，斷非三言兩語所能道盡，故須長到萬行。這裡，倒沒有什麼中國長詩甚少，故宜試作；或按照什麼理論，非長不可；而純粹出於要把長途旅行的見聞作成「有詩為證」。那麼，也許有人要問：為什麼不用散文寫呢？回答是：行旅匆匆，未能作到每事必問，所以不敢一板一眼地細寫。我所得的只是一些印象，以詩寫出，或者較為合適。

時寫時停，一年的工夫僅成二十七段，共三千行。所以餘的材料，僅足再寫十餘段的，或可共得六千行。因句句有韻的關係，六千行中頗有長句，若拆散了從新排列，亦可足萬行之數。

一九四一年春初，因貧血，患頭昏病，一切工作都停頓下來。

頭昏病好了以後，本想繼續寫詩，可是身體虧弱，寫詩又極費力氣，於是就含著淚把稿子放在一旁，不敢再正眼去看。停擱得久了心氣越發壯不起來，乃終於落了個沒有恆心毅力——一個寫家須有像蠶一般的巧妙，吐出可以織成綢緞的絲來，同時，還須有和牛一樣壯實的身體呀！到一九四一年年底，眼看把全詩寫成是無望了，遂含羞帶愧的把已成的二十八段交文獎會刊印成冊。何時能將全詩補成，簡直不敢說了！

第六節　滇行與青蓉行

一、滇行

三十年夏，羅莘田先生來到重慶。因他的介紹，我認識了清華大學校長梅貽琦先生，梅先生聽到我的病與生活狀況，決定約我到昆明去住些日子。昆明的天氣好，又有我許多老友，我很願意去。在八月下旬，我同莘田搭機，三個鐘頭便到了昆明。

我很喜愛成都，因為它有許多地方像北平。不過，論天氣，論風景，論建築，昆明比成都還更好。我喜歡那比什剎海更美麗的翠湖，更喜歡昆明湖——那真是湖，不是小小的一汪水，像北平萬壽山下的人造的那個。土是紅的，松是綠的，天是藍的，昆明的城外到處像油畫。

更使我高興的，是遇見那麼多的老朋友。楊今甫大哥的背有點駝了，卻還是那樣風流儒雅。他請不起我吃飯，可是也還烤幾罐土茶，圍著炭盆，一談就和我談幾點鐘。羅膺中兄也顯著老，而且極窮，但是也還給我包餃子，煮俄國菜湯吃。鄭毅生，陳雪屏，馮友蘭，馮至，陳夢家，沈從文，章川島，段喆人，聞一多，蕭滌非，彭嘯咸，查良釗，徐旭生，錢端升諸先生都見到，或約我吃飯，或陪我遊山逛景。這真是快樂的日子。在城中，我講演了六次；雖然沒有什麼好聽，聽眾倒還不少。在城中住膩，便同莘田下鄉。提著小包，順著河堤慢慢的走，風景既像江南，又非江南；有點像北方，又不完全像北方；使人快活，彷彿是置身於一種晴朗的夢境，江南與北方混在一起而還很調諧的，只有在夢中才會偶爾看到的境界。

在鄉下，我寫完了《大地龍蛇》劇本。這是受東方文化協會的委託，而始終未曾演出過的，不怎麼高明的一本劇本。

認識一位新朋友——查阜西先生。這是個最爽真，熱情，多才多藝的朋友。他聽我有願看看大理的意思，就馬上決定陪我去。幾天的工夫，他便交涉好，我們作兩部運貨到畹町的卡車的高等黃魚。所謂高等黃魚者，就是第一不要出錢，第二坐司機臺，第三司機師倒還請我們吃酒吃煙——這當然不在協定之內，而是在路上他們自動這樣作的。兩位司機師都是北方人。在開車之前他們就請我們吃了一桌酒席！後來，有一位摔死在瀾滄江上，我寫了一篇小文悼念他。

到大理，我們沒有停住，馬上奔了喜洲鎮去。大理沒有什麼可看的，不過有一條長街，許多賣大理石的鋪子而已。它的城外，有蒼山洱海，才是值得看的地方。到喜洲鎮去的路上，左是高山，右是洱海，真是置身圖畫中。喜洲鎮，雖然是個小鎮子，卻有宮殿似的建築，小街左右都流著清清的活水。華中大學由武昌移到這裡來，我又找到遊澤丞教授。他和包漠莊教授，李何林教授，陪著我們遊山泛水。這真是個美麗的地方，而且在趕集的時候，能看到許多夷民。

極高興的玩了幾天，吃了不知多少條魚，喝了許多的酒，看了些古蹟，並對學生們講演了兩三次，我們依依不捨的道謝告辭。在回程中，我們住在了下關等車。在等車之際，有好幾位回教朋友來看我，因為他們演過《國家至上》。查阜西先生這回大顯身手，居然借到了小汽車，一天便可以趕到昆明。

在昆明過了八月節，我飛回了重慶來。

二、青蓉行

一九四二年八月初，陳家橋一帶的土井已都乾得滴水皆無。要水，須到小河灣裡去「挖」。天既奇暑，又沒水喝，不免有些著慌了。很想上縉雲山上去「避難」，可是據說山上也缺水。正在這樣計無從出的時候，馮煥章先生來約同去灌縣與青城。這真是福自天來了！

八月九日晨出發。同行者還有賴亞力與王冶秋二先生，都是老友，路上頗不寂寞。在來鳳驛遇見一陣暴雨，把行李打溼了一點，臨時買了一張蓆子遮在車上。打過尖，雨已晴，一路平安的到了內江。內江比二三年前熱鬧得多了，銀行和飯館都新增了許多家。傍晚，街上擠滿了人和車。次晨七時又出發，在簡陽吃午飯。下午四時便到了成都。天熱，又因明晨即赴灌縣，所以沒有出去遊玩。夜間下了一陣雨。

十一日早六時向灌縣出發，車行甚緩，因為路上有許多小渠。路的兩旁都有淺渠，流著清水；渠旁便是稻田：田埂上往往種著薏米，一穗穗的垂著綠珠。往西望，可以看見雪山。近處的山峰碧綠，遠處的山峰雪白，在晨光下，綠的變為明翠，白的略帶些玫瑰色，使人想一下子飛到那高遠的地方去。還不到八時，便到了灌縣。城不大，而處處是水，像一位身小而多乳的母親，滋養著川西壩子的十好幾縣。住在任覺五先生的家中。孤零零的一所小洋房，兩面都是雪浪激流的河，把房子圍住，門前終日幾乎沒有一個行人，除了水聲也沒有別的聲音。門外有些靜靜的稻田，稻子都有一人來高。遠望便見到大面青城雪山，都是綠的。院中有一小盆蘭花，時時放出香味。

青年團正在此舉行夏令營，一共有千名以上的男女學生，所以街上特別顯著風光。學生和職員都穿汗衫短褲（女的穿短裙），赤腳著草鞋，背負大草帽，非常的精神。張文白將軍與易君左先生都來看我們，也都是「短打扮」，也就都顯得年輕了好多。夏令營本部在公園內，新蓋的禮堂，新修的游泳池；原有一塊不小的空場，即作為運動和練習騎馬的地方。女學生也練習馬術，結隊穿過街市的時候，使居民們都吐吐舌頭。

灌縣的水利是世界聞名的。在公園後面的一座大橋上，便可以看到滾滾的雪水從離堆流進來。在古代，山上的大量雪水流下來，非河身所能容納，故時有水患。後來，李冰父子把小山硬鑿開一塊，水乃分流——離堆便在鑿開的那個縫子的旁邊。從此雙江分灌，到處劃渠，遂使川西平原的十四五縣成為最富庶的區域——只要灌縣的都江堰一放水，這十幾縣便都不下雨也有用不完的水了。城外小山上有二王廟，供養的便是李冰父子。在廟中高處可以看見都江堰的全景。在兩江未分的地方，有馳名的竹索橋。距橋不遠，設有魚嘴，使流水分家，而後一江外行，一江入離堆，是為內外江。到冬天，在魚嘴下設阻礙，把水截住，則內江乾涸，可以淘灘。春來，撤去阻礙，又復成河。據說，每到春季開水的時候，有多少萬人來看熱鬧。在二王廟的牆上，刻著古來治水的格言，如深淘灘，低作堰……等。細細玩味這些格言，再看著江堰上那些實際的設施，便可以看出來，治水的決竅只有一個字——「軟」。水本力猛，遇阻則激而決潰，所以應低作堰，使之輕輕漫過，不至出險。水本急流而下，波濤洶湧，故中設魚嘴，使分為二，以減其力；分而又分，江乃成渠，力量分散，就有益而無損了。作堰的東西只是用竹編的籃子，盛上大石卵。竹有彈性，而石卵是活動的，都可以用「四兩破千斤」的勁兒對付那驚濤駭浪。用分化與軟化對付無情的急流，水便老實起來，乖乖的為人們灌田了。

竹索橋最有趣。兩排木柱，柱上有四五道竹索子，形成一條窄衚衕兒。下面再用竹索把木板編在一處，便成了一座懸空的，隨風搖動的，大橋。我在橋上走了走，雖然橋身有點動搖，雖然木板沒有編緊，還看得到下面的急流，——看久了當然發暈——可是絕無危險，不會太難走。

治水和修構竹索橋的方法，我想，不定是經過多少年代的試驗與失敗，而後才得到成功的。而所謂文明者，我想，也不過就是能用盡心智去解決切身的問題而已。假苦不去下一番功夫，而任著水去泛濫，或任著某種自然勢力興災作禍，則人類必始終是穴居野處，自生自滅，以至滅亡。看到都江堰的水利與竹索橋，我們知道我們的祖先確有不甘屈服而苦心焦慮的去克服困難的精神。可是，在今天，我們還時時聽到看到各處不是鬧旱便是鬧水，甚至於一些蝗蟲也能教我們去吃樹皮草根。可憐，也可恥呀！我們連切身的衣食問題都不去設法解決，還談什麼文明與文化呢？

灌縣城不大，可是東西很多。在街上，隨處可以看到各種的水果，都好看好吃。在此處，我看到最大的雞卵與大蒜大豆。雞蛋雖然已賣到一元二角一個，可是這一個實在比別處的大著一倍呀。雪山的大豆要比胡豆還大。雪白發光，看著便可愛！藥材很多，在隨便的一家小藥店裡，便可以看到雷震子，貝母，蟲草，熊膽，麝香，和多少說不上名兒來的藥物。看到這些東西，使人想到西邊的山地與草原裡去看一看。啊，要能到山中去割幾臍麝香，打幾匹大熊，夠多威武而有趣呀！

物產雖多，此地的物價可也很高。只有喫茶便宜，城裡五角一碗，城外三角，再遠一點就賣二角了。青城山出茶，而遍地是水，故應如此。等我練好闢穀的功夫，我一定要搬到這一帶來住，不吃什麼，只喝兩碗茶，或者每天只寫二百字就夠生活的了。

在灌縣住了十天。才到青城山去。山在縣城西南，約四十里。一路上，渠溪很多，有的渾黃，有的清碧：渾黃的大概是上流剛下了大雨。溪岸上往往有些野花，在樹蔭下幽閒的開著。山口外有長生觀，今為蔭堂中學校舍；秋後，黃碧野先生即在此教書。入了山，頭一座廟是建福宮，沒有什麼可看的。由此拾階而前，行五里，為天師洞——我們即住於此。由天師洞再往上走，約三四里，即到上清宮。天師洞上清宮是山中兩大寺院，都招待遊客，食宿概有定價，且甚公道。

從我自己的一點點旅行經驗中，我得到一個遊山玩水的訣竅：「風景好的地方，雖然古蹟，也值得來，風景不好的地方，縱有古蹟，大可以不去。」古蹟，十之八九，是會使人失望的。以上清宮和天師洞兩大道院來說吧，它們都有些古蹟，而一無足觀。上清宮裡有鴛鴦井，也不過是一井而有二口，一方一圓，一幹一溼；看它不看，毫無關係。還有麻姑池，不過是一小方池濁水而已。天師洞裡也有這類的東西，比如洗心池吧，不過是很小的一個水池；降魔石呢，原是由山崖裂開的一塊石頭，而硬說是被張天師用劍劈開的。假若沒有這些古蹟，這兩座廟子的優美自然一點也不減少。上清宮在山頭，可以東望平原，青碧千頃；山是青的，地也是青的，好像山上的滴翠慢慢流到人間去了的樣子。在此，早晨可以看日出，晚間可以看聖燈；就是白天沒有什麼特景可觀的時候，登高遠眺，也足以使人心曠神怡。天師洞，與上清宮相反，是藏在山腰裡，四面都被青山環抱著，掩護著，我想把它叫做「抱翠洞」，也許比原名更好一些。

不過，不管廟宇如何，假若山林無可觀，就沒有多大意思，因為廟以莊嚴整齊為主，成不了什麼很好的景緻。青城之值得一遊，正在乎山的本身也好；即使它無一古蹟，無大寺，它還是值得一看的名山。山的東面傾斜，所以長滿了樹木，這占了一個「青」字。山的西面，全是峭壁千丈，如城垣，這占了一個「城」字。山不厚，由「青」的這一頭轉到「城」的那一面，只須走幾里路便夠了。山也不算高。山腳至頂不過十里路。既不厚，又不高，按說就必平平無奇了。但是不然。它「青」，青得出奇，它不像深山老峪中那種老松凝碧的深綠，也不像北方山上的那種東一塊西一塊的綠，它的青色是包住了全山，沒有露著山骨的地方；而且，這個籠罩全山的青色是竹葉，楠葉的嫩綠，是一種要滴落的，有些光澤的，要浮動的，淡綠。這個青色使人心中輕快，可是不敢高聲呼喚，彷彿怕把那似滴未滴，欲動未動的青翠驚壞了似的。這個青色是使人吸到心中去的，而不是隻看一眼，誇獎一聲便完事的。當這個青色在你周圍，你便覺出一種恬靜，一種說不出，也無須說出的舒適。假若你非去形容一下不可呢，你自然的只會找到一個字——幽。所以吳稚暉先生說：「青城天下幽」。幽得太厲害了，便使人生畏；青城山卻正好不太高，不太深，而恰恰不大不小的使人既不畏其曠，也不嫌它窄；它令人能體會到「悠然見南山」的那個「悠然」。

山中有報更鳥，每到晚間，即梆梆的呼叫，和柝聲極相似，據道人說，此鳥不多，且永不出山。那天，寺中來了一隊人，拿著好幾枝獵槍，我很為那幾隻會擊柝的小鳥兒擔心，這種鳥兒有個缺欠，即只能打三更——梆，梆梆——無論是傍晚還是深夜，它們老這麼叫三下。假若能給它們一點訓練，教它們能從一更報到五更，有多麼好玩呢！

白日遊山，夜晚聽報更鳥，「悠悠」的就過了十幾天。寺中的桂花開始放香，我們戀戀不捨的離別了道人們。

返灌縣城，只留一夜，即回成都。過郫縣，我們去看了看望叢祠；沒有什麼好看的，地方可是很清幽，王法勤委員即葬於此。

成都的地方大，人又多，若把半個多月的旅記都抄寫下來，未免太麻煩了。挑選幾項來隨便談談吧。

（一）成都「文協」分會：自從川大遷開，成都「文協」分會因短少了不少會員，會務曾經有過一個時期不大旺熾。此次過蓉，分會全體會員舉行茶會招待，到會的也還有四十多人，並不太少。會刊——《筆陣》——也由幾小頁擴充到好幾十頁的月刊，雖然月間經費不過才有百元錢。這樣的努力，不能不令人欽佩！可惜，開會時沒有見到李劼人先生，他上了樂山。《筆陣》所用的紙張，據說，是李先生設法給捐來的；大家都很感激他；有了紙，別的就容易辦得多了。會上，也沒見到聖陶先生，可是過了兩天，在開明分店見到。他的精神很好，只是白髮已滿了頭。他的少爺們，他告訴我，已寫了許多篇小品文，預備出個集子，想找我作序，多麼有趣的事啊！郭子傑先生陶雄先生都約我吃飯，牧野先生陪著我遊看各處，還有陳翔鶴，車瘦舟諸先生約我聚餐——當然不准我出錢——都在此致謝。瞿冰森先生和中央日報的同仁約我吃真正的成都味的酒席，更是感激不盡。

（二）看戲：吳先憂先生請我看了川劇，及賈瞎子的竹琴，德娃子的洋琴，這是此次過蓉最快意的事。成都的川劇比重慶的好得多，況且我們又看的是賈佩之，肖楷成，周慕蓮，周企何幾位名手，就更覺得出色了。不過，最使我滿意的，倒還是賈瞎子的竹琴。樂器只有一鼓一板，腔調又是那麼簡單，可是他唱起來彷彿每一個字都有些魔力，他越收斂，聽者越注意靜聽，及至他一放音，臺下便沒法不喝彩了。他的每一個字像一個輕打梨花的雨點，圓潤輕柔；每一句是有聲有色的一小單位；真是字字有力，句句含情。故事中有多少人，他要學多少人，忽而大嗓，忽而細嗓，而且不只變嗓，還要咬音吐字各盡其情：這真是點本領！希望再有上成都去的機會。多聽他幾次！

（三）看書：在蓉，住在老友侯寶璋大夫家裡。雖是大夫，他卻極喜愛字畫，有幾塊閒錢，他便去買破的字畫；這樣，慢慢的他已收集了不少四川先賢的手跡。這樣，他也就與西玉龍街一帶的古玩鋪及舊書店都熟識了。他帶我去遊玩，總是到這些舊紙堆中來。成都比重慶有趣就在這裡——有舊書攤兒可逛。買不買的且不去管，就是多摸一摸舊紙陳篇也是快事啊。真的，我什麼也沒買，書價太高。可是，飽了眼福也就不虛此行。一般的說，成都的日用品比重慶的便宜一點，因為成都的手工業相當的發達，出品既多，同業的又多在同一條街上售貨，價格當然穩定一些。鞋、襪、牙刷、紙張什麼的，我看出來，都比重慶的相因著不少。舊書雖貴，大概也比重慶的便宜，假若能來往販賣，也許是個賺錢的生意。不過，我既沒發財的志願，也就不便多此一舉，雖然販賣舊書之舉也許是俗不傷雅的吧。

（四）歸來：因下雨，過至中秋前一日才動身返渝。中秋日下午五時到陳家橋，天還陰著。夜間沒有月光，馬馬虎虎的也就忘了過節。這樣也好，省得看月思鄉，又是一番難過！

第七節　多鼠齋與貧血

一、多鼠齋雜談

戒酒

並沒有好大的量，我可是喜歡喝兩杯兒。因吃酒，我交下許多朋友——這是酒的最可愛處。大概在有些酒意之際，說話作事都要比平時豪爽真誠一些，於是就容易心心相印，成為莫逆。人或者只在「喝了」之後，才會把專為敷衍人用的一套生活八股抛開，而敢露一點鋒芒或「謬論」——這就減少了我臉上的俗氣，看著紅撲撲的，人有點樣子！

自從在社會上作事至今的廿五六年中，雖不記得一共醉過多少次，不過，隨便的一想，便頗可想起「不少」次丟臉的事來。所謂丟臉者，或者正是給臉上增光的事，所以我並不後悔。酒的壞處並不在撒酒瘋，得罪了正人君子——在酒後還無此膽量，未免就太可憐了！酒的真正的壞處是它傷害腦於。

「李白鬥酒詩百篇」是一位詩人贈另一位詩人的誇大的諛贊。據我的經驗，酒使腦子麻木、遲鈍、並不能增加思想產物的產量。即使有人非喝醉不能作詩，那也是例外，而非正常。在我患貧血病的時候，每喝一次酒，病便加重一些；未喝的時候若患頭「昏」，喝過之後便改為「暈」了，那妨礙我寫作！

對腸胃病更是死敵。去年，因醫治腸胃病，醫生嚴囑我戒酒。從去歲十月到如今，我滴酒未入口。

不喝酒，我覺得自己像啞吧了：不會嚷叫，不會狂笑，不會說話！啊，甚至於不會活著了！可是，不喝也有好處，腸胃舒服，腦袋昏而不暈，我便能天天寫一二千字！雖然不能一口氣吐出百篇詩來，可是細水長流的寫小說倒也保險；還是暫且不破戒吧！

◈戒菸

戒酒是奉了醫生之命，戒菸是奉了法弊的命令。什麼？劣如「長刀」也賣百元一包？老子只好咬牙，不吸了！

從廿二歲起吸菸，至今已有一世紀的四分之一。這廿五年養成的習慣，一旦戒除可真不容易。吸菸有害並不是戒菸的理由。而且，有一切理由，不戒菸是不成。戒菸憑一點「火兒」。那天，我只剩了一支「華麗」。一打聽，它又漲了十塊！三天了，它每天漲十塊！我把這一支吸完，把菸灰碟擦乾淨，把洋火放在抽屜裡。我「火兒」啦，戒菸！

沒有菸，我寫不出文章來。廿多年的習慣如此。這幾天，我硬撐！我的舌頭是木的，嘴裡冒著各種滋味的水，嗓門子發癢，太陽穴微微的抽著疼！——頂要命的是腦子裡空了一塊！不過，我比煙要更厲害些：儘管你小子給我以各樣的毒刑，老子要挺一挺給你看看！

毒刑夾攻之後，它派來會花言巧語的小鬼來勸導：「算了吧，也總算是個作家了，何必自苦太甚！況且天氣是這麼熱；

要戒，等天秋涼，總比較的要好受一點呀！」

「去吧！魔鬼！咱老子的一百元就是不再買又黴、又臭、又硬、又傷天害理的紙煙！」

今天已是第六天了，我還撐著呢！長篇小說沒法子繼續寫下去；誰管它！除非有人來說：「我每天送你一包『駱駝』，或廿支『華福』，一直到抗戰勝利為止！」我想我大概不會向「人頭狗」和「長刀」什麼的投降的！

◈戒茶

我既已戒了菸酒而半死不活，因思莫若多加幾種，爽性快快的死了倒也乾脆。談再戒什麼呢？

戒葷嗎？根本用不著戒，與魚不見面者已整整二年，而豬羊肉近來也頗疏遠。還敢說戒？平價之米，偶而有點油肉相佐，使我絕對相信肉食者「不鄙」！若只此而戒除之，則腹中全是平價米，而人也決變為平價人，可謂「鄙」矣！不能戒葷！

必不得已，只好戒茶。

我是道地中國人，咖啡、可樂、汽水、啤酒，皆非所喜，而獨喜茶。有一杯好茶，我便能萬物靜觀皆自得。菸酒雖然也是我的好友，但它們都是男性的——粗莽，熱烈，有思想，可也有火氣——未若茶之溫柔，雅潔，輕輕的刺戟，淡淡的相依；茶是女性的。

我不知道戒了茶還怎樣活著，和幹嘛活著。但是，不管我願意不願意，近來茶價的增高已教我常常起一身小雞皮疙瘩！

茶本來應該是香的，可是現在卅元一兩的香片不但不香，而且有一股子鹹味！為什麼不把鹹蛋的皮泡泡來喝，而單去買鹹茶呢？六十元一兩的可以不出鹹味，可也不怎麼出香味，六十元一兩啊！誰知道明天不就又漲一倍呢！

恐怕呀，茶也得戒！我想，在戒了茶以後，我大概就有資格到西方極樂世界去了——要去就抓早兒，別把罪受夠了再去！想想看，茶也須戒！

◈貓的早餐

多鼠齋的老鼠並不見得比別家的更多，不過也不比別處的少就是了。前些天，柳條包內，棉袍之上，毛衣之下，又生了一窩。

沒法不養隻貓子了，雖然明知道一買又要一筆錢，「養」也至少須費些平價米。花了二百六十元買了只很小很醜的小貓來。我很不放心。單從身長與體重說，廚房中的老一輩的老鼠會一日咬兩只這樣的小貓的。我們用麻繩把咪咪拴好，不光是怕它跑了，而是怕它不留神碰上老鼠。

我們很怕咪咪會活不成的，它是那麼瘦小，而且終日那麼團著身哆哩哆嗦的。人是最沒辦法的動物，而他偏偏愛看不起別的動物，替它們擔憂。

吃了幾天平價米和煮包穀，咪咪不但沒有死，而且歡蹦亂跳的了。它是個鄉下貓，在來到我們這裡以前，它連米粒與包穀粒大概也沒吃過。

我們只覺得有點對不起咪咪——沒有魚或肉給它吃，沒有牛奶給它喝。貓是食肉動物，不應當吃素！

可是，這兩天，咪咪比我們都要闊綽了；人才真是可憐蟲呢！昨天，我起來相當的早，一開門咪咪驕傲的向我叫了一聲，右爪按著個已半死的小老鼠。咪咪的旁邊，還放著一大一小的兩個死蛙——也是咪咪咬死的，而不屑於去吃，大概死蛙的味道不如老鼠的那麼香美。

我怔住了，我須戒酒、戒菸、戒茶、甚至要戒葷，而咪咪——會有兩隻蛙，一隻老鼠作早餐！

說不定，它還許已先吃過兩三個蚱蜢了呢！

◈最難寫的文章

或問：什麼文章難寫？

答：自己不願意寫的文章最難寫。比如說：鄰居二大爺年七十，無疾而終。二大爺一輩子吃飯穿衣，喝兩杯酒，與常人無異。他沒立過功，沒立過言。他少年時是個連模樣也並不驚人的少年，到老年也還是個平平常常的老人，至多，我只能說他是個安分守己的好公民。可是，文人的災難來了！二大爺的兒子——大學畢業，現在官居某機關科員——送過來訃文，並且誠懇的請賜輓詞。我本來有兩句可以贈給一切二大爺的輓詞：「你死了不能再見，想起來好不傷心！」可是我不敢用它來搪塞二大爺的科員少爺，怕他說我有意侮辱他的老人。我必須另想幾句——近鄰，天天要見面，假若我決定不寫，科員少爺會惱我一輩子的。可是，老天爺，我寫什麼呢？

在這很為難之際，我真佩服了從前那些專憑作輓詩壽序賺飯吃的老文人了！你看，還以二大爺這件事為例吧，差不多除了扯謊，我簡直沒法寫出一個字。我得說二大爺天生的聰明絕頂，可是還「別」說他雖聰明絕頂，而並沒著過書，沒發明過什麼東西，和他在算錢的時候總是脫了襪子的。是的，我得把別人的長處硬派給二大爺，而把二大爺的短處一字不題。這不是作詩或寫散文，而是替死人來騙活人！我寫不好這種文章，因為我不喜歡扯謊。

在輓詩與壽序等而外，就得算「九一八」，「雙十」與「元旦」什麼的最難寫了。年年有個元旦，年年要寫元旦，有什麼好寫呢？每逢接到報館為元旦增刊徵文的通知，我就想這樣回覆：「死去吧！

省得年年教我吃苦！」可是又一想，它死了豈不又須作輓聯啊？於是隻好按住心頭之火，給它拼湊幾句——這不是我作文章，而是文章作我！說到這裡，相應提出：「救救文人！」的口號，並且希望科員少爺與報館編輯先生網開一面，叫小子多活兩天！

◈最可怕的人

我最怕兩種人：第一種是這樣的——凡是他所不會的，別人若會，便是罪過。比如說：他自己寫不出幽默的文字來，所以他把幽默文學叫做文藝的膿汁，而一切有幽默感的文人都該加以破壞抗戰的罪過。他不下一番工夫去考查考查他所攻擊的東西到底是什麼，而只因為他自己不會，便以為那東西該死。這是最要不得的態度，我怕有這種態度的人，因為他只會破壞，對人對已都全無好處。假若他作公務員，他便只有忌妒，甚至因忌妒別人而自己去作漢奸；假若他是文人，他便也只會忌妒，而一天到晚浪費筆墨，攻擊別人，且自鳴得意，說自己頗會批評——其實是扯淡！這種人亂罵別人，而自己永不求進步；他汙穢了批評，且使自己的心裡堆滿了塵垢。

第二種是無聊的人。他的心比一個小酒盅還淺，而面皮比牆還厚。他無所知，而自信無所不知。他沒有不會幹的事，而一切都莫名其妙。他的談話只是運動運動唇齒舌喉，說不說與聽不聽都沒有多大關係。他還在你正在工作的時候來「拜訪」。看你正忙著，他趕快就說，不耽誤你的工夫。可是，說罷便安然坐下了——兩個鐘頭以後，他還在那兒坐著呢！他必須談天氣，談空襲，談物價，而且隨時給你教訓：「有警報還是躲一躲好！」或是「到八月節物價還要漲！」他的這些話無可反駁，所以他會百說不厭，視為真理。我真怕這種人，他耽誤了我的時間，而自殺了他的生命！

◈衣

對於英國人，我真佩服他們的穿衣服的本領。一個有錢的或善交際的英國人，每天也許要換三四次衣服。開會，看賽馬，打球，跳舞……都須換衣服。據說：有人曾因穿衣脫衣的麻煩而自殺。我想這個自殺者並不是英國人。英國人的忍耐性使他們不會厭煩「穿」和「脫」，更不會使他們因此而自殺。

我並不反對穿衣要整潔，甚至不反對衣服要漂亮美觀。可是，假若教我一天換幾次衣服，我是也會自殺的。想想看，繫鈕釦解鈕釦，是多麼無聊的事！而鈕釦又是那麼多，那麼不靈敏，那麼不起好感，假若一天之中解了又系，繫了再解，至數次之多，誰能不感到厭世呢！

在抗戰數年中，生活是越來越苦了。既要抗戰，就必須受苦，我絕不怨天尤人。再進一步，若能從苦中求樂，則不但可以不出怨言，而且可以得到一些興趣，豈不更好呢！在衣食住行人生四大麻煩中，食最不易由苦中求樂，菜根香一定香不過紅燒蹄膀！菜根使我貧血；「獅子頭」卻使我壯如雄獅！

住和行雖然不像食那樣一點不能將就，可是也不會怎樣苦中生樂。三伏天住在火爐子似的屋內，或金雞獨立的在汽車裡擠著，我都想掉淚，一點也找不出樂趣。

只有穿的方面，一個人確乎能由苦中找到快活。七七抗戰後，由家中逃出，我只帶著一件舊夾袍和一件破皮袍，身上穿著一件舊棉袍。這三袍不夠四季用的，也不夠幾年用的。所以，到了重慶，我就添置衣裳。主要的是灰布制服。這是一種「自來舊」的布作成的一下水就一蹶不振，永遠難看。吳組緗先生名之為斯文掃地的衣服。可是，這種衣服給我許多方便——簡直可以稱之為享受！我可以穿著褲子睡覺，而不必擔心褲縫直與不直；它反正永遠不會直立。我可以不必先看看座位，再去坐下；我的寶褲不怕泥土汙穢，它原是自來舊。雨天走路，我不怕汽車。晴天有空襲，我的衣服的老鼠皮色便是偽裝。這種衣服給我舒適，因而有親切之感。它和我好像多年的老夫妻，彼此有完全的了解，沒有一點隔膜。

我希望抗戰勝利之後，還老穿著這種困難衣，倒不是為省錢，而是為舒服。

◈行

朋友們屢屢函約進城，始終不敢動。「行」在今日，不是什麼好玩的事。看吧，從北碚到重慶第一就得出「挨擠費」一千四百四十元。所謂挨擠費者就是你須到車站去「等」，等多少時間？沒人能告訴你。幸而把車等來，你還得去擠著買票，假若你擠不上去，那是你自己的無能，只好再等。幸而票也擠到手，你就該到車上去挨擠。這一擠可厲害！你第一要證明了你的確是脊椎動物，無論如何你都能挺挺的立著。第二，你須證明在進化論中，你確是猴子變的，所以現在你才嘴手腳並用，全身緊張而靈活，以免被擠成像四喜丸子似的一堆肉。第三，你須有「保護皮」，足以使你全身不怕傘柄、胳臂肘、腳尖、車窗，等等的戳、碰、刺、鉤、、；否則你會遍體鱗傷。第四，你須有不中暑發痧的把握，要有不怕把鼻子伸在有狐臭的腋下而不能動的本事……你須備有的條件太多了，都是因為你喜歡交那一千四百多元的挨擠費！

我頭昏，一擠就有變成爬蟲的可能，所以，我不敢動。

再說，在重慶住一星期，至少花五六千元；同時，還得耽誤一星期的寫作；兩面一算，使我膽寒！

以前，我一個人在流亡，一人吃飽便天下太平，所以東跑西跑，一點也不怕賠錢。現在，家小在身邊，一張嘴便是五六個嘴一齊來，於是嘴與膽子乃適成反比，嘴越多，膽子越小！

重慶的人們哪，設法派小汽車來接呀，否則我是不會去看你們的。你們還得每天給我們一千元零花。煙、酒都無須供給，我已戒了。啊，笑話是笑話，說真的，我是多麼想念你們，多麼渴望見面暢談呀！

◈狗

中國狗恐怕是世界上最可憐最難看的狗。此處之「難看」並不指狗種而言，而是與「可憐」密切相關。無論狗的模樣身材如何，只要餵養得好，它便會長得肥肥胖胖的，看著順眼。中國人窮。人且吃不飽，狗就更提不到了。因此，中國狗最難看；不是因為它長得不體面，而是因為它骨瘦如柴，終年夾著尾巴。

每逢我看見被遺棄的小野狗在街上尋找糞吃，我便要落淚。我並非是愛作傷感的人，動不動就要哭一鼻子。我看見小狗的可憐，也就是感到人民的貧窮。民富而後貓狗肥。

中國人動不動就說：我們地大物博。那也就是說，我們不用著急呀，我們有的是東西，永遠吃不完喝不盡哪！哼，請看看你們的狗吧！

還有：狗雖那麼摸不到吃，（外國狗吃肉，中國狗吃糞；在動物學上，據說狗本是食肉獸。）那麼隨便就被人踢兩腳，打兩棍，可是它們還照舊的替人們服務。儘管它們餓成皮包著骨，儘管它們剛被主人踹了兩腳，它們還是極忠誠的去盡看門守夜的責任。狗永遠不嫌主人窮。這樣的動物理應得到人們的讚美，而忠誠、義氣、安貧、勇敢，等等好字眼都該歸之於狗。可是，我不曉得為什麼中國人不分黑白的把漢奸與小人叫做走狗，倒彷彿狗是不忠誠不義氣的動物。我為狗喊冤叫屈！

貓才是好吃懶作，有肉即來，無食即去的東西。洋奴與小人理應被叫做「走貓」。

或者是因為狗的脾氣好，不像貓那樣傲慢，所以中國人不說「走貓」而說「走狗」？假若真是那樣，我就又覺得人們未免有點「軟的欺，硬的怕」了！

不過，也許有一種狗，學名叫做「走狗」，那我還不大清楚。

◈帽

在七七抗戰後，從家中跑出來的時候，我的衣服雖都是舊的，而一頂呢帽卻是新的。那是秋天在濟南花了四元錢買的。

廿八年隨慰勞團到華北去，在沙漠中，一陣狂風把那頂呢帽颳去，我變成了無帽之人。假若我是在四川，我便不忙於再去買一頂——那時候物價已開始要張開翅膀。可是，我是在北方，天已常常下雪，我不可一日無帽。於是，在寧夏，我花了六元錢買了一頂呢帽。在戰前它公公道道的值六角錢。這是一頂很頑皮的帽子。它沒有一定的顏色，似灰非灰，似紫非紫，似赭非赭，在陽光下，它彷彿有點發紅，在暗處又好似有點綠意。我只能用「五光十色」去形容它，才略為近似。它是呢帽，可是全無呢意。我記得呢子是柔軟的，這頂帽可是非常的堅硬，用指一彈，它噹噹的響。這種不知何處製造的硬呢會把我的腦門兒勒出一道小溝，使我很不舒服；我須時時摘下帽來，教腦袋休息一下！趕到淋了雨的時候，它就完全失去呢性，而變成鐵筋洋灰了的。因此，回到重慶以後，我就是能不戴它就不戴；一看見它我就有點害怕。

因為怕它，所以我在白象街茶館與友擺龍門陣之際，我又買了一頂毛織的帽子。這一頂的確是軟的，軟得可以折起來，我很高興。

不幸，這高興又是短命的。只戴了半個鐘頭，我的頭就好像發了火，癢得很。原來它是用野牛毛織成的。它使腦門熱得出汗，而後用那很硬的毛兒刺那張開的毛孔！這不是戴帽，而是上刑！

把這頂野牛毛帽放下，我還是得戴那頂鐵筋洋灰的呢帽。經雨淋、汗漚、風吹、日曬，到了今年，這頂硬呢帽不但沒有一定的顏色，也沒有一定的樣子了——可是永遠不美觀。每逢戴上它，我就躲著鏡子；我知道我一看見它就必有斯文掃地之感！

前幾天，花了一百五十元把呢帽翻了一下。它的顏色竟自有了固定的傾向，全體都發了紅。它的式樣也因更硬了一些而暫時有了歸宿，它的確有點帽子樣兒了！它可是更硬了，不留神，帽沿碰在門上或硬東西上，硬碰硬，我的眼中就冒了火花！等著吧，等到抗戰勝利的那天，我首先把它用剪子鉸碎，看它還硬不硬！

◈昨天

昨天一整天不快活。老下雨，老下雨，把人心都好像要下溼了！

有人來問往哪兒跑？答以：嘉陵江沒有蓋兒。鄰家聘女。姑娘有二十二三歲，不難看。來了一頂轎子，她被人從屋中掏出來，放進轎中，轎伕抬起就走。她大聲的哭。沒有鑼鼓。轎子就那麼哭著走了。看罷，我想起幼時在鳥市上買鳥。販子從大籠中抓出鳥來，放在我的小籠中，鳥尖銳的叫。

黃狼夜間將花母雞叼去。今午，孩子們在山坡後把母雞找到。脖子上咬爛，別處都還好。他們主張還燉一燉吃了。我沒攔阻他們。亂世，雞也該死兩遭的！

頭總是昏。一友來，又問：「何以不去打補針？」我笑而不答，心中很生氣。

正寫稿子，友來。我不好讓他坐。他不好意思坐下，又不好意思馬上就走。中國人總是過度的客氣。

友人函告某人如何，某事如何，即答以：「大家肯把心眼放大一些，不因事情不盡合己意而即指為惡事，則人世糾紛可減半矣！」發信後，心中仍在不快。

長篇小說越寫越不像話，而索短稿者且多，頗鬱鬱！

晚間屋冷話少，又戒了煙，呆坐無聊，八時即睡。這是值得記下來的一天——沒有一件痛快事！在這樣的日子，連一句漂亮的話也寫不出！為什麼我們沒有偉大的作品哪？哼，誰知道！

二、舊詩與貧血

霧季又到，回教協會邀我和宋之的先生合寫以回教為主題的話劇。我們就寫了《國家至上》。這劇本，在重慶，成都，昆明，大理，香港，桂林，蘭州，恩施，都上演過。它是抗戰文藝中一個成功的作品。因寫這劇本，我結識了許多回教的朋友。有朋友，就不怕窮。我窮，我的生活不安定，可是我並不寂寞。

二十九年冬，因趕寫《面子問題》劇本，我開始患頭暈。生活苦了，營養不足，又加上愛喝兩懷酒，遂患貧血。貧血遇上努力工作，就害頭暈——一低頭就天旋地轉，只好靜臥。這個病，至今還沒好，每年必犯一兩次。病一到，即須臥倒，工作完全停頓！著急，但毫無辦法。有人說，我的作品沒有戰前的那樣好了。我不否認。想想看，抗戰中，我是到處流浪，沒有一定的住處，沒有適當的飯食，而且時時有暈倒的危險，我怎能寫出字字珠璣的東西來呢？

在過去的二年裡，有兩椿事彷彿已在我的生活中占據了地位：一椿是夏天必作幾首舊詩，另一椿是冬天必患頭暈——

對於舊詩，我並沒有下過多少工夫，所以非到極閒在的時節，絕不動它。所謂「極閒在」者，是把遊山玩水的時候也除外，因為在山水之間遊耍，腿腳要動，眼睛要看，心中要欣賞，雖然沒有冗屑纏繞，到底不像北窗高臥那樣連夢也懶得作。況且，名山大川與古蹟名勝，已經被古人諛讚過不知多少次，添上自己一首半首不甚像樣子的詩，只是獻醜而已，大可以不必多此一舉。趕到心中真有所感而詩興大發了，我也是去謅幾行白話詩，即使不能道前人之所未道，到底在形式上言語上還可以不落舊套，寫在紙上或野店的泥壁上多少另有點味道。這樣的連在山水之間都不大作舊詩，手與心便無法不越來越鈍澀，漸漸的彷彿把平仄也分不清楚了似的。

可是，在過去的二年中，我似乎添了個「舊詩季節」。這是在夏天。兩年來，身體總是時常出毛病，不知哪時就拋了錨；所以一入夏便到鄉間去住，以避城市的忙亂，庶幾可以養心。四川的鄉間，不像北方的村莊那樣二三百戶住在一處，而只是三五人家，連個賣酒的小鋪也找不到。要去趕場，才能買到花生米，而場之所在往往是十里以外。要看朋友，也往往須走十里八里。農家男女都有他們自己的工作與生活，可是外人插不進手去：看他們插秧，放牛，拔草，種菜，說笑，只是「看」著而已。有時候，從朝至夕沒地方去說一句話！按說，在這個環境下，就應當埋頭寫作，足不出戶了。但是不行。我是來養心，不是來拚命。即使天天要幹活，也必須有個一定的限制，一天只寫，比如說，一千字；不敢貪多。這樣，寫完了這一千字或五百字，便心無一事，只等日落就寢。到晚間，連個鬼也看不見。在這時節，我的確是「極」閒在了。

人是奇怪的東西，太忙了不好，太閒了也不好。當我完全無事作的時候，身體雖然閒在，腦子卻不能像石頭那樣安靜。眼前的山水竹樹與草舍茅亭都好像逼著我說些什麼；在我還沒有任何具體的表示的時候，我的口中已然哼哼起來。哼的不是歌曲或文章，而是一種有腔無字的詩。我不能停止在這裡，哼著哼著便不由的去想些詞字，把那空的腔調填補起來；結果，便成了詩，舊詩。去夏我作了十幾首，有相當好的，也有完全要不得的。今年夏天，又作了十幾首，差不多沒有一首像樣兒的。我只是那麼哼，哼出字來便寫在紙上，並不擰著眉毛去推敲，因為這本是一時的興之所至，夠自己哼哼著玩的使已滿意，故無須死下工夫也。茲將村居四首寫錄出來，並無「此為樣本」的意思，不過是多少也算生活上的一點微痕而已：

茅屋風來夏似秋，日長竹影引清幽。
山前林木層層隱，雨後溪溝處處流。
偶得新詩書細字，每賒村酒潤閒秋；
中年喜靜非全懶，坐待鵑聲午夜收。

半老無官誠快事，文章為命酒為魂。
深情每視花長好，淺醉唯知詩至尊！
送雨風來吟柳岸，借書人去掩柴門。
莊生蝴蝶原遊戲，茅屋孤燈照夢痕。
中年無望返青春，且作江湖流浪人；
貧未虧心眉不鎖，錢多買酒友相親。
文驚俗子千銖貴，詩寫幽情半日新，
若許太平魚米賤，乾坤為宅置閒身。
歷世於今五九年，願嘗死味懶修仙。
一張苦臉唾猶笑，半老白痴醉且眠。
每到艱危詩入蜀，略知離亂命由天；
若應啼淚須加罪，敢盼來生代杜鵑！——

夏天，能夠住在有竹林的鄉間，喝兩杯白干，諏幾句舊詩，不論怎麼說，總算說得過來。一到冬天，在過去的兩年裡，可就不這麼樂觀了。冬天，我總住在城裡。人多，空氣壞，飲食欠佳，一面要寫文賣錢，一面還要辦理大家委託的事情；於是，由忙而疲，由疲而病；平價米的一些養份顯然是不夠支援這部原本不強健的軀體的。一病倒，諸事擱淺；以吃藥與靜臥代替了寫作與奔走。用不著招急生氣呀，病魔是立意要折磨人的，並不怕我們向它恫嚇與示威啊。病，客觀的來說，會使人多一些養氣的工夫。它用折磨，苦痛，挑動你，壓迫你；你可千萬別生氣，別動肝火，那樣一來，病便由小而大，由大而重，甚至帶著你的生命凱歌而歸。頂好，不抵抗，逆來順受，使它無可如何。多咱它含羞而退，你便勝利了。就是這樣，我總是慢慢的把病魔敷衍走；大半已是春天了。春殘夏到，我便又下了鄉，留著神，試著步，天天寫一點點文章；閒來無事便哼一半首詩。

三、四大皆空

「七七」抗戰後，我由濟南逃出來。北平又像庚子那年似的被鬼子占據了。可是母親日夜惦念的幼子卻跑西南來。母親怎樣想念我，我可以想像得到，可是我不能回去。每逢接到家信，我總不敢馬上拆看，我怕，怕，怕，怕有那不祥的訊息。人，即使活到八九十歲，有母親便可以多少還有點孩子氣。失了慈母便像花插在瓶子裡，雖然還有色有香，卻失去了根。有母親的人，心裡是安定的。我怕，怕，怕家信中帶來不好的訊息，告訴我已是失了根的花草。

去年一年，我在家信中找不到關於老母的起居情況。我疑慮，害怕。我想像得到，若有不幸，家中念我流亡孤苦，或不忍相告。母親的生日是在九月，我在八月半寫去祝壽的信，算計著會在壽日之前到達。信中囑咐千萬把壽日的詳情寫來，使我不再疑慮。十二月二十六日，由文化勞軍的大會上次來，我接到家信。我不敢拆讀。就寢前，我拆開信，母親已去世一年了！

幾天，我不能工作。因為我要作寫家，所以苦了老母，她可是永沒有說過一句怨言。她不識字，每當我回家的時候，她可是總含笑的問：「又寫書哪？」這是最偉大的鼓勵，她情願受苦，絕不攔阻兒子寫書！

生命是母親給我的。我之能長大成人，是母親的血汗灌養的。我之能成為一個不十分壞的人，是母親感化的。我的性格，習慣，是母親傳給的。她一世未曾享過一天福，臨死還吃的是粗糧。唉！還說什麼呢？心痛！心痛！

我到成都，見到齊大的老友們。他們說：齊大在濟南的校舍已完全被敵人占據，大家的一切東西都被劫一空，連校園內的青草也被敵馬嚙光了。

好，除了我、妻、兒女，五條命以外，什麼也沒有了！而這五條命能否有足夠維持的衣食，不至於餓死，還不敢肯定的說。她們的命短呢，她們死；我該歸陰呢，我死。反正不能因為窮困死亡而失了氣節！因愛國，因愛氣節，而稍微狠點心，恐怕是有可原諒的吧？

器物現金算得了什麼呢？將來再買再賺就是了！嘔，恐怕經了這次教訓，就永不購置像樣兒的東西，以免患得患失，也不會再攢錢，即使是子女的教育費。我想，在抗戰勝利以後，有了錢便去旅行，多認識認識國內名山大川，或者比買了東西更有意義。至於書籍，雖然是最喜愛的東西，也不應再自己收藏，而是理應放在公眾圖書館裡的。

第八節　「文牛」與「愚人」

一、文牛

這時候，我已移住白象街新蜀報館。青年會被炸了一部分，宿舍已不再辦。夏天，我下鄉，或去流蕩；冬天便回到新蜀報館，一面寫文章，一面辦理「文協」的事。「文協」也找到了新會所，在張家花園。

物價像發瘋似的往上漲。文人們的生活都非常的困難。我們已不能時常在一處吃飯喝酒了，因為大家的口袋裡都是空空的。「文協」呢有許多會員到桂林和香港去，人少錢少，也就顯著冷落。可是，在重慶的幾個人照常的熱心辦事，不肯教它寂寂的死去。辦事很困難，只要我們動一動，外邊就有謠言，每每還遭受了打擊。我們可是不灰心，也不抱怨。我們諸事謹慎，處處留神。為了抗戰，我們甘心忍受一切的委屈。

我的身體也越來越壞，本來就貧血，又加上時常「打擺子」（川語，管瘧疾叫打擺子），所以頭暈病更加重了。不留神，猛一抬頭，或猛一低頭，眼前就黑那麼一下，老使人有「又要停電」之感！每天早上，總盼著頭不大昏，幸而真的比較清爽，我就趕快的高高興興去研墨，期望今天一下子能寫出兩三千字來。墨研好了，筆也拿在手中，也不知怎麼的，頭中轟的一下，生命成了空白，什麼也沒有了，除了一點輕微的嗡嗡的響聲。這一陣好容易過去了，腦中開始抽著疼，心中煩躁得要狂喊幾聲！只好把筆放下——文人繳械！一天如此，兩天如此，忍心的，耐性的敷衍自己：「明天會好些的！」第三天還是如此，我開始覺得：「我完了！」放下筆，我不會幹別的！是的，我曉得我應當休息，並且應當吃點補血的東西——豆腐、豬肝、豬腦、菠菜、紅蘿蔔等。但是，這年月誰休息得起呢？緊寫慢寫還寫不出香菸錢怎敢休息呢？至於補品，豬肝豈是好惹的東西，而豆腐又一見雙眉緊皺，就是菠菜也不便宜啊。如此說來，理應趕快服點藥，使身體從速好起來。可是西藥貴如金，而中藥又無特效。怎辦呢？到了這般地步，我不能不後悔當初為什麼單單選擇這一門職業了！唱須生的倒了嗓子，唱花旦的損了面容，大概都會明白我的苦痛：這苦痛是來自希望與失望的相觸，天天希望，天天失望，而生命就那麼一天天的白白的擺過去，擺向絕望與毀滅！

　　最痛苦是接到朋友徵稿的函信的時節。朋友不僅拿你當作個友人，而且是認為你是會寫點什麼的人。可是，你須向友人們道歉；你還是你，你也已經不是你——你已不能夠作了！

　　吃的是草，擠出的是牛奶；可是，文人的身體並不和牛一樣壯，怎辦呢？不過，頭暈並沒完全阻止了我的寫作。只要能賺紮著起床，我便拿起筆來，等頭暈得不能坐立，再把它放下。就是在這麼掙扎的情形下，八年中我寫了：

　　鼓詞，十來段。舊劇，四五出。話劇，八本。短篇小說，六七篇。長篇小說，三部。長詩，一部。此外還有許多篇雜文。

　　這點成績，由質上量上說都沒有什麼了不起。不過，把病痛，困苦，與生活不安定，都加在裡面，即使其中並無佳作，到底可以見出一點努力的痕跡來了。

◆二、愚人

書雖出了不少，而錢並沒拿到幾個。戰前的著作大致情形是這樣的：商務的三本（《老張的哲學》，《趙子日》，《二馬》），因滬館與渝館的失去聯絡，版稅完全停付；直到三十二年才在渝重排。《駱駝祥子》，《櫻海集》，《牛天賜傳》，《老牛破車》四書，因人間書屋已倒全無訊息。到三十一年，我才把《駱駝祥子》交文化生活出版社重排。《牛天賜傳》到最近才在渝出版。《櫻海集》與《老牛破車》都無機會在渝付印。其餘的書的情形大略與此相同，所以版稅收入老那麼似有若無。在抗戰中寫的東西呢，像鼓詞，舊劇等，本是為宣傳抗戰而寫的，自然根本沒想到收入。話劇與鼓詞，目的在學習，也談不到生意經。只有小說能賣，可是因為學寫別的體裁，小說未能大量生產，收入就不多。

我的資本很小，紙筆墨硯而已。我的生活可以按照自己的意思安排，白天睡，夜裡醒著也好，晝夜不睡也可以；一日三餐也好，八餐也好！反正我是在我自己的屋裡操作，別人也不能敲門進來，禁止我把腳放在桌子上。專憑這一點自由，我就不能不滿意我的職業。況且，寫得好吧歹吧，大致都能賣出去，喝粥不成問題，倒也逍遙自在；雖然因此而把妒忌我的先生們鼻子氣歪，我也沒法子代他們去搬正！

可是，在近幾個月來，也不知怎麼我也失去了自信，時時不滿意我的職業了。這是吉是凶，且不去管，我只覺得「不大是味兒」！心裡很不好過！

我的職業是「寫」。只要能寫，就萬事亨通。可是，近來我寫不上來了！問題嚴重得很，我不曉得生了娃娃而沒有奶的母親怎樣痛苦，我可是曉得我比她還更痛苦。沒有奶，她可以僱乳孃，或買代乳粉，我沒有這些便利。寫不出就是寫不出，找不到代替品與代替的人。

天天能寫一點，確實能覺得很自由自在，趕到了一點也寫不出的時節呀，哈哈，你便變成世界上最痛苦的人！你的自由，閒在，正是你的刑罰；你一分鐘一分鐘無結果的度過，也就每一分鐘都如坐針氈！你不但失去工作與報酬，你簡直失去了你自己！

夏天除了陰雨，我的臥室兼客廳兼飯堂兼浴室兼書房的書房，熱得老像一隻大火爐。夜間一點鐘以後，我才能勉強的進去睡。睡不到四個小時，我就必須起來，好乘早涼兒工作一會兒；一過午，屋內即又放烤爐。一夏天，我沒有睡足。睡不足，寫的也就不多，一拿筆就覺得困啊。我很著急，但是想不出辦法。縉雲山上必定涼快，誰去得起呢！

不過，寫作的成績雖不好，收入也雖欠佳，可是我到底學習了一點新的技巧與本事。這就「不虛此寫」！一個文人本來不是商人，我又何必一定老死盯著錢呢？沒有餓死，便是老天爺的保佑；若專算計金錢，而忘記了多學習，多嘗試，則未免掛羊頭而賣狗肉矣。我承認八年來的成績欠佳，而不後悔我的努力學習。我承認不計較金錢，有點愚蠢，我可也高興我肯這樣愚蠢；天下的大事往往是愚人幹出來的。

有許多去教書的機會，我都沒肯去：一來是，我的書籍，存在了濟南，已全部丟光；沒有書自然沒法教書。二來是，一去教書，勢必就耽誤了亂寫，我不肯為一點固定的收入而隨便擱下筆。筆是我的武器，我的資本，也是我的命。

三、文藝與木匠

一位木匠的態度，據我看：(一)要作個好木匠；(二)雖然自己已成為好木匠，可是絕不輕看皮匠、鞋匠、泥水匠，和一切的匠。

此態度適用於木匠，也適用於文藝寫家。我想，一位寫家既已成為寫家，就該不管怎麼苦，工作怎樣繁重，還要繼續努力，以期成為好的寫家，更好的寫家，最好的寫家。同時，他須認清：一個寫家既不能兼作木匠、瓦匠，他便該承認五行八作的地位與價值，不該把自己視為至高無上，而把別人踩在腳底下。

我有三個小孩。除非他們自己願意，而且極肯努力，作文藝寫家，我絕不鼓勵他們，因為我看他們作木匠、瓦匠、或作寫家，是同樣有意義的，沒有高低貴賤之別。

假若我的一個小孩決定作木匠去，除了勸告他要成為一個好木匠之外，我大概不會絮絮叨叨的再多講什麼，因為我自己並不會木工，無須多說廢話。

假若他決定去作文藝寫家，我的話必然的要多了一些，因為我自己知道一點此中甘苦。

第一，我要問他：你有了什麼準備？假若他回答不出，我便善意的，雖然未必正確的，向他建議：你先要把中文寫通順了。所謂通順者，即字字妥當，句句清楚。假若你還不能作到通順，請你先去練習文字吧，不要開口文藝，閉口文藝。文字寫通順了，你要「至少」學會一種外國語，給自己多添上一雙眼睛。這樣，中文能寫通順，外國書能念，你還須去生活。我看，你到三十歲左右再寫東西，絕不算晚。

第二，我要問他：你是不是以為作家高貴，木匠卑賤，所以才舍木工而取文藝呢？假若你存著這個心思，我就要毫不客氣的說：你的頭腦還是科舉時代的，根本要不得！況且，去學木工手藝，即使不能成為第一流的木匠，也還可以成為一個平常的木匠，即使不能有所創造，還能不失規矩的仿製；即使供獻不多，也還不至於糟踏東西。至於文藝呢，假若你弄不好的話，你便糟踐不知多少紙筆，多少時間——你自己的，印刷人的，和讀者的；罪莫大焉！你看我，已經寫作了快二十年，可有什麼成績？我只感到愧悔，沒有給人蓋成過一間小屋，作成過一張茶几，而只是浪費了多少紙筆，誰也不曾得到我一點好處？高貴嗎？啊，世上還有高貴的廢物嗎？

第三，我要問他：你是不是以為作寫家比作別的更輕而易舉呢？比如說，作木匠，須學好幾年的徒，出師以後，即使技藝出眾，也還不過是默默無聞的匠人；治文藝呢，你可以用一首詩，一篇小說，而成名呢？我告訴你，你這是有意取巧，避重就輕。你要知道，你心中若沒有什麼東西，而輕巧的以一詩一文成了名，名適足以害了你！名使你狂傲，狂傲即近於自棄。名使你輕浮、虛偽。文藝不是輕而易舉的東西，你若想借它的光得點虛名，它會極厲害的報復，使你不但挨不近它的身，而且會把你一腳踢倒在塵土上！得了虛名，而丟失了自己，最不上算。

第四，我要問他：你若幹文藝，是不是要幹一輩子呢？假若你只幹一年半載，得點虛名便閃躲開，藉著虛名去另謀高就，你便根本是騙子！我寧願你死了，也不忍看你作騙子！你須認定：幹文藝並不比作木匠高貴，可是比作木匠還更艱苦。

在文藝裡找慈心美人，你算是看錯了地方！

第五，我要告訴他：你別以為我幹這一行，所以你也必須來個「家傳」。世上有用的事多得很，你有擇取的自由。我並不輕看文藝，正如跟我不輕看木匠。我可是也不過於重視文藝，因為只有文藝而沒有木匠也成不了世界。我不後悔幹了這些年的筆墨生涯，而只恨我沒能成為好的寫家。作官教書都可以辭職，我可不能向文藝遞辭呈，因為除了寫作，我不會幹別的；已到中年，又極難另學會些別的。這是我的痛苦，我希望你別再來一回。不過，你一定非作寫家不可呢，你便須按著前面的話去準備，我也不便絕對不同意，你有你的自由。你可得認真的去準備啊！

第九節　在北碚

一、北碚

北碚是嘉陵江上的一個小鎮子，離重慶有五十多公里，這原是個很平常的小鎮市；但經盧作孚與盧子英先生們的經營，它變成了一個「試驗區」。在抗戰中，因有許多學校與機關遷到此處，它又成了文化區。市面自然也就跟著繁榮起來。它有整潔的旅舍，相當大的飯館，浴室，和金店銀行。它也有公園，體育場，戲館，電燈，和自來水。它已不是個小鎮，而是個小城。它的市外還有北溫泉公園，可供遊覽及游泳；有山，山上住著太虛大師與法尊法師，他們在縉雲寺中設立了漢藏理學院，教育年青的和尚。

二十八、二十九兩年，此地遭受了轟炸，炸去許多房屋，死了不少的人。可是隨炸隨修。它的市容修改得更整齊美麗了。這是個理想的住家的地方。具體而微的，凡是大都市應有的東西，它也都有。它有水路，旱路直通重慶，百貨可以源源而來。它的安靜與清潔又遠非重慶可比。它還有自己的小小的報紙呢。

林語堂先生在這裡買了一所小洋房。在他出國的時候，他把這所房交給老向先生與「文協」看管著。因此，一來這裡有許多朋友，二來又有住處，我就常常來此玩玩。在復旦，有陳望道，陳子展，章靳以，馬宗融，洪深，趙松慶，伍蠡甫，方令孺諸位先生；在編譯館，有李長之，梁實秋，隋樹森，閻金鍔，老向諸位先生；在禮樂館，有楊仲子，楊蔭瀏，盧前，張充和諸位先生；此處還有許多河北的同鄉；所以我喜歡來到此處。雖然他們都窮，但是輪流著每家吃一頓飯，還不至於教他們破產。

二、《火葬》

在抗戰中，因為忙，病，與生活不安定，很難寫出長篇小說來。連短篇也不大寫了，這是因為忙，病，與生活不安定之外，還有稍稍練習寫話劇及詩等的緣故。從一九三八年到一九四三年，我只寫了十幾篇短篇小說，收入《火車集》與《貧血集》。《貧血集》這個名字起得很恰當，從一九四〇年冬到現在（一九四四年春），我始終患著貧血病。每年冬天只要稍一勞累，我便頭昏；若不馬上停止工作，就必由昏而暈，一抬頭便天旋地轉。天氣暖和一點，我的頭昏也減輕一點，於是就又拿起筆來寫作。按理說，我應當拿出一年半載的時間，作個較長的休息。可是，在學習上，我不肯長期偷懶；在經濟上，我又不敢以借債度日。因此，病好了一點，便寫一點；病倒了，只好「高臥」。於是，身體越來越壞，作品也越寫越不像話！在《火車》與《貧血》兩集中，慚愧，簡直找不出一篇像樣子的東西！

三十一年夏天，我又來到北碚，寫長篇小說《火葬》，從這一年春天，空襲就很少了；即使偶爾有一次，北碚也有防空洞，而且不必像在重慶那樣跑許多路。

天奇暑，乃五時起床，寫至八時即止，每日可得千餘字。本擬寫中篇，但已得五六萬字，仍難收筆，遂改作長篇。九月尾，已獲八萬餘字，決於雙十日完卷，回渝。十月四日入院割治盲腸，一切停頓。二十日出院，仍須臥床靜養。時家屬已由北平至寶雞；心急而身不能動，心乃更急。賴友好多方協助，家屬於十一月中旬抵碚。二十三日起緩緩補寫小說；傷口平復，又患腹疾，日或僅成三五百字。十二月十一日寫完全篇，約十一萬字，是為《火葬》。它要告訴人們，在戰爭中敷衍與怯懦怎麼恰好是自取滅亡。

五年多未寫長篇，執筆即有畏心；越怕越慌，致失去自信。天氣奇暑，又多病痛，非極勉強的把自己機械化了，便沒法寫下去。可是，把身心都機械化了，是否能寫出好作品呢？過度的勉強，使寫作變成苦刑。我吸菸，喝茶，愣著，擦眼鏡，在屋裡亂轉，著急，出汗，而找不到我所需要的字句。勉強得到幾句，絕對不是由筆中流出來的，而是硬把文字堆砌起來的破磚亂瓦，是沒法修改的，最好的方法是把紙撕掉另寫。另寫麼？我早已精疲力盡！只好勉強的留下那些破爛兒吧。這不是文藝創作，而是由夾棍夾出來的血！故事的地方背景是由我心裡鑽出來的。我要寫一個被敵人侵占了的城市，可是抗戰數年來，我並沒有在任何淪陷區住過。只好瞎說吧。這樣一來，我的「地方」便失去讀者連那裡的味道都可以聞見的真切。

我想多方面地去寫戰爭，可是我到處碰壁，大事不知，小事知而不詳。我沒有足以深入的知識與經驗。我只畫了個輪廓，而沒能絲絲入扣的把裡面填滿。

有人說我寫東西完全是碰，碰好，就好；碰壞，就壞，因為我寫的有時候相當的好，有時候極壞。我承認我有時候寫得極壞，但否認瞎碰。文藝不是能瞎碰出來的東西。作家以為好的，讀者未必以為好，見仁見智，正自不易一致。不過，作者是否用了心，他自己卻知道得很清楚。像《火葬》這樣的作品，要是擱在抗戰前，我一定會請它到字紙簍中去的。現在，我沒有那樣的勇氣。這部十萬多字的小說，一共用了四個多月的光陰。光陰即便是白用，可是飯食並不白來，十行紙——連寫抄副本——用了四刀，約計一百元。墨一錠，一百二十元——有便宜一點的，但磨到底還是白的。筆每枝只能寫一萬上下字，十枝至少須用二百元。求人抄副本共用了一千一百元。請問：下了這麼大的本錢，我敢輕於去丟掉麼？我知道它不好，可是沒法子不厚顏去發表。我並沒瞎碰，而是作家的生活碰倒了我！這一點宣告，我並不為求人原諒我自己，而是為教大家注意一點作家的生活應當怎樣改善。假若社會上還需要文藝，大家就須把文藝作家看成個也非吃飯喝茶不可的動物。抗戰是艱苦的，文人比誰都曉得更清楚，但是在稿費比紙筆之費還要少的情形下，他們也只好去另找出路了。

三、盲腸與家計

十月初，我得了盲腸炎，這個病與瘧疾，在抗戰中的四川是最流行的；大家都吃平價米，裡邊有許多稗子與稻子。一不留神把它們嚥下去，入了盲腸，便會出毛病。空襲又多，每每剛端起飯碗警報器響了；只好很快的抓著吞嚥一碗飯或粥，顧不得細細的挑挑選，於是盲腸炎就應運而生。

我入了江蘇醫院。外科主任劉玄三先生親自動手。他是北方人，技術好，又有個熱心腸。可是，他出了不少的汗。找了三個鐘頭才找到盲腸。我的胃有點下垂，盲腸挪了地方，倒彷彿怕受一刀之苦，而先藏躲起來似的。經過還算不錯，只是外邊的縫線稍粗（戰時，器材缺乏），創口有點出水，所以多住了幾天院。

我還沒出院，家眷由北平逃到了重慶。只好教他們上北碚來。我還不能動。多虧史叔虎，李效闇兩位先生——都是我的同學——設法給他們找車，他們算是連人帶行李都來到北碚。

從這時起，我就不常到重慶去了。交通越來越困難，物價越來越高：進一次城就彷彿留一次洋似的那麼費錢。除了「文協」有最要緊的事，我很少進城。

妻絜青在編譯館找了個小事，月間拿一石平價米，我照常寫作，好歹的對付著過日子。

按說，為了家計，我應去找點事作。但是，一個閒散慣了的文人會作什麼呢？不要說別的，假若從武漢撤退的時候，我若只帶二三百元（這不會太難籌）的東西，然後一把搗一把的去經營，總不定我就會成為百萬之富的人。有許多人，就是這樣的發了財的。但是，一個人只有一個腦子，要寫文章就顧不得作買賣，要作生意就不用寫文章。腦子之外，還有志願呢。我不能為了金錢而犧牲了寫作的志願。那麼，去作公務人員吧？也不行！公務人員雖無發國難財之嫌，可是我坐不慣公事房。去教書呢，我也不甘心。教我放下毛筆，去拿粉筆，我不情願。我寧可受苦，也不願改行。往好裡說，這是堅守自己的職位；往壞裡說，是文人本即廢物。隨便怎麼說吧，我的老主意。

我戒了酒。在省錢而外，也是為了身體。酒，到此時才看明白，並不幫忙寫作，而是使腦子昏亂遲鈍。

我也戒菸。這卻專為省錢。

四、習作二十年——我的話劇

當我開始寫小說的時候，我並不明白什麼是小說。同樣的，當我開始寫劇本的時候，我也並不曉得什麼是戲劇。

到寫劇本的時候，我已經四十歲了。在文字上，經過十多年的練習，多少熟練了一些；在生活經驗上，也當然比從前更富裕了許多。仗著這兩件工具——文字與生活經驗——我就大膽地去嘗試。

我的第一個劇本，《殘霧》，只寫了半個月。

劇本既能被演出，而且並沒慘敗，想必是於亂七八糟之中也多少有點好處。想來想去，想出兩點來，以為敝帚千金的根據：(一)對話中有些地方頗具文藝性——不是闆闆的只支援故事的進行，而是時時露出一點機智來。(二)人物的性格相當的明顯。

因為《殘霧》的演出，天真的馬宗融兄封我為劇作家了。他一定教我給回教救國協會寫一本宣傳劇。我沒有那麼大的膽子，因為自己知道《殘霧》的未遭慘敗完全是瞎貓碰著了死耗子。說來說去，情不可卻，我就拉出宋之的兄來合作。我們倆就寫了《國家至上》。在宣傳劇中，這是一本成功的東西，它有人物，有情節，有效果，又簡單易演。這齣戲在重慶演過兩次，在昆明、成都、大理、蘭州、西安、桂林、香港，甚至於西康，也都上演過。在重慶上演，由張瑞芳女士擔任女主角；回教的朋友們看過戲之後，甚至把她喚作「我們的張瑞芳」了！

此劇的成功，當然應歸功於宋之的兄，他有寫劇的經驗，我不過是個「小學生」。可是，我也很得意——不是欣喜劇本的成功，而是覺得抗戰文藝能有這麼一點成績，的確可以堵住那些說文藝不應與抗戰結合者的嘴，這真應浮之大白！去年，我到大理，一位八十多歲的回教老人，一定要看看《國家至上》的作者，而且求我給他寫幾個字，留作紀念。回漢一向隔膜，有了這麼一齣戲，就能發生這樣的好感，誰說文藝不應當負起宣傳的任務呢？

張自忠將軍殉國後，軍界的朋友託我寫一本《張自忠》。這回，我賣了很大的力氣，全體改正過五次，可是，並沒能寫好。

《面子問題》還是吃了不管舞臺的虧。

《大地龍蛇》中的思想，頗費了我一些心血去思索。其結構則至為幼稚。

《歸去來兮》四平八穩，沒有專顧文字而遺忘了技巧，雖然我也沒太重視技巧。

《誰先到了重慶》這本戲，彷彿可拿出一點技巧來。

《桃李春風》雖然得過獎，裡面缺欠可實在不少。此劇系與趙清閣先生合寫的，上演時的修正，都是由他執筆的，那時節我正臥病北碚。

劇本是多麼難寫的東西啊！動作少，失之呆滯；動作多，失之蕪亂。文字好，話劇不真；文字劣，又不甘心。顧舞臺，失了文藝性；顧文藝，丟了舞臺。我看哪，還是去寫小說吧，寫劇太不痛快了！處處有限制，腕上如戴鐵鐐，簡直是自找苦頭吃！自然，我也並不後悔把時間與心血花在了幾個不成劇本的劇本上：吃苦原來就是文藝修養中當然的條件啊！

五、二十年紀念會

三十三年四月十六日，「文協」開年會。第二天，朋友們給我開了寫作二十年紀念會，到會人很多，而且有朗誦，大鼓，武技，相聲，魔術等遊藝節目。有許多朋友給寫了文章，並且送給我禮物。到大家教我說話的時候，我已泣不成聲。我感激大家對我的愛護，又痛心社會上對文人的冷淡，同時想到自己的年齡加長，而碌碌無成，不禁百感交集，無法說出話來。

這卻給我以很大的鼓勵。我知道我寫作成績並不怎麼好；友人們的鼓勵我，正像鼓勵一個拉了二十年車的洋車伕，或辛苦了二十年的郵差，雖然成績欠佳，可是始終盡責不懈。那麼，為酬答友人的高情厚誼，我就該更堅定的守住職位，專心一志的去寫作，而且要寫得用心一些。我決定把《四世同堂》寫下去。這部百萬字的小說，即使在內容上沒什麼可取，我也必須把它寫成，成為從事抗戰文藝的一個較大的紀念品。

六、《四世同堂》

我開始計劃寫一部百萬字的長篇小說。一百萬字，我想，能在兩年中寫完；假若每天能照準寫一千五百字的話。三十三年元月，我開始寫這長篇——就是《四世同堂》。

可是，頭昏與瘧疾時常來搗亂。到三十三年年底，我才只寫了三十萬字。這篇東西大概非三年寫不完了。

北碚雖然比重慶清靜，可是夏天也一樣的熱。我的臥室兼客廳兼書房的屋子，三面受陽光的照射，到夜半熱氣還不肯散，牆上還可以烤麵包。我睡不好。睡眠不足，當然影響到頭昏。屋中坐不住，只好到室外去，而室外的蚊子又大又多，扇不停揮，它們還會乘機而入，把瘧蟲注射在人身上。「打擺子」使貧血的人更加貧血。

三十三年這一年又是戰局最黑暗的時候，中原，廣西，我們屢敗；敵人一直攻進了貴州。這使我憂慮，也極不放心由桂林逃出來的文友的安全。憂慮與關切也減低了我寫作的效率。我可是還天天寫作。除了頭昏不能起床，我總不肯偷懶。

三十四年，我的身體特別壞。年初，因為生了個小女娃娃，我睡得不甚好，又患頭暈。春初，又打擺子。以前，頭暈總在冬天。今年，夏天也犯了這病。秋間，患痔，拉痢。這些病痛時常使我放下筆。本想用兩年的工夫把《四世同堂》寫完，可是到三十四年年底，只寫了三分之二。這簡直不是寫東西，而是玩命！

第十節　望北平

抗戰勝利了，我進了一次城。按我的心意，「文協」既是抗敵協會，理當以抗戰始，以勝利終。進城，我想結束結束會務，宣布解散。朋友們可是一致的不肯使它關門。他們都願意把「抗敵」取銷，成為永久的文藝協會。於是，大家開始籌備改組事宜，不久便得社會部的許可，發下許可證。

關於復員，我並不著急。一不營商，二不求官，我沒有忙著走的必要。八年流浪，到處為家；反正到哪裡，我也還是寫作，幹嘛去擠車擠船的受罪呢？我很想念家鄉，這是當然的。可是，我既沒錢去買黑票，又沒有衣錦還鄉的光榮，那麼就教北平先等一等我吧。寫了一首「鄉思」的七律，就拿它結束這段「八方風雨」吧：

茫茫何處話桑麻？破碎山河破碎家；
一代文章千古事，餘年心願半庭花！
西風碧海珊瑚冷，北嶽霜天羚角斜；
無限鄉思秋日晚，夕陽白髮待歸鴉！

第五章　旅美譯介

第一節　旅美觀感

我們必須要使美國朋友們能夠真正了解我們的老百姓，了解我們的文化。

◆一、美國「人」與「劇」

與曹禺兄從三月二十日抵西雅圖，至今未得閒散，我是第一次來到美國，到現在止，我只到過四個美國的大城市：西雅圖，芝加哥，華盛頓和紐約。

在芝加哥停留四天，我感到美國人非常熱情，和藹，活潑，可愛。有一天在華盛頓的街上，我向一位婦女問路，她立刻很清楚地告訴我，當我坐進汽車，關上車門，快要開車的時候，她還極懇切地囑咐司機，要司機好好替我開到目的地。

我也遇見曾經到過中國的美國教授，士兵和商人，這些人對於中國的印象都很好，他們都說喜歡中國人，仍然想回到中國。我們不要聽到這種話就「受寵若驚」，我們應該了解我們自己也是世界人，我們也是世界的一環，我們必須要使美國朋友們能夠真正了解我們的老百姓，了解我們的文化。在今天，許多美國人所了解的不是今日的中國人，而是千百年前的唐宋時代的中國人，他們對於唐詩，宋詞都很欣賞。但是我也曾看見一位研究中國古畫的畫家，在他的作品中，有一幅畫，他把中國的長城畫到黃河以南來了，實在令人可笑。

中美兩國都有愛好和平的精神，中美兩國實在應該聯合起來。不過，要請各位注意的，我所說的聯合起來是沒有政治意義的，只是說中美兩國的文化要聯合起來，發揚兩國人民愛好和平的精神。

我們對外的宣傳，只是著重於政治的介紹，而沒有一個文化的介紹，我覺得一部小說與一部劇本的介紹，其效果實不亞於一篇政治論文。過去我們曾經向美國介紹中國宋詞、康熙瓷瓶，這最多隻是使美國人知道我們古代在文學藝術上的成就，但卻不能使他們了解今日中國文化情形。我覺得中國話劇在抗戰期間實在有成就，並不是拿不出的東西，這些話劇介紹給美國，相信一定會比宋詞、康熙瓷瓶更有價值，更受歡迎。

不要以為美國人的生活是十分圓滿的，在美國全國也有許多困難的問題，比如勞資糾紛，社會不安。我們也要研究他們社會不安的原因，作為改進我們自己社會不景現象的參考。我們不要過分重視別人，輕視自己，也不要過分重視自己，輕視別人。

由西雅圖，到華盛頓，再到紐約，一路走馬看花，已共看了兩次舞劇，三次廣播劇，兩次音樂劇和八次話劇。曹禺兄看得更多一些。在我看，美國的戲劇，在演技與裝置上，是百老匯勝於他處；但在思想上和嘗試上，各處卻勝於百老匯。百老匯太看重了錢。至於演技與劇本，雖然水平相當的高，可並無驚人之處。老實說，中國話劇，不論在劇本上還是在演技上，已具有了很高的成就。自然我們還有許多缺陷，但是假若我們能有美國那樣的物質條件，與言論自由，我敢說：我們的話劇絕不弱於世界上任何人。

到美國之前，即決定以「殺車法」應付一切，以免開足馬力，致身心交敗；美人生活以「忙」著名，而弟等身體如重慶之舊汽車，必有吃不消者。但雙腳一踐美土，「殺車」即不大靈；如小魚落急流中身不由己，欲慢而不能；遂亦隨遇而安，且戰且走，每每頭昏眼花。

二、「大雜樓」

在此一年半了。去年同曹禺到各處跑跑，開開眼界。今年，剩下我一個人，打不起精神再去亂跑，於是就悶坐鬥室，天天多吧少吧寫一點——《四世同堂》的第三部。洋飯吃不慣，每日三餐只當作吃藥似的去吞嚥。住處難找，而且我又不肯多出租錢，於是又住在大雜院裡——不，似應說大雜「樓」裡。不過，一想起抗戰中所受的苦處，一想起國內友人們現在的窘迫，也就不肯再呼冤；有個床能睡覺，還不好嗎？最壞的是心情。假如我是個翩翩少年，而且袋中有冤孽錢，我大可去天天吃點喝點好的，而後汽車兜風，舞場扭腚，樂不思蜀。但是，我是我，我討厭廣播的嘈雜，大腿戲的惡劣，與霓虹燈爵士樂的刺眼灼耳。沒有享受，沒有朋友閒談，沒有茶喝。於是也就沒有詩興與文思。寫了半年多，「四世」的三部只成了十萬字！這是道地受洋罪！

我的肚子還時時跟我搗亂；懶得去診治，在這裡，去見個醫生比見希特勒還難；嘔，原諒我，我以為那個惡魔還活著呢！痔瘡也不減輕，雖然天天坐洋椅子！頭還是常常發昏。誰管它呢，這年月，活著死去好像都沒有多少區別。假若一旦死去，胃，頭，痔不就一下子都好了麼？

多想寫一點旅美雜感，可是什麼事都非三天兩天能看明白的，總寫些美國月亮如何的光明，有什麼意思呢？寫雜感也須讀許多書，我的頭昏，讀不下書去。

酒可不大吃了。吃一點，因為頭昏，就會醉；爽興不吃。沒有醇酒，似乎也就沒有婦人；也好，這樣可以少生是非。

百老匯的戲，有時候有一兩出好的，看看還過癮。至於電影，紐約所有的好電影，全是英國的，法國的，與義大利的。好萊塢是有人才，而不作好電影，連我都替他們著急。最近紐約一城，即有四五部英國電影，都是連映好幾個星期！

物價不得了！比起去年來，大概現在的一元只當去年的半元了！什麼都漲價，天天漲；看得過去的皮鞋已經十五元一雙了。在重慶時，我就穿不起皮鞋，難道在美國也得光腳麼？北平諺云「光腳的不怕穿鞋的」。好，這倒也有個意義，請捉摸捉摸看！

第二節　寫與譯

一、雅斗

一九四六年九月裡，我在雅斗（YADDO）。雅斗是美國紐約省的一所大花園，有一萬多畝地。園內有松林、小湖、玫瑰圃、樓館，與散在松蔭下的單間書房。此園原為私產。園主是財主，而喜藝術。他死後，繼承人們組織了委員會，把園子作為招待藝術家創作的地方。這是由一九二六年開始的，到現在已招待過五百多位藝術家。招待期間，客人食宿由園中供給。

園林極美，地方幽靜。這的確是安心創作的好地點。當我被約去住一個月的時候，史沫特萊正在那裡撰寫朱德總司令傳。

客人們吃過早飯，即到林蔭中的小書房去工作。遊園的人們不得到書房附近來，客人們也不得湊到一處聊天。下午四點，工作停止，客人們才到一處，或打球，或散步，或划船。晚飯後，大家在一處或閒談，或下棋，或跳舞，或喝一點酒。這樣，一個月裡，我差不多都能見到史沫特萊。

有一次，我們到市裡去吃飯，(雅斗園距市裡有二英哩，可以慢慢走去)看見鄰桌坐著一男一女兩位黑人。坐了二十分鐘，沒有人招呼他們。女的極感不安，想要走出去，男的不肯。史沫特萊過去把他們讓到我們桌上來，同時叫過跑堂的質問為什麼不伺候黑人。那天，有某進步的工會正在市裡開年會，她準備好，假若跑堂的出口不遜，她會馬上去找開會的工人代表們，來興師問罪。幸而，跑堂的見她聲色俱厲，在她面前低了頭；否則，那天會出些事故的。

在雅斗的時候，我跟她談到那時候國內文藝作家的貧困。她馬上教我起草一封信，由她打出多少份，由她寄給美國的前進作家們。結果，我收到了大家的獻金一千四百多元，存入銀行。我沒法子匯寄美金，又由她寫信給一位住在上海的友人，教她把美金交給那時候的「文協」負責人。她的熱心、肯受累、肯負責，令人感動、感激。

◆ 二、遲歸

紐約多雪，一冬極寒，今晨又正落雪！

「四世」已快寫完，因心情欠佳，殊不滿意。

定於三月中回國，是否能按時回去，當不可知。

（一九四八年三月四日致高克毅）

我又申請延展留美六個月，尚無迴音；假若得不到允許，即將回國了。

◆ 三、代理人

親愛的勞埃得先生：

舒舍予先生（即老舍，《駱駝祥子》的作者）正在尋找新的代理人。眼下休伊特．赫芡是他的代理人，但她由於家務繁重，可能要減少委託工作量，甚至可能要放棄這一工作。舒先生請我們給他推薦一位代理人，我認為你是很理想的人選。舒先生人很文靜、十分靦腆，還很不適應這裡的生活環境。

目前，他正在翻譯一部長篇小說，名字叫《四世同堂》。由於下面一些原因，他的事情正處於混亂狀態。或許，我最好先給你簡單談一下問題的癥結所在。

他的作品的譯者伊文．金（筆名），在沒和他打招呼的情況下，翻譯了《駱駝祥子》。該書經雷諾和希契科克公司出版後，你可能也知道，入選為「每月佳書」。但在相當一段時間裡，舒先生沒有收到任何報酬。我猜想，當時他可能不知道那本書取得了這麼好的效果，甚至可能根本不知道這本書已經出版了。後來，還是在朋友們的幫助下，他才分享到百分之五十的版權稅。

去年，林語堂的二女兒林太乙想翻譯舒先生早期的一本小說《離婚》，因為約翰德不知道他們此舉和舒先生與雷諾和希契科克公司的出版計劃相衝突，結果這一設想就流產了。與此同時，伊文·金返回中國後生了一場大病，在住院恢復期間，他著手翻譯了《離婚》。開始的時候，翻譯工作似乎進行得還順利，他好像也很為舒先生著想。但後來，使舒先生十分不安的是，他發現伊文·金的譯文在許多重要方面大大偏離了原著，結尾則和原著完全不同。事實上，他對伊文·金在翻譯《駱駝祥子》時擅自進行改動本來就十分不滿。因此，當他發現伊文·金又故技重演時，他感到無法容忍這件事，並且拒絕承認伊文·金的工作。伊文·金先生變得極為粗暴，他告訴舒先生他（伊文·金）有權獲得全部版權收入。他還說，照他看來，要不是他在翻譯過程中對原著做了進一步完善，舒先生的著作根本一文不值。他還透過律師恫嚇過舒先生。金先生眼下大概在佛羅里達，或在其他什麼地方療養，但我看他再也不會恢復成一個好人了。雷諾和希契科克公司曾向舒先生施加過很大的壓力，堅持要出版《離婚》一書，但在目前這種情況下，他們當然不可能繼續出版該書。他們也試圖另外找人重譯，但未能成功。在這期間，既然《離婚》成了一起懸案，舒先生便和艾達·浦愛德小姐一起，著手翻譯他的另一部長篇小說《四世同堂》。他們給人看了這本書前十章的譯稿。據我所知，正在氣頭上的尤金·雷諾先生說，當《離婚》還在懸而未決時，他不願意再惹麻煩。因此，舒先生問過我是否還要繼續翻譯下去，我看過他們的譯稿，我認為翻得不錯，書的前景應當很好。可能不用我說你也知道，舒先生是當代中國最重要的作家，所以我建議他和艾達·浦愛德小姐繼續翻譯下去，事實上，他們取得了很不錯的進展。另外，為了讓他能完成這一工作，我還幫助舒先生延長了他的簽證。他現在回國也很不安全，因為他是個著名的民主人士，回去後不是被殺，至少也得被捕進監獄。

我建議，如果你能像我所希望的那樣，接受舒先生作為你的委託人的話，你們應該就他的事好好談一談。我們也應該見一見約翰德先生，我覺得他應該得到周到的照料，他有些神經過敏，而且不善於辭令。雖然尤金·雷諾先生一點也不了解他，但約翰德先生本人仍會堅持出版界的一些最強硬的職業道德觀念。任何變動都應當徵求舒先生的意見，並經過他同意。

以上大致包括了一些主要問題，你和舒先生談過之後，會詳細地了解到更多的情況。

你真誠的

理查·沃爾什夫人

（一九四八年四月六日致勞埃得）

收到沃爾什夫人的信，她說要代我給您寫信。是否能給我打個電話，安排個見面時間。

四、譯《四世同堂》

（一九四八年五月四日致勞埃得）

休伊特·赫茨已辭去《離婚》出版代理人一職。我已經指定大衛·勞埃得先生作為出版代理人，並委託他處理一切有關這部書的版權問題。這部書的版權不屬於雷諾和希契科克出版公司。

（一九四八年四月二十二日致勞埃得）

關於繼續出版我小說的英譯本的問題，我唯一感興趣的是目前我正和浦愛德小姐合譯的一部長篇。這是一部長達一百萬漢字的小說，前兩部分已在上海出版，第三部分還在寫，希望能在兩個月內趕出來。書中講的是八年抗戰時期北京的事。就我個人而言，我自己非常喜歡這部小說，因為它是我從事寫作以來最長的，可能也是最好的一本書。至於出英文版，我覺得很有必要作一些刪節，至少去掉二十萬字。

雖然有一次阿穆森先生讓我和雷諾先生簽個合約，但到目前為止，我尚未和任何人為出版此書達成協議。如果我們能找到其他人出版，我當然也很高興。

浦愛德小姐出生在中國。她出版過兩本擁有版權的關於中國的書。她看不懂中文，但聽得懂。我把小說一段一段地唸給她聽，她可以馬上譯成英文，這是我很願意與她一起工作的原因。

然而，她也有不足之處。比如，為了盡可能多地保持中國味兒，她常把英文弄得很不連貫。我給赫茨小姐看翻譯稿的前十章時，她告訴我最好立刻停止和浦愛德小姐一起幹。她認為浦愛德小姐的英文很怪，她說如果我繼續和浦愛德小姐一起翻譯下去，就有必要請第三者對文字再進行潤色。如果真是那樣，事情就複雜了。這恐怕也是雷諾先生認為簽約還為時過早的理由。

為了這件事，我徵求過沃爾什夫人的意見。她看完前十章後，認為我還可以繼續同浦愛德小姐一起工作。她還說她很喜歡這個故事，文字上的問題可以交給一位稱職的編輯去處理

（一九四八年七月十六日致勞埃得）

我要到鄉下去住幾天，大概七月二十四日返回。

從鄉下回來後，再有兩週的時間，我就能和浦愛德小姐一起翻譯完我的那部長篇小說。

您能在我去鄉下的期間和浦愛德小姐談談嗎？我要在場的話，恐怕她有許多不便開口之處。

如果她不同意百分之十五的分成比例，我們可以給她百分之二十，尊意如何？

至於那篇短篇小說，我看我們先別去管它，因為瓊小姐已收到過三次了。但假如我們把它送給哈珀雜誌（Harper）或是其他您知道的雜誌，您看怎麼樣？——

（一九四八年七月二十一日致勞埃得）

雷諾和希契科克出版公司的阿穆森先生剛從鄉下回來。他在那裡花了三個星期的時間看完了《離婚》，併作了些小小的修改。昨天他來電話說這部書的出版工作可於一九四八年十一月份就緒。

我認為浦愛德小姐的觀點有道理：一部翻譯作品如果被譯者以外的人再插手，那麼這部作品就很難保持其完整性。我同意她自己把工作做到底，並按她的意見給她百分之二十五的分成作為報酬。

我水平有限，無法評論她的文風好壞，現在完全依賴她是有點冒險。但如果再找第三者介入，這無疑會刺傷她的自尊心，對於一個朋友，我是絕不會這麼做的。所以，我們還是堅持下去吧，也許我們對她的信任會使她獲得更多的自信心。

她現在出去渡假了，大概十天左右。我希望我們能簽訂那份您起草並修改的協議。

我是上星期一從鄉下回來的，八月四日以後再去鄉下住些日子。城裡簡直熱得沒法幹活。

五、《離婚》譯事

（一九四八年七月三十日）

有一天，我和郭小姐、阿穆森先生一起談了《離婚》的問題，按著阿穆森先生的建議，我用了兩天的時間又做了必要的修改。郭小姐很欣賞這些改動，答應一定盡快將其譯成英文，也許下個月就可以把譯稿交給阿穆森先生。

我相信這部小說經過修改以後就相當不錯了。希望阿穆森先生盡快看完修改以後的稿子，能在近日內交給出版公司。

我想，如果這部書能盡快地出版，就能在很大程度上制止住沃得的一派胡言，如果能趕在沃得的「珍本」上市之前問世，那我們就都得救了。

在我們的書出版以後，他絕對不敢用他篡改過的「珍本」和我們挑戰——

明天我要去沃爾什夫人的農場住上四、五天。

我已給我在上海的出版人去信了，向他說明了重新登記我所有書的版權的重要性。

我還和阿穆森先生通了電話，告訴他我已收到郭小姐寄來的《離婚》修改稿的英譯稿，阿穆森先生正忙著出版事宜的最後掃尾工作。在這場和沃得較量的醜惡的奧林匹克賽裡，我真希望能戰勝他——

（一九四八年八月二十五日）

您關於我的作品的中國版權問題會很棘手的看法是正確的。我在上海的代理人剛剛給我寄來《離婚》在中國的版權登記號碼，不知是否有所幫助。

我看，金的論點主要建立在兩個事實上：一是中美之間沒有有關保護版權的法律協議；二是在我來美之前，《駱駝祥子》的版權在他手理。如果他有《駱駝祥子》的版權，他同樣也能有《離婚》的版權。我想我們最好還是找到《駱駝祥子》的合約，看看是否真是如此。如果版權登記是由出版公司辦理的，那對我們就有利多了。

六、好萊塢之行

（一九四八年八月十日）

我明天飛洛杉磯商量《駱駝祥子》電影指令碼的定稿事宜。

（一九四八年八月十九日）

明天晚上才回來。離開好萊塢的時候，我沒提要報酬的事，因為對方給我買了往返機票，付了旅館帳單，加在一起要四百美元。他們是想了解我對根據小說改編的電影劇本的看法。

好萊塢職業編劇改編的劇本實在是糟糕之極。我說了我的看法以後，他們正在考慮是不是再請一位劇作家或我本人來改編這部小說。

如果他們要我來改編，我很願意和他們簽個合約，當然，我一定會徵求您的意見；但如果他們去找劇作家來改編，那我們也沒什麼可說的了。

（一九四八年九月八日）

王浩幹的事真是糟透了。本來我該被邀請去幫他改編第一個電影劇本，可王卻偏偏找了個好萊塢的劇作家。把一萬五千塊的劇本費都花完了之後，才想到了我。這次該請我了吧，他又另找了一個人。問題就在於所有為建立獨立製片公司籌集的錢都不是他的，他這麼大把大把地花錢只是想證明他是老闆。我想，等他把錢都花完了以後，就會一走了之，到某個大公司去謀個好差事——上為那部電影操心了。假如他們再要我去看第二個電影劇本，我得找他們要每週七百五十元的報酬。

七、《鼓書藝人》寫與譯

（一九四九年二月九日致樓適夷）

《四世同堂》已草完，正在譯。這就是為什麼還未回國的原因。此書甚長，而譯手又不十分高明，故頗需時日。如能完成，我想：出來一趟，若能有幾本書譯出，總算不虛此行；並不是因為美國舒服，才不回去——此地，對我，並不舒服！

《離婚》譯本已出版了，評者十之八九予以讚美，可是銷路很差！不管怎說吧，《駱駝祥子》、《離婚》，及《四世同堂》三書在美出版；「牛天賜」在英（熊式一譯）出版，有四書在國外印行，也總算是有了點交代。若不為等「四世」譯完，我早就回國了。

（一九四八年十一月三十日致高志毅）

半年來極忙，而且苦悶！

《離婚》已出版，居然得到好評，很奇怪！

日內將奉寄一本，作為聖誕禮，並祈惠正！

電影事擱淺，nothing doing!

現在又在寫一新小說，一時不會離開紐約。寫完時，頗想去走一走——

完成了四章，其中三章已交給郭小姐去翻譯。如果您能為我們準備一份四六分成的合約，我將不勝感激。如果我能保持每天兩千字的速度（這幾天就是這樣），預計到新年時，我就能寫完。

（一九四八年十一月十五日）

郭小姐已將她譯好的「大鼓」的前三章拿給她的代理人看了。看過之後，會把它送給您，請您將稿子交給阿穆森先生。在給阿穆森先生之前，希望您叫人用打字機打一份清楚的底稿，那樣看起來更正規一點兒——

關於我和郭小姐為新書簽訂合約一事，除去合約規定的她的稿酬和享有的權利之外，我想我們就不再讓步了，除此以外，我沒有別的意見了。

（一九四八年十一月十九日）

我今天給阿穆森先生的信是這麼寫的：

「十分抱歉，我要放棄《鼓書藝人》的全部工作了。寫完了十二章以後（約占全書的一半），我發現它既不像我想像的那麼好，也不像我想像的那麼有意思。我想我最好還是別寫了。我身體疲乏之極了，要徹底休息一下。

「郭小姐的代理人曾告訴勞埃得先生，說她似乎不是一個很合適的翻譯人。我能想像得出對象郭小姐那樣一位有創造性的作家來說，去翻譯別人的作品該有多困難。

「事情現在搞成這個樣子，我十分抱歉。不過，從另一個角度來說，我也很高興能有幾天休息的時間。」

我給他寫信的原因是，既然郭小姐的代理人向阿穆森先生搬弄是非，我們就不該老是保持沉默。我寫信的真意是好意地表明我對郭小姐並無惡意。倘若郭小姐能碰巧看到或聽到這封信的內容，她一定會感動的，因為她總以為我們一直在和她討價還價，但在信裡我對此卻隻字未提。如果阿穆森先生認為她有權分享我們的成果，我在信裡也暗示了，不管她是一個多麼偉大的譯者，一旦我停止了寫作，那麼她將一事無成。

假如您有機會和阿穆森先生談談，或者他還堅持郭小姐應和我們分享稿酬的話，那麼請您告訴他：如果她想要得到高達百分之四十的稿酬的話，她的一切都將失去。

（一九四八年十一月二十六日）

我剛和郭小姐開誠布公地談了一次話，我們兩人都同意她分享包括外文版權在內的百分之四十的稿酬。電影及其他（戲劇等）版權歸我所有。

她建議我們盡快地簽訂合約。我希望她的代理人能很快地就這事和您進行磋商，以便盡快達成協議。

至於我寫信告訴阿穆森先生說我停止寫作的事，她說很容易解決，我們可以選一些章節的譯稿先給阿穆森先生看。

她希望盡快簽訂作者和譯者之間，以及出版者之間的合約，這樣她才能定下心來好好工作，否則她心裡總不踏實。

（一九四八年十二月四日）

據郭小姐講，我的新小說的三章譯稿已送給阿穆森先生。她已經和阿穆森先生講好，她要預支一千美元，每次二百五十元，分四次支付。錢直接交給她的代理人，從合約簽訂之日起，四個月內付清，情況就是這樣。

至於預付給我的稿酬，請按您認為最合適的辦法辦，一千五百美元是一次付還是分期付，我全無所謂。

（一九四八年十二月三十日）

我和出版公司之間在關於我新書的合約裡，還有幾條條款沒談好，我想您會為我解決這一切的，不幸的是，那三章小說的譯稿是郭小姐的代理人直接交給阿穆森先生的，同樣，郭小姐預支一千美元的事，也是這位代理人一手安排的。所有這一切，都是在郭小姐告訴我以後，我才知道的。實際上，郭小姐的代理人應當把那三章的譯稿先送給您，應當把郭小姐要預支稿酬一事通知您，但他沒有這麼做。這樣一來，您可能會有一種印象，似乎我應該對此負責。我給您寫這封信就是為了澄清這一事實。如果當時我把原因告訴您，您一定會生郭小姐和沃特金斯的氣。

事實上，我一向都很慎重，儘量不和阿穆森先生與雷諾先生兩人打交道，就是為了使您在為我和他們談判時，不會覺得我在中間干擾了您。可是我無法阻止郭或者沃特金斯直接與出版公司打交道。不過，我過去從來沒有同時和兩頭打過交道，希望這一點能使您滿意。

眼下在出版公司手裡的那三章譯稿的底稿是唯一一份乾淨的底稿。我實在不好意思讓郭小姐再打一份，因為所有的稿子都是她一人打的，您知道，和一個女人打交道是多麼微妙的事。

我希望我們的合約能儘早地簽妥，因為如果郭小姐看不見簽好的合約，收不到預付的錢，她就無法繼續工作下去。

（一九四九年一月三十一日）

郭海倫小姐真是個好司機。我們到邁阿密用了三天半的時間。最糟糕的一段路是在喬治亞州的公路上，站在路中間的不是警察而是牛群，而郭小姐竟然一頭也沒軋死！

郭小姐到離邁阿密七英哩的鄉下幹她自己的活去了。我住在福拉格勒飯店，這是一家小而乾淨的旅館，價錢也適中。

這裡也很暖和，但願對我的腿有好處。

（一九四九年二月九日）

我在邁阿密度過了一段美好的時光，現在已回到紐約。很不幸的是，我的腿還沒好，我真不知該怎麼辦才好。

我行動不便，您能給我寄張支票來嗎？

（一九四九年四月十八日）

謝謝您寄來的一百一十二點五美元的支票。

一兩天之內我大概就要去巴瑟．埃斯樂醫院住院，可能要動手術。戴得裡奇大夫看過幾次之後，腿病一天比一天重。今天早晨他說要送我去巴瑟．埃斯樂醫院住院，到了那以後，我再告訴您是否要動手術。

《鼓書藝人》的初譯稿已寄給我了，我想在住院之前看完。阿穆森先生手裡也有一份，他看完以後，我再和他一起商量一下需要修改的地方，然後就算定稿了。

我們答應給哈帕的短篇您是否已寄到英國去了？

（一九四九年八月十八日）

阿穆森先生已去渡假，我想他一定在看《鼓書藝人》呢。

下星期一上午十一點，我想帶著《四世同堂》第三部的稿子去見您。明天我再和浦愛德小姐最後商量一次。

（一九四九年九月十二日）

我和浦愛德小姐在費城她哥哥的家裡過了一個週末。和她一起在樹林裡散步時，我突然給《四世同堂》的英文版想到了一個很好的書名——《黃色風暴》，您覺得怎麼樣？星期四上午我要去見阿穆森先生。我會把有關《鼓書藝人》的一切情況都告訴您的。

第三節　啟程

一九四九年七月，中國文學藝術界聯合會第一次代表大會舉行。周恩來說，打倒了國民黨反動派剷除了障礙，南北兩路文藝隊伍大會師了，就是缺少我們的老朋友老舍，已經邀請他回來了。十月，老舍接到受周恩來囑託的馮乃超、夏衍先後寫來的邀請回國的信，扶病歸國。

（一九四九年九月二十一日）
和您在電話裡談過之後，我覺得最好還是把我在香港的地址留給您：
香港香港大學
病理系
侯寶璋先生轉
「S·Y·SHU」是我英文簽名「SHEH-YUSHU」（舒舍予）的簡寫。

第六章　晚年逢盛世

第一節　由三藩市到天津

我高興回到中國來，中國已不是半封建半殖民地的國家，而是嶄新的，必能領導全世界被壓迫的人民走向光明，自由，與幸福的路途上去的偉大力量！

◆ 一、舊金山

到三藩市（舊金山）恰好在雙十節之前，中國城正懸燈結綵，預備慶賀。在我們的僑胞心裡，雙十節是與農曆新年有同等重要的。

常聽人言：華僑們往往為利害的，家庭的，等等衝突，去打群架，械鬥。事實上，這已是往日的事了；為尋金而來的僑胞是遠在一八五〇年左右；現在，三藩市的中國城是建設在幾條最體面，最衝要的大街上，僑胞們是最守法的公民；械鬥久已不多見。

可是，在雙十的前夕，這裡發生了鬥爭，打傷了人。這次的起打，不是為了家族的，或私人間利害的衝突，而是政治的。

青年們和工人們，在雙十前夕，集聚在一堂，掛起金星紅旗，慶祝新中國的誕生。這可招惱了守舊的，反動的人們，就派人來搗亂。紅旗被扯下，繼以鬥毆。

雙十日晚七時，中國城有很熱鬧的遊行。因為怕再出事，五時左右街上已布滿警察。可惜，我因有個約會，沒能看到遊行。事後聽說，遊行平安無事；隊伍到孫中山先生銅像前致敬，並由代表們獻劍給蔣介石與李宗仁，由總領事代收。

全世界已分為兩大營陣，美國的華僑也非例外：一方面懸起紅旗，另一方面獻劍給蔣介石。

在這裡，我們應當矯正大家常犯的一個錯誤——華僑們都守舊，落後。不，連三藩和紐約，都有高懸紅旗，為新中國歡呼的青年與工人。

就是在那些隨著隊伍，去獻劍的人們裡，也有不少明知蔣昏暴，而看在孫中山先生的面上，不好不去湊湊熱鬧的。另有一些，雖具有愛國的高度熱誠，可是被美國的反共宣傳所惑，於是就很怕「共產」。

老一輩的僑胞，能讀書的並不多。晚輩們雖受過教育，而讀不到關於中國的英文與華文書籍。英文書很少，華文書來不到。報紙呢（華文的）又多被二陳所控制，信意的造謠。這也就難怪他們對國事不十分清楚了。

紐約的華僑日報是華文報紙中唯一能報導正確訊息的。我們應多供給它數據——特別是文藝與新政府行政的綱領與實施的辦法。此外，也應當把文藝圖書，刊物，多寄去一些。

二、太平洋上

十月十三號開船。船上有二十二位回國的留學生。他們每天舉行討論會，討論回到祖國應如何服務，並報告自己專修過的課程，以便交換知識。

同時，船上另有不少位回國的人，卻終日賭錢，打麻將。

船上有好幾位財主，都是菲律賓人。他們的服飾，比美國闊少的更華麗。他們的淺薄無知，好玩好笑，比美國商人更俗鄙。他們看不起中國人。

十八日到檀香山。論花草，天氣，風景，這真是人間的福地。到處都是花。街上，隔不了幾步，便有個賣花人，將梔子，虞美人等香花織成花圈出售；因此，街上也是香的。

這裡百分之四十八是日本人，中國人只占百分之二十以上。這裡的經濟命脈卻在英美人手裡。這裡，早有改為美國的第四十九州之議，可是因為東方民族太多了，至今未能實現。好傢伙，若選出日本人或中國人作議員，豈不給美國丟人。

二十七日到橫濱。由美國軍部組織了參觀團，船上搭客可買票參加，去看東京。

只有四五個鐘頭，沒有看見什麼。自橫濱到東京，一路上原來都是工業區。現在，只見敗瓦殘屋，並無煙筒；工廠們都被轟炸光了。

路上，有的人穿著沒有一塊整布的破衣，等候電車。許多婦女，已不穿那花貍狐哨的長衣，代替的是長褲短襖。

在東京，人們的服裝顯著稍微整齊，而仍掩蔽不住寒傖。女人們仍有穿西服的，可是鞋襪都很破舊。男人們有許多還穿著戰時的軍衣，戴著那最可恨的軍帽——抗戰中，中國的話劇中與圖畫中最習見的那凶暴的象徵。

日本的小孩兒們，在戰前，不是臉蛋兒紅撲撲的好看麼？現在，他們是面黃肌瘦。被絞死的戰犯只獲一死而已；他們的遺毒餘禍卻殃及後代啊！

由參觀團的男女領導員（日本人）口中，聽到他們沒有糖和香蕉吃——因為他們丟失了臺灣！其實，他們所缺乏的並不止糖與香蕉。他們之所以對中國人單單提到此二者，倒許是為了不忘情臺灣吧？

三十一日到馬尼拉。這地方真熱。大戰中打沉了的船還在海裡臥著，四圍安著標幟，以免行船不慎，撞了上去。岸上的西班牙時代所建築的教堂，及其他建築物，還是一片瓦礫。有城牆的老城完全打光。新城正在建設，還很空曠，看來有點大而無當。

本不想下船，因為第一，船上有冷氣裝置，比岸上舒服。第二，聽說菲律賓人不喜歡中國人；稅吏們對下船的華人要搜檢每一個衣袋，以防走私。第三，菲律賓正要選舉總統，到處有械鬥，受點誤傷，才不上算。

可是，我終於下了船。

在城中與郊外轉了一圈，我聽到一些值得記下來的事：前兩天由臺灣運來的大批的金銀。這訊息使我理會到，蔣介石雖在表面上要死守臺灣，可是依然不肯把他的金銀分給士兵，而運到國外來。據說，菲律賓並沒有什麼工業；那麼，蔣自己的與他的走狗的財富，便可以投資在菲律賓，到臺灣不能站腳的時候，便到菲律賓來作財閥了。依最近的訊息，我這猜測是相當正確的。可是，我在前面說過，菲律賓人並不喜歡中國人。其原因大概是因為中國人的經營能力強，招起菲律賓人的忌妒。

舟離日本，遇上颱風。離馬尼拉，再遇颱風。兩次颱風，把我的腿又搞壞。到香港——十一月四日——我已寸步難行。

三、香港

下船好幾天了，我還覺得床像是在搖晃。海上的顛簸使我的坐骨神經痛復發了，到現在幾乎還無法行走。香港大學又在山上，每次出門都給我帶來極大的痛苦。

我在此地已呆了十天，仍不知何時才能回到北京。此地有許多人等船北上，所以很難搞到船票。看來，我還得再呆上一段時間，我沒法從這裡游回家去。

兩個多星期了，可我仍搞不到去北方的船票。在這期間，病痛卻一天天加劇，我已根本無法行走。一位英國朋友正努力幫我搞一張到天津的船票，但我實在懷疑他是否能行，這裡有成千上萬的人等著離開香港。

等船，一等就是二十四天。

在這二十四天裡，我看見了天津幫，山東幫，廣東幫的商人們，在搶購搶賣搶運各色的貨物。室內室外，連街上，入耳的言語都是生意經。他們慶幸雖然離棄了上海天津青島，而在香港又找到了投機者的樂園。

遇見了兩三位英國人，他們都穩穩噹噹的說：非承認新中國不可了。談到香港的將來，他們便微笑不言了。

一位美國商人告訴我：「我並不愁暫時沒有生意；可慮的倒是將來中外貿易的路線！假若路線是『北』路，我可就真完了！」

我可也看見了到廣州去慰勞解放軍的青年男女們。他們都告訴我：「他們的確有紀律，有本事，有新的氣象！我們還想再去！」

好容易，我得到一張船票！

不像是上船，而像一群豬入圈。碼頭上的大門不開，而只在大門中的小門開了一道縫。於是，旅客，腳行，千百件行李，都要由這縫子裡鑽進去。嚷啊，擠啊，查票啊，亂成一團。「樂園」嗎？哼，這才真露出殖民地的本色。花錢買票，而須變成豬！這是英國輪船公司的船啊！

擠進了門，印度巡警檢查行李。給錢，放行。不出錢，等著吧，那黑大的手把一切東西都翻亂，連箱子再也關不上。

一上船，稅關再檢查。還得遞包袱！

呸！好腐臭的「香」港！

四、天津

二十八日夜裡開船。船小（二千多噸），浪急，許多人暈船。為避免遭遇蔣家的砲艦，船繞行臺灣外邊，不敢直入海峽。過了上海，風越來越冷，空中飛著雪花。許多旅客是睡在甲板上，其苦可知。

十二月六日到仁川，旅客一律不准登岸，怕攜有共產黨宣傳品，到岸上去散放。美國防共的潮浪走得好遠啊，從三藩市一直走到朝鮮！

九日晨船到大沽口。海河中有許多冰塊，空中落著雪。離開華北已是十四年，忽然看到冰雪，與河岸上的黃土地，我的淚就不能不在眼中轉了。

因為潮水不夠，行了一程，船便停在河中，直到下午一點才又開動；到天津碼頭已是掌燈的時候了。

稅關上的人們來了。一點也不像菲律賓和香港的稅吏們，他們連船上的一碗茶也不肯喝。我心裡說：中國的確革新了！

我的腿不方便，又有幾件行李，怎麼下船呢？幸而馬耳先生也在船上，他奮勇當先的先下去，告訴我：「你在這裡等我，我有辦法！」還有一位上海的商人，和一位原在復旦，現在要入革大的女青年，也過來打招呼：「你在這裡等，我們先下去看看。」

茶房卻比我還急：「沒有人來接嗎？你的腿能走嗎？我看，你還是先下去，先下去！我給你搬行李！」經過這麼三勸五勸，我把行李交給他，獨自慢慢扭下來；還好，在人群中，我只跌了「一」跤。

檢查行李是在大倉房裡，因為滿地積雪，不便露天行事。行李，一行行的擺齊，絲毫不亂；稅務人員依次檢查。檢查得極認真。換錢——旅客帶著的外鈔必須在此換兌人民券——也是依次而進，秩序井然。誰說中國人不會守秩序！有了新社會，才會有新社會的秩序呀！

又遇上了馬耳和那兩位青年。他們扶我坐在衣箱上，然後去找市政府的交際員。找到了，兩位壯實，溫和，滿臉笑容的青年。他們領我去換錢，而後代我布置一切。同時，他們把我介紹給在場的工作人員，大家輪流著抽空兒過來和我握手，並問幾句美國的情形。啊，我是剛入了國門，卻感到家一樣的溫暖！在抗戰中，不論我在哪裡，「招待」我的總是國民黨的特務。他們給我的是恐怖與壓迫，他們使我覺得我是個小賊。現在，我才又還原為人，在人的社會裡活著。

檢查完，交際員們替我招呼腳行，搬執行李，一同到交際處的招待所去。到那裡，已是夜間十點半鐘；可是，滾熱的菜飯還等著我呢。

沒能細看天津，一來是腿不能走，二來是急於上北京。

但是，在短短的兩天裡，我已感覺到天津已非舊時的天津；因為中國已非舊時的中國。更有滋味的是未到新中國的新天津之前，我看見了那漸次變為法西斯的美國，徬徨歧路的菲律賓，被軍事占領的日本，與殖民地的香港。從三藩市到天津，即是從法西斯到新民主主義，中間夾著這二者所激起的潮浪與衝突。我高興回到祖國來，祖國已不是半殖民地半封建的國家，而是嶄新的，必能領導全世界被壓迫的人民走向光明，和平，自由，與幸福的路途上去的偉大力量！

第二節　致勞埃得

自從老舍開始了「新社會」的生活，他便極少寫關於個人生活的文章。這幾封信倒是給了我們不少活生生的「傳」的材料，故單編為一節。老舍為何不如以前那樣願意寫自己的生活了呢？大概原因有三：一是覺得個人生活與社會比起來不足道，「個人的」是資產階級的；二是太忙，忙於各種社會活動，寫各種形式的作品：有藝術的，有宣傳的；三是將回憶變作了「反省」，生活表現轉變為「思想改造」。本節對所選信件仍只取其有「傳」的價值的部分，並棄其書信格式，只標明日期。

（一九五〇年二月二十七日）

回到北京後，我一直忙於讀書和寫作。本想到各處多走走，多看看，好為寫作蒐集些素材，但坐骨神經一直疼得厲害，結果我只好呆在家裡，在閱讀中獲得新知識。

雖然經過十五年的分離，我的三個姐姐（七十三歲、七十歲和六十四歲）還都住在北京，身體也都尚好。我大哥也住在這裡。他們看見最小的弟弟終於回來了，都非常高興。兩年前，我哥哥差點餓死。現在他的孩子全有了工作，他自己也恢復了健康。他們全都非常喜歡這個對人民真好的新政府。

我的家眷將要從重慶回到北京，我得給他們準備房子。北京現在又成了首都，想要找一處合適的房子既貴又困難。如果您能給我寄五百美元到香港，再由侯先生（香港大學病理系侯寶璋大夫）轉寄給我，我將非常高興。

那部長篇小說進行得怎麼樣了？我聽說阿穆森先生不再為雷諾和希契科克公司工作了，是真的嗎？——

（一九五〇年七月七日）

非常抱歉，這麼長時間沒給您寫信了。我正忙於籌建北京市文學藝術工作者聯合會的工作和寫作。剛剛完成一部五幕話劇劇本的寫作工作，不久就能公演了——

即《方珍珠》

謝謝您把五百美元寄到香港。侯先生已轉寄給我。我很高興你告訴我《四世同堂》的譯稿仍儲存得很好。請您轉告浦愛德小姐，我太忙了，實在找不出給她寫信的時間。還請您告訴她，現在北京的湖和河全都重新治理過了，水都變得乾淨了。今年的小麥收成比去年要好，饑荒就要過去了。

（一九五〇年八月二十六日）

那個五幕話劇現已交給一位導演，猜想九月就能公演了。我的另一部短劇也可望於今年十二月公演。北京文學藝術工作者聯合會已經成立，我擔任主席。我現在要幹的事太多，實在是太忙了。

今年夏天天氣很熱，不過最近兩天涼快了一點。市場上梨、蘋果、桃子很多。我的小女兒（小立）除了蘋果什麼都不吃，她晚上還要在床上藏幾個蘋果。

北京現在很好，通貨膨脹已經過去，人人都感到歡欣鼓舞。食物也充足。人們開始愛新政府了。

關於哈科克和布雷斯公司提出的共同分享額外編輯費的問題，我看我們應該同意，他們支出得太多了，我們要幫助他們。

請將隨信寄去的簡訊和十五美元寄給羅伯特·蘭得先生。地址如下：

作家協會

東三十九街三號

紐約十六——

（一九五〇年十一月十七日）

我的工作十分忙，所以一直沒給您寫信。

除了坐骨神經疼之外，我很健康。我想方設法治療，可全都無濟於事。不知道什麼時候，用什麼辦法才能去掉這煩人的痛苦。

（一九五一年五月三日）

作為北京文聯的主席，我要幹的事太多，簡直找不出時間來處理我自己的私事。北京現有二百萬人口。有許多藝術家住在這裡，我必須努力幫助他們。

我很想看到《黃色風暴》的樣書，不知什麼時候才能收到您寄給我的樣書。我希望您能寄兩本樣書給瞿同祖先生（紐約一二三西街，五十二公寓四三五號），一本給他，一本給我，他會透過香港把樣書寄給我的。您也可以透過他把東西或錢寄給我。

浦愛德小姐已給我幾份有關《黃色風暴》的評論文章。看來他們都很喜歡這部小說。

（一九五一年五月二十一日）

聽說您寄給我的樣書（《黃色風暴》）已到了香港，我的朋友侯先生會設法轉寄給我的。瞿同祖先生住在紐約一二三西街的五十二公寓四三五號，他也會幫您把書和錢寄給我，他是我的一位好朋友，他可以在您給我的信的信封上寫中文。

這段日子我一直很忙，坐骨神經痛也一直沒停，我想盡了一切辦法，可全都無效。

我家的白貓生了三隻小貓——一隻白的，兩只黃白花的。可我家的小鳥死了，這下可給了我小女兒一個大哭一場的機會。

（一九五一年七月二十三日）

今年北京的夏天很熱。我每天只能在大清早寫一會，下午就熱得沒法工作了。北京有許多美麗的公園，在那裡我可以休息，吸到新鮮空氣。可坐骨神經痛使我沒法走到公園。過去三個月裡，我只完成了一個短的電影劇本，其他別無建樹。

對於新中國，有許許多多的事情可以說，總的可以歸結為一句話：政府好。中國人民弄不清美國政府為什麼要反對北京的好政府，而支援臺灣的壞政府。

十分感激您告訴我《黃色風暴》將在英國出版，我很高興。

請給瞿同祖先生五百美元。他的家眷在北京，他們會把錢交給我的。

（一九五二年四月一日）

我現在仍忙於寫那部話劇。不知何時才能完成。新社會激勵全國的作家奮發寫作，每一位作家都在辛勤耕耘。冬天就要過去了，北京的春天很美。我養了許多花，侍弄這些花為我在寫作的間隙提供了一個休息的機會。坐骨神經痛稍稍好了一點。我也該做些輕微的運動了，澆花對我來說就是一種輕微的運動——

（一九五二年五月十四日）

感謝您一九五二年三月七日的來信。兩天前我收到兩本《鼓書藝人》的樣書，售價那麼高，而書本身又不是太好，我懷疑是否能有好銷路。您如果能給我寄些關於這本書的評論文章，我將不勝感激。對《黃色風暴》的評論大都是稱讚的，但我懷疑《鼓書藝人》是否還會獲得同樣的好評。

我一直很忙，不過值得慶幸的是我的坐骨神經痛好了一點，這要感謝維生素B針劑。

（一九五二年十月一日）

對不起，這只能是一個短短的便條，我要做的事情實在是太多了。

《牛天賜傳》是我的一部不重要的作品，不值得譯成英文。我對柯林先生本人及其用意一無所知。請告訴哈科克和布雷斯公司，這部書不好。如果其他出版商想出版的話，那麼他們一定要經過您，在美國您是我一切書籍的出版代理人。

第三節 「歌德」

縱使我有司馬遷和班固的文才與知識，我也說不全，說不好，……我愛，我熱愛，這個新社會啊！

一、作個學生

在天壇舉行了控訴惡霸的大會。

本來，我的腿病警告我：不要去吧，萬一又累垮了！可是，我沒接受這警告。我這麼想：要搞通思想，非參加社會活動不可；光靠書本是容易發生偏差的。

會場是在天壇的柏林裡。我到得相當早，可是林下已經坐滿了人。往四下看了看，我看到好些個熟識的臉。工人，農人，市民們，教授，學生，公務人員，藝人，作家，全坐在一處。我心裡說：這是個民主的國家了，大家坐在一處解決有關於大家的問題。解放前，教授們哪有和市民們親熱的坐在一處的機會呢。

開會了。臺上宣布開會宗旨和惡霸們的罪狀。臺下，在適當的時機，一組跟著一組，前後左右，喊出「打倒惡霸」與「擁護人民政府」的口號；而後全體齊喊，聲音像一片海潮。

人民的聲音就是人民的力量，這力量足以使惡人顫抖。

惡霸們到了臺上。臺下多少拳頭，多少手指，都伸出去，像多少把刺刀，對著仇敵。惡霸們，滿臉橫肉的惡霸們，不敢抬起頭來。他們跪下了。惡霸的「朝代」過去了，人民當了家。

老的少的男的女的，一一的上臺去控訴。控訴到最傷心的時候，臺下許多人喊「打」。我，和我旁邊的知識分子，也不知不覺的喊出來：「打！為什麼不打呢？！」警士攔住去打惡霸的人，我的嘴和幾百個嘴一齊喊：「該打！該打！」

這一喊哪，教我變成了另一個人！

我向來是個文文雅雅的人。不錯，我恨惡霸與壞人；可是，假若不是在控訴大會上，我怎肯狂呼「打！打！」呢？人民的憤怒，激動了我，我變成了大家中的一個。他們的仇恨，也是我的仇恨；我不能，不該，「袖手旁觀」。群眾的力量，義憤，感染了我，教我不再文雅，羞澀。說真的，文雅值幾個錢一斤呢？恨仇敵，愛國家，才是有價值的，崇高的感情！書生的本色變為人民的本色才是好樣的書生！

有一位控訴者控訴了他自己的父親！除了在這年月，怎能有這樣的事呢！我的淚要落下來。以前，中國人講究「子為父隱，父為子隱」，於是隱來隱去，就把真理正義全隱得沒有影兒了。今天，父子的關係並隱埋不住真理；真理比爸爸更大，更要緊。父親若是人民的仇敵，兒子就該檢舉他，控訴他。一個人的責任，在今天，是要對得起社會；社會的敵人，也就是自己的敵人；敵人都該消滅。這使我的心與眼都光亮起來。跪著的那幾個是敵人，坐著的這幾萬人是「我們」，像刀切的那麼分明。什麼「馬馬虎虎」，「將就將就」，「別太叫真」這些常在我心中轉來轉去的字眼，全一股腦兒飛出去；黑是黑，白是白，沒有第二句話。這麼一來，我心裡清楚了。也堅定了；我心中有了勁！

這不僅是控訴幾個惡霸，而是給大家上了一堂課。這告訴我曾受過惡霸們欺負的人們：放膽幹吧，檢舉惡霸，控訴惡霸，不要再怕他們！檢舉了惡霸們，不單是為個人復仇，也是為社會除害啊！這告訴了我，和跟我一樣文文雅雅的人們：堅強起來，把溫情與文雅丟開，丟得遠遠的；伸出拳頭，瞪起眼睛，和人民大眾站在一起，面對著惡霸，鬥爭惡霸！惡霸們並不是三頭六臂的，而是在我們眼前跪著，顫抖著的傢伙們。惡霸們不僅欺負了某幾個人，與我們無關；他們是整個社會的仇敵！

一位賣油餅的敦厚老實的老人控訴惡霸怎樣白吃了他的油餅，白吃了三十年！

這樣，我上了一課，驚心動魄的一課。我學到了許多有益處的事。這些事教我變成另一個人。我不能再捨不得那些舊有的習慣，感情，和對人對事的看法。我要割棄它們像惡霸必須被消滅那樣！我要以社會的整體權衡個人的利害與愛憎，我要分清黑白，而不在灰影兒裡找道理，真的，新社會就是一座大學校，我願在這個學校裡作個肯用心學習的學生。

二、文藝新生命

態度決定了，我該從哪裡下手去實踐呢？我不敢隨便地去找一點新事物，就動手寫小說或劇本；我既沒有革命鍛鍊，又沒有足夠的思想改造學習和新社會生活的體驗，若是冒冒失失地去寫大部頭的作品，必會錯誤百出。我得忘了我是有二十多年寫作經驗的作家，而須自居為小學生，從頭學起。這樣，我決定先寫通俗文藝，這並不是說，通俗文藝容易寫，思想性與藝術性可以打折扣，而是說通俗文藝，像快板與相聲，篇幅都可以不求很長，較比容易掌握。

在從前，我寫一篇一百句左右的鼓詞，大概有兩三天就可以交卷；現在須用七八天的工夫，我須寫了再寫，改了再改。在文字上，我須盡力控制，既不要浮詞濫調，又須把新的思想用通俗語言明確地傳達出來，這很不容易。在思想上，困難就更多了。當我決定寫某件事物的時候，對那件事物我必定已有一定程度的了解。可是，趕到一動筆，那點了解還是不夠用，因為一篇作品，不管多麼短小，必須處處結實、具體。我的了解只是大致不差，於是字裡行間就不能不顯出只知其一，不知其二的貧乏與毛病。有時候，正筆寫得不錯，而副筆違反了政策。有時候，思想寫對了，可是文字貧弱無力，沒有感情——只把政治思想翻譯一下，而沒有對政治思想所應有的熱情，就一定不會有感動的力量。有時候……。困難很多！可是我決定：第一不要急躁，第二不要怕求別人。我既決定聽從毛主席的指示：思想改造必須徹底，也就必是長時間的事；我就不能急躁。我必須經常不斷地學習，以求徹底解決。以前，我可以憑「靈感」，信筆一揮，只求自己快意一時，對讀者卻不負責任。現在，我要對政治思想負責，對讀者負責，急於成功會使我由失望而自棄。另一方面，我須時時請教別人。時常，我的客人，共產黨員或是有新思想的人，就變成我的批評者；我要求他們多坐一會兒，聽我朗讀文稿；一篇稿子不知要朗讀多少回，讀一回，修改一回。我自己的思想不夠用，大家的思想會教我充實起來；當他們給我提出意見的時候，他們往往不但指出作品上的錯處，而且也講到我的思想上的毛病，使我明白為什麼寫錯了的病根。

這樣，寫一小段，我就得到一些好處。雖然我從書本上學來的新思想不很多（到今天我還是有些怕讀理論書籍），可是因為不斷地習作，不斷地請教，我逐漸地明白了我應當怎樣把政治思想放在第一位，而不許像從前那樣得到一二漂亮的句了便沾沾自喜。雖然我因有嚴重的腿疾，不能馬上到工廠、農村、或部隊裡去體驗生活，可是因為不斷地習寫通俗文藝，我已經知道了向工農兵學習的重要；只要腿疾好些，我就會向他們學習去。雖然二年來我所寫過的通俗文藝作品並非都沒有毛病，可是這已給了我不少鼓勵：放下老作家的包袱，不怕辛苦，樂於接受批評，就像是我這樣學問沒什麼根底，思想頗落後的作家，也還有改造自己的可能，有去為人民服務的希望。

不管我寫多麼小的一個故事，我也必須去接觸新的社會生活；關起門來寫作，在今天，準連一句也寫不出。為寫一小段鼓詞，我須去調查許多數據，去問明白有什麼樣政治思想上的要求。這樣，我就知道了一些新社會是怎樣在發展，和依照著什麼領導思想而發展的。一來二去，接觸的多了，我就熱愛這個天天都在發展進步的新社會了。是的，我必須再說一遍，我缺乏有系統的學習政治理論與文藝理論。可是，趕到因為寫作的需要，看到了新社會的新氣象新事物，我就不能不動心了。我要歌頌這新社會的新事物，我有了向來沒有的愛社會國家的熱情。自然，有人說我這樣先看見，後歌頌，是被動的，不會寫出有很高思想性與創造性的作品來。可是，我是由舊社會過來的人，假若我自詡能夠一下子就變成為今天的思想家，就是自欺欺人。我只能熱情地去認識新社會，認識多少，就歌頌多少；我不應該因我的聲音微弱而放棄歌頌。寫不了大部頭的小說，我就用幾十句快板去歌頌。以我的小小的才力，我不該幻想一寫就寫出一鳴驚人的作品來；若因不能一鳴驚人，就連快板也不寫，我便完全喪失了文藝生命，變成廢物。我不再想用作品證明我是個了不起的文人，我要證明我是新文藝部隊裡的一名小兵，雖腿腳不俐落，也還咬著牙隨著大家往前跑。

慢慢地，我開始寫劇本。《方珍珠》與《龍鬚溝》的背景都是北京；我是北京人，知道一些北京的事情。我熱愛北京，看見北京人與北京城在解放後的進步與發展，我不能不狂喜，不能不歌頌。我一向以生在北京自傲，現在我更驕傲了！

這兩個劇本（雖然《龍鬚溝》裡描寫了勞動人民）都不是寫工農兵的；我還不敢寫工農兵，不是不想寫，我必須加緊學習，加緊矯正小資產階級的偏愛與成見，去參加工農兵的鬥爭生活，以期寫出為工農兵服務的作品。這兩個劇本本身也有個共同的缺點，對由舊社會過來的人描寫得好，對新社會新生的人物描寫得不那麼好。我了解「老」人，不十分了解新人物。這是個很大的教訓——我雖努力往前跑，可是到底背著包袱太重，跑不快！新人物已經前進了十里，我才向前挪動了半裡！這也警告了我：要寫工農兵非下極大的工夫不可，萬不可輕率冒失！只憑一點表面上的觀察便動筆描寫他們，一定會歪曲了他們的！

解放前，我的寫作方法是自寫自改，一切不求人；發表了以後，得到好批評就歡喜，得到壞批評就一笑置之。我現在的寫作方法是：一動手寫就準備著修改，絕不幻想一揮而就。初稿不過是「砍個荒子」，根本不希望它能站得住。初稿寫完，就朗讀給文藝團體或臨時約集的朋友們聽。大家以為有可取之處，我就去從新另寫；大家以為一無可取，就扔掉。假若是前者，我就那麼再寫一遍，兩遍，到七八遍。有人說：大家幫忙，我怎能算作自己的作品呢？我說：我和朋友們都不那麼小氣！我感謝大家的幫忙，大家也願意幫忙；文藝團體給我提意見總是經過集體的詳密地討論了的。敝帚千金，不肯求教人家，不肯更改一字，才正是我以前的壞毛病。改了七遍八遍之後，假若思想性還不很強，我還是扔掉它。我不怕白受累，而且也不會白受累——寫七八遍就得到七八遍的好處，不必非發表了才算得到好處。我很後悔，我有時候還是沉不住氣，輕易地發表了不很好的東西。這樣，我終年是在拚命地寫，發表也好，不發表也好，我要天天摸一摸筆。這似乎近於自誇了。

◈ 三、《龍鬚溝》

在我的二十多年的寫作經驗中，寫《龍鬚溝》是個最大的冒險。不錯，在執筆以前，我閱讀了一些參考數據，並且親臨其境去觀察；可是，那都並沒有幫助我滿膛滿餡的了解了龍鬚溝。

不過冒險有時候是由熱忱激發出來的行動，不顧成敗而勇往直前。我的冒險寫《龍鬚溝》就是如此。看吧！龍鬚溝是北京有名的一條臭溝。溝的兩岸住滿了勤勞安分的人民，多少年來，反動政府視人民如草芥，不管溝水（其實，不是水，而是稠嘟嘟的泥漿）多麼臭，多麼髒，多麼有害，向來沒人過問。不單如此，貪官們還把人民捐獻的修溝款項吞吃過不止一次。一九五〇年春，人民政府決定替人民修溝，在建設新北京的許多事項裡，這是件特別值得歌頌的。因為第一，政府經濟上並不寬裕，可是還決心為人民除汙去害。第二，政府不像先前的反動統治者那麼只管給達官貴人修路蓋樓房，也不那麼只管修整通衢大路，粉飾太平，而是先找最迫切的事情作。儘管龍鬚溝是在偏僻的地方。政府並不因它偏僻而忽視它。這是人民政府，所以真給人民服務。

這樣，感激政府的豈止是龍鬚溝的人民呢，有人心的都應當在內啊！我受了感動，我要把這件事寫出來，不管寫得好與不好，我的感激政府的熱誠使我敢去冒險。

在寫這本劇之前，我閱讀了修建龍鬚溝的一些檔案，還親自看修建工程的進行，並請託人民藝術劇院的青年同志隨時到龍鬚溝打聽我所要了解的事——我有腿疾，不能多跑路。大致的明白了龍鬚溝是怎麼一回事之後，我開始想怎樣去寫它。

可是，怎麼寫呢？我沒法把臭溝搬到舞臺上去；即使可能，那也不是叫座兒的好辦法。我還得非寫臭溝不可！假若我隨便編造一個故事，並不與臭溝密切結合，便是隻圖劇情熱鬧，而很容易忘掉反映首都建設的責任；我不能那麼辦，我必須寫那條溝。想來想去，我決定了：第一，這須是一本短劇，至多三幕，因為越長越難寫；第二，它不一定有個故事，寫一些印象就行。依著這些決定，我去思索，假如我能寫出幾個人物來，他們都與溝有關係，像溝的一些小支流，我不就可以由人物的口中與行動中把溝烘托出來了麼？他們的語言與動作不必是一個故事的聯絡者，而是臭溝的說明者。

假若《龍鬚溝》劇本也有可取之處，那就必是因為它創造出了幾個人物——每個人有每個人的性格，模樣，思想，生活，和他（或她）與龍鬚溝的關係。這個劇本沒有任何組織過的故事，沒有精巧的穿插，而專憑幾個人物支援著全劇。沒有那幾個人就沒有那齣戲。戲既小，人物就不要多。我心中看到一個小雜院，緊挨著臭溝沿兒。幾位老幼男女住在這個雜院裡，一些事情發生在這小院裡。好，這個小院就是臭溝沿上的一塊小碑，說明臭溝的罪惡。是的，他們必定另有許多生活上的困難，我可是不能都管到。我的眼睛老看著他們與臭溝的關係。這樣，我就抓住臭溝不放，達到我對人民政府為人民修溝的歌頌。至於其中缺之故事性，和缺乏對人物在日常生活中的描寫，就沒法去兼顧了。

這本戲很難寫。多虧了人民藝術戲劇的領導者與工作者給了許多鼓勵與幫助，才能寫成。他們要去初稿，並決定試排。我和他們又討論了多次，把初稿加以補充與修改。在排演期間，演員們不斷地到龍鬚溝——那裡奇臭——去體驗生活。劇院敢冒險的採用這不像戲的戲，和演員們的不避暑熱，不怕髒臭，大概也都為了：有這樣的好政府而我們吝於歌頌，就是放棄了我們的責任。

焦菊隱先生抱著病來擔任導演，並且代作者一字一句的推敲劇本，提供改善意見，極當感謝。

第四節　在朝鮮

一、梅大師

一九五三年十月，我隨同中國人民第三屆赴朝慰問團去到朝鮮。我與梅蘭芳大師一同出國。在行旅中，我們行則同車，宿則同室。在同車時，他總是把下鋪讓給我，他睡上鋪。他知道我的腰腿有病。同時，他雖年過花甲，但因幼工結實，仍矯健如青年人。他的手不會閒著。他在行旅中，正如在舞臺上，都一絲不苟地處理一切。他到哪裡，哪裡就得清清爽爽，有條有理，開闢個生活紀律發著光彩的境地。

在閒談的時候，他知道的便源源本本地告訴我，他不知道的就又追問到底。他誨人不倦，又肯廣問求知。他不叫已有的成就限制住明日的發展。

每逢他有演出任務的時候，在登臺前好幾小時就去靜坐或靜臥不語。我趕緊躲開他。

在朝鮮時，我們飯後散步，聽見一間小屋裡有琴聲與笑語，我們便走了進去。一位志願軍的炊事員正在拉胡琴，幾位戰士在休息談笑。他就煩炊事員同志操琴，唱了一段。唱罷，我向大家介紹他，屋中忽然靜寂下來。待了好一會兒，那位炊事員上前拉住他的雙手，久久不放，口中連說：梅蘭芳同志！梅蘭芳同志！這位同志想不起別的話來！

二、美麗難忘

慰問工作結束，我得到總團長賀龍將軍的允許，繼續留朝數月，到志願軍部隊去體驗生活。朝鮮真美麗，山美、水美、花木美。朝鮮的美麗永難忘卻。我的院後有一座小山，長滿了樹木。由我的小屋出來，我可以看到小山的一角。在那一角裡，就有金黛萊花。

為什麼這樣愛那些花木、山水呢？因為朝鮮有最美麗的人民。

我住過的小村是三面有山的。因為三山懷抱，所以才沒被萬惡的美帝給炸掉。村裡除了老弱，便是婦女。婦女操作一切：種田、修路、織布、教書……。她們穿的輕便，可是色彩漂亮。她們好像和山上的金黛萊花爭美。金黛萊不畏風雪。她們也好像跟花兒比賽誰更堅強。我沒有見過這麼美麗而堅強的婦女。我不懂她們的話，但是由她們的眼神，由她們的風度，我會看出：她們絕對不許美帝侵占她們的美麗河山與家園，不管美帝多麼橫暴。我也經常聽見她們的歌聲，雖然不懂歌詞，可是我知道在極端困苦中還高聲歌唱的是不會向困難低頭的。

美麗的人保衛住美麗的江山。

朝鮮的男人也是堅強英勇的，我見過許多位抗敵立功的英雄。好戰成性的杜勒斯時常吹牛，說美帝空軍如何厲害，甚至極端無恥地誇口已把朝鮮炸光——杜勒斯所信奉的上帝不會饒恕他的狼心與毒嘴惡舌！可是，我見過朝鮮的英雄男女。他們保衛了美麗的河山，並在戰後以忘我的勞動重建城市與農村，叫朝鮮比戰前更美麗。朝鮮人民的美麗是杜勒斯之流不能理解的。呵，一個大資本家的奴僕怎能了解受過社會主義教育的人民有怎樣美麗與崇高的品質。

我永遠忘不了朝鮮風物的美麗，因為我永遠忘不了那保衛美麗山河的美麗人民。我走過的每座橋，住過的每間小屋，現在一閉眼就再現出來。同時，我也再看見修橋的英雄男女，和熱情招待我的小屋主人。這些人與事教育了我。在別處，我也許只看見了美麗的風景。在朝鮮，我受了美的教育，每一個英雄氣概的男女都是我的先生，叫我具體地看見什麼是社會主義的崇高與美麗的品質。

◆ 三、《無名高地有了名》

我在志願軍某軍住了五個來月，訪問了不少位強攻與堅守「老禿山」的英雄，閱讀了不少有關的檔案。我決定寫一部小說。

可是，我寫不出來。五個來月的時間不夠充分了解部隊生活的。我寫不出人物來。我可也不甘心交白卷。我不甘放棄歌頌最可愛的人們的光榮責任。儘管只能寫點報導也比交白捲好。

於是，我把聽到的和看到的數據組織了下，寫成《無名高地有了名》只能算作一篇報導。我要對志願軍某軍的軍、師、團、營與連的首長們、幹部們和戰士們作衷心的感謝！沒有他們的鼓勵、照顧和幫助，儘管是一篇報導，我也不會寫成！

篇中的人物姓名都不是真的，因為「老禿山」一役出現了許多英雄功臣，不可能都寫進去，掛一漏萬也不好。

第五節　十年筆墨與生活

一、創作生活

十年來，我主要的是寫劇本與雜文。

是，我並沒有寫出來優秀的作品。可是，我的筆墨生活卻同社會生活的步伐是一致的。這就使我生活得高興。我注視著社會，時刻想叫我的筆追上眼前的奔流。我的才力有限，經驗有限，沒能更深刻地了解目前的一切。可是，我所能理解到的那一點，就及時地反映在作品中，多少盡到些鼓舞人民前進的責任，報答人民對我的鼓舞。我慚愧，沒能寫得更好一些，可是我也高興沒叫時代遠遠地拋棄在後邊。時代的急流是不大照顧懶漢的。寫那些通俗文藝的小段子，用具體的小故事宣傳衛生，解釋婚姻法，或破除迷信等等。文章小，文章通俗，並不損失作者的身分，只要文章能到人民的手中去，發生好的作用。我也幫忙編輯《說說唱唱》——一個全國性的通俗文藝刊物。因編輯這個刊物，我接觸到有關於民間文藝的種種問題，豐富了我對繼承民間文藝傳統和發揚文藝的民族風格等等的知識。從實際工作中得到了知識，也就得到了快樂。於此，我體會出「自覺的勞動」的意味。

因為接觸到繼承民族文藝傳統等問題，我的那一點古典文藝知識就有了用處。我給《說說唱唱》的編輯部的和其他的青年朋友們時時講解一下，幫助他們多了解一些古典文藝的好處，並就我所能理解的告訴他們怎樣學習和怎樣運用古典文藝遺產。毛主席的「百花齊放，推陳出新」的指示是正確而美麗的。我們的創作既不能故步自封，也不能粗魯地割斷歷史，既要有現實主義的內容，又要有多種多樣的形式。

我本來不大會寫劇本。十年來，我一共寫了十多本話劇與戲曲。其中有的被劇院演用，有的扔掉。我是在學習。出廢品正是學習過程中難以避免的，失敗一次就長一次經驗。因此，即使失敗了，也不無樂趣。不怕失敗，就會長本事。我的確覺得越多寫便越寫得好一些，功夫是不虧負人的。寫完一本戲，當然要去找導演與演員們討論討論。他們是內行。跟內行人談談，自然而然地就會長見識。就是這樣，我慢慢地理解了一些舞臺技巧。這又是一種樂趣。在新社會裡，人人願把本領傳給別人。只要肯學習，機會就很多。我把我的作品叫做「民主劇本」。這就是說，我歡迎大家提意見，以便修改得更好一些。當然，修改是相當麻煩的。可是，只要不怕麻煩，麻煩便帶來樂趣。

況且，導演與演員並不只誠懇地提意見，他們也熱誠地幫助我。我有相當嚴重的腿病。為打聽一件事，他們會替我跑許多路；為深入地了解一件事，他們會替我下鄉或下工廠，住在那裡，進行體驗。這十年來，我交了多少朋友啊！我的民主劇本得到多少導演與演員的支援啊！這難道不是樂事麼？大家協作是新社會裡的一種好風氣。劇本演出後，觀眾們也熱情地提意見，這又是一種協作。

人與人的關係變了。這就是我筆下的主要內容。我寫了藝人，特別是女藝人，在從前怎樣受著剝削與虐待，而在解放後他們卻被視為藝術家，不但不再受剝削與虐待，而且得到政治地位——是呀，現在全國有不少男女藝人做了地方的和全國的人民代表或政協委員！我在解放前就與他們為友，但是除了有時候給他們寫點唱詞，無法幫助他們解決其它的問題。現在，不但他們的問題解決了，而且有不少人也有了文化，會自己編寫唱詞了。

我也寫了一般的貧苦勞動人民如何改善了環境，既不再受惡霸們的欺壓凌辱，又得到了不髒不臭的地方進行勞動。這就是我的《龍鬚溝》的主題。

在我的劇本中，我寫出許多婦女的形象。在舊社會裡，一般的人民都很苦，婦女特別苦。在新社會裡，首先叫我受到極大感動的就是婦女的地位提高。從一個歡歡喜喜地去工作的媳婦或姑娘身上，我看見了人與人的關係的大變化。男女平等了。我不能不歌頌這個大變化！婦女跟男人一樣地創造著新時代的歷史。去年我寫的《紅大院》，和今年的《女店員》與《全家福》都涉及婦女解放這個振奮人心的主題。戲也許沒有寫好，但是我的喜悅是無法扼止的。

是的，我寫了許多方面的事實與問題，因為這些事實與問題就都在我的眼前。看見了，我就要寫。而且我不能作為旁觀者去寫，我要立在劇中人物中間，希望我是他們中的一個。這樣，我才能成為群眾的學生，有了非寫不可的熱情。假若我的作品缺乏藝術性，不能成為傑作，那只是因為我向人民學習得還太不夠，脫離了群眾。哪裡去找創作的源泉呢？難道只憑我個人的想像，就能找到新時代的人與人的關係，新穎的藝術形式，與活生生的語言麼？我不敢那麼狂妄！——

十年來，我寫了一些作品，應當感謝人民！是人民給了我值得寫的人物與事實，給了我簡練有力的語言。我要繼續向他們學習，以期得到更好一些的創作成就。

二、鼓舞與啟示

我也必須提到，無論我寫大作品也好，小作品也好，我總受到領導上的無微不至的幫助。在國民黨的黑暗統治下，我是經常住在「沙漠」裡。這就是說：我工作不工作，沒人過問；我活著還是死去，沒人過問。國民黨只過問一件事——審查圖書原稿。不，他們還管禁書和逮捕作家！今天，為寫一點東西，我可以調閱多少檔案，可以要求給我臨時助手，可以得到參觀與旅行的便利，可以要求首長們參加意見——當北京人民藝術劇院排演我的《春華秋實》話劇的時候，北京市三位市長都在萬忙中應邀來看過兩三次，跟我們商議如何使劇本更多一點藝術性與思想性。當我的《龍鬚溝》（並非怎麼了不起的一本話劇）上演後，市長便依照市民的意見，給了我獎狀。黨與政府重視文藝，人民重視文藝，文藝工作者難道能夠不高興不努力麼？我已有三十年的寫作生活，可是只有在最近的新社會裡我才得到一個作家應得的尊重。

在精神上我得到尊重與鼓舞，在物質上我也得到照顧與報酬。寫稿有稿費，出書有版稅，我不但不像解放前那樣愁吃愁喝，而且有餘錢去珍藏幾張大畫師齊白石老先生的小畫，或買一兩件殘破而色彩仍然鮮麗可愛的康熙或乾隆時代的小瓶或小碗。在我的小屋裡，我老有繪畫與各色的磁器供我欣賞。在我的小院中，我有各種容易培植的花草。我有腿病，不能作激烈的運動，澆花種花就正合適。我現在已不住在「沙漠」裡了！

我一年到頭老不斷地工作。除了生病，我不肯休息。我已經寫了不少東西，可是還嫌寫的太少。新社會裡有多少新人新事可寫啊！只要我肯去深入生活，無論是工、是農、還是兵，都有取之不盡，用之不竭的寫作數據。每一工廠，每一農村，每一部隊單位，都像一座寶山，奇珍異寶俯拾即是。要寫工農兵，是給作家開闢了一個新的世界，多麼現實，多麼豐富，多麼美麗的新世界啊！要為工農兵寫，是給作家一個新的光榮任務。現在，我幾乎不敢再看自己在解放前所發表過的作品。那些作品的內容多半是個人的一些小感觸，不痛不癢，可有可無。它們所反映的生活，乍看確是五花八門；細一看卻無關宏旨。那時候，我不曉得應當寫什麼，所以抓住一粒砂子就幻想要看出一個世界；我不曉得為誰寫，所以把自己的一點感觸看成天大的事情。這樣，我就沒法不在文字技巧上繞圈子，想用文字技巧遮掩起內容的空虛與生活的貧乏。今天，我有了明確的創作目的。為達到這個目的，我須去深入生活；難道深入生活是使作家吃虧的事麼？只有從生活中掏出真東西來，我才真能自由地創作。在解放前，我為該寫什麼時常發愁，即使沒有那個最厲害的圖書審查制度，我也發愁——沒有東西可寫啊！今天，我可以自由地去體驗生活；生活豐富了，我才能夠自由地寫作。假若我閉上眼不看現實的生活，而憑著幻想寫點虛無飄渺的東西，那是浪費筆墨，不是自由——人民不看虛無飄渺的東西，人民願意從作品中得到教育與娛樂，看到怎麼過更美好幸福的日子的啟示！

◆三、《茶館》與文學規律

《茶館》這齣戲是怎麼寫的，為什麼要單單寫一個茶館呢？

茶館是三教九流會面之處，可以多容納各色人物。一個大茶館就是一個小社會。這齣戲雖只有三幕，可是寫了五十來年的變遷。在這些變遷裡，沒法子躲開政治問題。可是，我不熟悉政治舞臺上的高官大人，沒法子正面描寫他們的促進與促退。我也不十分懂政治。我只認識一些小人物，這些人物是經常下茶館的。那麼，我要是把他們集合到一個茶館裡，用他們生活上的變遷反映社會的變遷，不就側面地透露出一些政治訊息麼？這樣，我就決定了去寫《茶館》。

人物多，年代長，不易找到箇中心故事。我採用了四個辦法：（一）主要人物自壯到老，貫穿全劇。這樣，故事雖然鬆散，而中心人物有些著落，就不至於說來說去，離題太遠，不知所云了。此劇的寫法是以人物帶動故事，近似活報劇，又不是活報劇。此劇以人為主，而一般的活報劇往往以事為主。（二）次要的人物父子相承，父子都由同一演員扮演。這樣也會幫助故事的聯續。這是一種手法，不是在理論上有何根據。在生活中，兒子不必繼承父業；可是在舞臺上，父子由同一演員扮演，就容易使觀眾看出故事是聯貫下來的，雖然一幕與一幕之間相隔許多年。（三）我設法使每個角色都說他們自己的事，可是又與時代發生關係。這麼一來，廚師就像廚師，說書的就像說書的了，因為他們說的是自己的事。同時，把他們自己的事又和時代結合起來，像名廚而落得去包辦監獄的伙食，順口說出這年月就是監獄裡人多；說書的先生抱怨生意不好，也順口說出這年頭就是邪年頭，真玩藝兒要失傳……因此，人物雖各說各的，可是又都能幫助反映時代，就使觀眾既看見了各色的人，也順帶著看見了一點兒那個時代的面貌。這樣的人物雖然也許只說了三五句話，可是的確交代了他們的命運。(四)無關緊要的人物一律招之即來，揮之即去，毫不客氣。

這樣安排了人物，劇情就好辦了。有了人還怕無事可說嗎?有人認為此劇的故事性不強，並且建議:用康順子的遭遇和康大力的參加革命為主，去發展劇情，可能比我寫的更像戲劇。我感謝這種建議，可是不能採用。因為那麼一來，我的葬送三個時代的目的就難達到了。抱住一件事去發展，恐怕茶館不等被人霸占就已垮臺了。我的寫法多少有點新的嘗試，沒完全叫老套子捆住。

我熱誠地接受別人的意見，修改劇本，這很好。但是，這也證明因為沒有多考慮思想上的問題，我只好從枝節上刪刪補補，而提來的意見往往又正是從枝節上著眼的。我心中既沒有高深的思想打底，也就無從判斷哪些意見可以採納，哪些意見可以不必聽從。沒有思想上的深厚基礎，我的勤於修改恰好表明了自己的舉棋不定。

我的較好的作品，也不過僅足起一時的影響，事過境遷就沒有什麼用處了。是的，起一時的影響就好。但，那究竟不如今天有影響，明天還有影響。禁不住歲月考驗的不能算做偉大的作品，而我們的偉大時代是應該產生偉大作品的。一個作家理當同時也是思想家——

◆ 四、山南海北、兒女、花草

十年來，我始終沒治好我的腿病。腿不俐落，就剝奪了我深入工農兵生活的權利。我不肯去給他們添麻煩。我甚至連旅行、參觀也不敢多去。我喜歡旅行、參觀;但是一不留神，腿病即大發，須入醫院。這樣，我只能在北京城裡繞圈圈，找些寫作數據。

我多麼盼望腿疾速愈，健步如飛，能夠跟青年男女一同到山南海北去生活，去寫作啊！

◈新疆半月

（一九五七年）五月十九日去祝賀新疆作家協會分會的成立。

這是我第一次到新疆去。我渴望能夠在開會前後，看看天山南北，開開眼界。可是，除了烏魯木齊，我只抓緊了時間，走馬看花地看了看石河子軍墾區，別的什麼也沒能去看。

主要的原因是內地的作家到新疆去的太少了，所以聽說我來到，大家都要求見見面。看清楚了這個情形，我馬上決定：先見人，後遊覽。參加大會的蘇聯作家們用兩天的時間，去遊吐魯番；我沒有去——我利用這兩天開了四個座談會，會見了中學語文教師、兵團文藝工作者、《天山》編輯部，和一部分業餘作家。我是這麼想：假若時間不夠，無從去看吐魯番和其他的地方，反正我會見了朋友，總算「盡職」。反之，我若把時間都花費在遊覽上，來不及會見友人，便悔之晚矣。朋友比高山大川更重要。

在半月之間，我作了十次「座談報告」——這是我新造的詞彙。大家都知道我的身體不太好，所以不便約我作長篇大論的報告，而邀我座談。事實上，座談會上不是遞條子，便是發問，我只好作大段獨白，等於作報告。除了前段提到的，我還向語文學院的教授與學生、八一農學院的大部分學員、石油管理局的野戰隊隊員、廣播電臺的文藝幹部與石河子的文藝愛好者作了座談報告，並在屆原紀念會上和烏魯木齊市的青年寫作者見了面。

座談報告而外，還接到了八十多封信，我都作了簡單的答覆。信中有的還附著文稿，實在找不到時間閱讀，只好道歉退還。

在烏魯木齊而外，我只看見了石河子。好，就以石河子來說，難道不是一個奇蹟麼？原來的石河子只有幾間賣茶水的小屋，立在烏魯木齊——伊犁的大道道旁，等待著行人在此休息、打尖、飲馬。此外，便什麼也沒有了。今天呢，這裡建起了一座新的城，有銀行、郵局、百貨店、食堂、電影院、學校、醫院、榨油廠、拖拉機修配廠和體面而舒適的招待所。城外，原來只有葦塘萬頃，今天變成了產小麥與棉花的廣闊綠洲。看，天山在南，沙漠在北，中間是一望無際的綠油油的麥田與棉田。每一塊田的四周都整整齊齊地種上了防風矮樹，樹蔭下便是灌田的水渠。這是幾年來。四個師（現編為兩師）的戰士的創造，完全從無到有，把荒原變成沃野。據說，在剛一動手開荒的時候，戰士們都須用泥把臉與身上塗嚴，否則牛虻和蚊子會把他們咬壞。那時候，連首長也得住地窩子——地下挖個洞，上面蓋些葦棍兒。那時候，狼與野獸白天也會向他們襲擊。英雄的本質便是不向困難低頭：他們不但開了地，而且蓋起來宿舍、學校與醫院等等。他們沒有工程師，但是房子蓋得不但質量好，而且樸雅可愛。他們會自己燒磚，也會自己安電燈。他們有手，有腦，有決心，他們就創造了一切，給世界地圖上添了一座新城，一座從來沒有過人剝削人的新城。在參觀醫院的時候，我聽到剛生下來的娃娃的啼聲。幸福的娃娃們，生在一個萬事全新的城市裡！

在這個墾區裡原有些兄弟民族的農戶，散居各處。他們熱情地和墾荒部隊合作，遷到幾處，聚族而居。這樣就有了辦農業合作社的條件，也就馬上利用了這個條件，組織起來。從公路上，我看到了一兩處新村：房子，學校，全是新的。當然，他們的生活方式與社會制度也都是新的。

軍墾區之外，還有多少多少建設值得寫啊！我和石油管理局野戰隊的青年男女座談了一次，他們贈給我一小玻璃管克拉瑪依的原油，還有幾小塊雲母與瑪瑙。他們拾到了這些寶物，也收集了最寶貴的人生經驗。他們不但認識了新疆的山河與寶藏，也認識了他們自己，建設社會主義的青年勇士！沙漠上的狂風，天山上的積雪，都使他們有時痛苦，又有時狂喜。痛苦啊，狂喜啊，有青年的地方就是有詩料的地方！

◈內蒙風光

一九六一年夏天，我們——作家、畫家、音樂家、舞蹈家、歌唱家等共二十來人，應內蒙古自治區烏蘭夫同志的邀請，由中央文化部、民族事務委員會和中國文聯進行組織，到內蒙古東部和西部參觀訪問了八個星期。陪跟我們的是內蒙古文化局的布赫同志。他給我們安排了很好的參觀程式，使我們在不甚長的時間內看到林區、牧區、農區、漁場、風景區和工業基地；也看到了一些古蹟、學校和展覽館；並且參加了各處的文藝活動，交流經驗，互相學習。

這回，有機會看到大興安嶺，並且進到原始森林裡邊去。目之所及，哪裡都是綠的。的確是林海。群嶺起伏是林海的波浪。多少種綠顏色呀：深的，淺的，明的，暗的，綠得難以形容，綠得無以名之。誰進入嶺中，看到那數不盡的青松白樺，能夠不馬上向四面八方望一望呢？有多少省份用過這裡的木材呀！它的美麗與建設結為一體，不僅使我們拍掌稱奇，而且叫心中感到溫暖，因而親切、舒服。

我看到了草原。那裡的天比別處的天更可愛，空氣是那麼清鮮，天空是那麼明朗，使我總想高歌一曲，表示我的愉快。在天底下，一碧千里，而並不茫茫。人畜兩旺，這是個翡翠的世界。連江南也未必有這樣的景色啊！

達賚湖的水有多麼深，魚有多麼厚。我們吃到湖中的魚，非常肥美。水好，所以魚肥。有三條河流入湖中，而三條河都經過草原，所以湖水一碧千頃——草原青未了，又到綠波前。湖上飛翔著許多白鷗。在碧岸、翠湖、青天、白鷗之間遊蕩著漁船，何等迷人的美景！

札蘭屯真無愧是塞上的一顆珍珠。多麼幽美呀！它不像蘇杭那麼明媚，也沒有天山萬古積雪的氣勢，可是它獨具風格，幽美得迷人。它幾乎沒有什麼人工的雕飾，只是純係自然的那麼一些山川草木。

◈南遊

一九六二年的上半年，我沒能寫出什麼東西來。不是因為生病，也不是因為偷懶，而是因為出遊。

二月裡，我到廣州去參加戲劇創作會議。在北方，天氣還很冷，上火車時，我還穿著皮大衣。一進廣東界，百花盛開，我的皮大衣沒了用處。於是就動了春遊之念。在會議進行中，我利用週末，遊覽了從化、佛山、新會、高要等名城。廣東的公路真好，我們的車子又新又快，幸福非淺。會議閉幕後，遊興猶濃，及同陽翰笙、曹禺諸友，經惠陽、海豐、普寧、海門等處，到汕頭小住，並到澄海、潮安參觀。再由潮汕去福建，遊覽了漳州、廈門、泉州與福州，然後從上海回北京。

在各地遊覽中，總是先逛公園。從前，我不敢多到公園去，討厭那些飽食終日，言不及義的閒人們。現在，一進公園，看到花木的繁茂，亭池的美麗，精神已為之一振。及至看到遊人，心裡便更加高興。看，勞動人民扶老攜幼，來過星期日或別的假日，說著笑著，或三五友人聚餐，或全家品茗休息，多麼美麗呀！公園美，人健康，生活有所改善，不是最足令人高興的事麼？

今天，凡是值得儲存的文物都加以保護，並進行研究，使我們感到自豪。不但廣州、福州的古寺名園或修茸一新，或加意保護，就是佛山的祖祠，高要的七星巖，也都是古蹟重光，輝煌燦爛。

在廣東、福建各地遊覽，幾乎每晚都有好戲看。粵劇、潮劇、話劇、閩劇、高甲戲、莆仙戲……沒法看完，而且都多麼精彩啊！最令人高興的是每個劇種都有了傳人，老師傅們把絕技毫無保留地傳授給男女學徒。那些小學生有出息，前途不可限量。師傅教的得法，學生學的勤懇，所以學得快，也學的好。看到這麼多劇種爭奇鬥妍，才真明白了什麼叫百花齊放，而且是多麼鮮美的花呀！我愛好文藝，見此光景，自然高興；我想，別人也會高興，誰不愛看好戲呢？

◈兒女們

近來呀，每到星期日，我就又高興，又有點寂寞。高興的是：兒女們都從學校、機關回家來看看，還帶著他們的男女朋友，真是熱鬧。聽吧，各屋裡的笑聲，辯論聲，都連續不斷，聲震屋瓦，連我們的大貓都找不到安睡懶覺的地方，只好跑到房上去呆坐。雖然這麼熱鬧，我卻很寂寞。他們所討論的，我插不上嘴；默坐旁聽，又聽不懂！——

我的文藝知識不很豐富，可是幾十年來總以寫作為業，按說對兒女們應該有些影響。事實並不如此。他們都不學文藝，雖然他們也愛看小說、話劇、電影什麼的。他們，連他們帶來的男女朋友，都學科學。我家最小的那個梳兩條小辮的娃娃，剛考入大學，又是學物理！這群小科學家們湊到一處，連說笑似乎都帶點什麼科學味道，我聽不懂。

他們也並不光說笑、爭辯。有時候，他們安靜下來：哥哥幫助妹妹算數學上的難題，或幾個人都默默地思索著一個什麼科學上的道理。在這種時候，我看得出來，他們的深思苦慮和詩人的嘔盡心血並沒有什麼不同。我可也看到，當詩人實在找不到最好的字的時候，他也只好暫且將就用個次好的字，而小科學家們可不能這麼辦，他們必須找到那個最正確的答案，差一點點也不行。當他們得到了答案的時候，他們便高興得又跳又唱，覺得已拿到開啟宇宙祕密的一把小鑰匙。

我看到了一種新的精神。是，從他們決定投考哪個學校，要選修哪門科學的時候起，我就不斷地聽到「尖端」、「發明」和「革新」等等悅耳的字眼兒。因此，我沒有參加意見，更不肯阻攔他們。他們是那麼熱烈地討論著，那麼努力預備考試，我還有什麼可說的呢！我看出來，是那個新精神支配著他們，鼓舞著他們，我無權阻攔他們。

他們的選擇不是為名為利，而是要下決心去埋頭苦幹。是，從他們怎麼預備功課和怎麼制定工作計劃，我就看出：他們所選擇的道路並不是容易走的。他們有勇氣與決心去翻山越嶺，攀登高峰。他們的選擇不僅出於個人的嗜愛，而也是政治熱情的表現——現在是原子時代，而我們的科學技術還有些落後，必須急起直追。想建設一個有現代工業、農業與文化的國家，非有現代科學技術不可！我不能因為自己喜愛文藝而阻攔兒女們去學科學。建設偉大的祖國，自力更生，必須闖過科學技術關口。兒女們，在黨的教育培養下，不但看明此理，而且決心去作闖關的人。這是多麼可喜的事啊！是呀，且不說別的，只說改良一個麥種，或製造一種尼龍襪子，就需要多少科學研究與試驗啊！科學不發達，現代化就無從說起。

我們的老農有很多寶貴的農業知識與經驗，但專憑這些知識與經驗而無現代的科學技術，便難以應付農業現代化的要求。我們的手工業有悠久的傳統和許多世代相傳的竅門，但也須進一步提高到科學理論上去，才能發展、提高。重工業和新興的工業更用不著說，沒有現代的科學技術，寸步難行。

小科學家們，你們的責任有多麼重大呀！

於是，我的星期日的寂寞便是可喜的了。我不能摹仿大貓，聽不懂就跑上房去。我默默地聽著小將們的談論，而且想到：我若是也懂點科學，夠多麼好！寫些科學小品，或以發明創造為內容的小說，夠多麼新穎，多麼富有教育性啊。若是能把青年一代這種熱愛科學的新精神寫出來，不就更好嗎？是呀，我們大概還缺乏這樣的作品。我希望這樣的作品不久就會出現。這應當是文藝創作的一個新的重要題材。

◈花草

我愛花，所以也愛養花。我可還沒成為養花專家，因為沒有工夫去作研究與試驗。我只把養花當作生活中的一種樂趣，花開得大小好壞都不計較，只要開花，我就高興。在我的小院中，到夏天，滿是花草，小貓兒們只好上房去玩耍，地上沒有它們的運動場。冬天冷，院裡無法擺花，只好都搬到屋裡來。每到冬季，我的屋裡總是花比人多。形勢逼人！屋中養花，有如籠中養鳥，即使用心調護，也養不出個樣子來。除非特建花室，實在無法解決問題。我的小院裡，又無隙地可建花室！

花雖多，但無奇花異草。珍貴的花草不易養活，看著一棵好花生病欲死是件難過的事。我不願時時落淚。北京的氣候，對養花來說，不算很好。冬天冷，春天多風，夏天不是乾旱就是大雨傾盆；秋天最好，可是忽然會鬧霜凍。在這種氣候裡，想把南方的好花養活，我還沒有那麼大的本事。因此，我只養些好種易活、自己會奮鬥的花草。

春天到來，我的花草還是不易安排：早些移出吧，怕風霜侵犯；不搬出去吧，又都發出細條嫩葉，很不健康。這種細條子不會長出花來。看著真令人焦心！

好容易盼到夏天，花盆都運至院中，可還不完全順利。院小，不透風，許多花兒便生了病。特別由南方來的那些，如白玉蘭、梔子、茉莉、小金桔、茶花……也不怎麼就葉落枝枯，悄悄死去。因此，我打定主意，在買來這些比較嬌貴的花兒之時，就認為它們不能長壽，盡到我的心，而又不作幻想，以免枯死的時候落淚傷神。同時，也多種些叫它死也不肯死的花草，如夾竹桃之類，以期老有些花兒看。

夏天，北京的陽光過暴，而且不下雨則已，一下就是傾盆倒海而來，勢不可當，也不利於花草的生長。

秋天較好。可是忽然一陣冷風，無法預防，嬌嫩些的花兒就受了重傷。於是，全家動員，七手八腳，往屋裡搬呀！各屋裡都擠滿了花盆，人們出來進去都須留神，以免絆倒！

不過，儘管花草自己會奮鬥，我若置之不理，任其自生自滅，它們多數還是會死了的。我得天天照管它們，像好朋友似的關切它們。一來二去，我摸著一些門道：有的喜陰，就別放在太陽地裡，有的喜幹，就別多澆水。這是個樂趣，摸住門道，花草養活了，而且三年五載老活著、開花，多麼有意思呀！不是亂吹，這就是知識呀！多得些知識，一定不是壞事。

我不是有腿病嗎，不但不利於行，也不利於久坐。我不知道花草們受我的照顧，感謝我不感謝；我可得感謝它們。在我工作的時候，我總是寫了幾十個字，就到院中去看看，澆澆這棵，搬搬那盆，然後回到屋中再寫一點，然後再出去，如此循環，把腦力勞動與體力勞動結合到一起，有益身心，勝於吃藥。要是趕上狂風暴雨或天氣突變哪，就得全家動員，搶救花草，十分緊張。幾百盆花，都要很快地搶到屋裡去，使人腰痠腿疼，熱汗直流。第二天，天氣好轉，又得把花兒都搬出去，就又一次腰痠腿疼，熱汗直流。可是，這多麼有意思呀！不勞動，連棵花兒也養不活，這難道不是真理麼？

送牛奶的同志，進門就誇「好香」！這使我們全家都感到驕傲。趕到曇花開放的時候，約幾位朋友來看看，更有秉燭夜遊的神氣——曇花總在夜裡放蕊。花兒分根了，一棵分為數棵，就贈給朋友們一些；看著友人拿走自己的勞動果實，心裡自然特別喜歡。

當然，也有傷心的時候，夏天就有那麼一回。三百株菊秧還在地上（沒到移入盆中的時候），下了暴雨。鄰家的牆倒了下來，菊秧被砸死者約三十多種，一百多棵！全家都幾天沒有笑容！

第六節　改造思想

解放後，我才明白了文藝須為人民服務的道理，也就按照這個方針去進行寫作。這是個很大的收穫。有此理解，我才不但改變了寫作的態度，而且改變了做人的態度。這就是說，我須站在人民裡邊，而不該高高在上，站在人民的上邊，像從前那樣——從前，雖然對人民也有同情，也想為他們說話，但總以為自己的教育程度比他們的高，見識比他們的廣，我須幫助他們，他們幫助不了我。到解放後，才慢慢明白過來，這種知識分子的優越感是狂妄的。事實證明：有黨的領導和人民的創造才有新社會的一切。作家除了接受黨的領導，和向人民學習，便很難寫出像樣子的作品。作家不應是替人民說話，而是應該向人民學習，說人民的話。看清楚這一點，人民與我自己的關係就有了很大的變化：人民應該是作家的良師益友，作家不該自高自大。替人民說話的態度，也就是舊小說裡俠客偶然替人民打抱不平的態度。一旦俠客而投靠「清官」，便變成了統治者的爪牙，如黃天霸了。說人民的話，可就不是這樣「玩票」的態度；必須在思想與感情上和人民一致，站在同一的立場上。

一、向人民學習

以我自己來說，我雖沒有什麼專門學問，可是究竟讀過一些書，而且會編寫一些故事。於是就覺得自己必定有些天才，也就不由地驕傲起來。一驕傲，就看不起人民，脫離群眾。越重視書本，就越輕看現實生活；越自居天才，就越輕視人民的智慧。一來二去，把自己的知識和人民的知識隔離開來，以為自己的知識是一般人民所不易得到的，而自己更無須去了解人民，從人民中吸收知識。這樣，自己的知識本極有限，而又不肯拜人民為師，去豐富知識，特別是階級鬥爭的知識，所以作家便非狂傲不可了；不到狂傲無知的程度，便不易維持住自己的優越感了。我在解放後，才有了這點認識。是嘛，看一看全國各處的從無到有的建設，就馬上會明白，每一項建設都需要多少知識呵，我們自己的那一點點知識真是滄海之一粟啊！再就革命來說，人民的鬥爭經驗是多麼豐富，黨的領導是多麼英明，我們在作品中反映了多少呢，反映得怎樣呢？這麼一想，就不該驕傲，並且應下決心向人民學習了。

二、為人民服務

我生長在寒家，自幼兒即懂得吃苦耐勞。可是，我所受的教育是資產階級的教育。因此，即使我不曾拚命地去爭名奪利，可是也不肯完全放棄名利。這就是說，在舊社會裡，我雖沒有無恥地往高處爬，可是也不大明確自己究竟是幹什麼的。寫作是為了什麼呢？想來想去，似乎還是為了個人的名利，很難找到別的解釋。直到解放後，我才找到了正確的答案，知道了我應當為人民服務。有了這個答案，我才真正認識了自己是幹什麼的，不該再在名利圈子裡繞來繞去了。

這樣，我就拚命去寫作了。只要是人民需要的，我就肯寫。我對各種文藝形式都一視同仁，沒有值得寫和不值得寫的分別。我寫話劇，也寫戲曲；我寫論文，也寫相聲。在我看，米麥和雜糧各有各的用處，就都值得耕種；筆耕也是如此。

在寫作而外，我也參加許多社會活動和文藝團體的工作。有一次，一位來自資本主義國家的朋友善意地對我說：你為什麼要參加那些活動和工作呢？你是作家，你應當專心寫作！當時，我沒有答辯，怕得罪了客人。可是，我心裡有數兒，知道自己是新社會的作家。我不能專顧個人的名利，去埋頭寫作；（那恐怕也寫不出什麼！）我必須到社會需要我的地方去。這要是擱在解放前，我必定感謝那位客人，而覺得忙於社會活動等等是不必要的。可是，這發生在不久以前，所以我感到心安理得，應該參加那些活動。這個事例或者也足以幫助說明，把資產階級的個人名利思想放在第一位，則個人與新社會的關係沒法擺正，處處彆扭。反之，若把為人民服務放在第一位，則個人與社會的關係水乳交融，親切愉快——

三、政治與藝術

舊社會的知識分子裡，有的自居清高，不問政治；有的關心政治，而以個人名利為出發點，想升官發財。我大概應屬於前一類。不問政治使我感到清高，這也是一種優越感。在作人上我們都恥於巴結人，又不怕自己吃點虧。這樣，在那汙濁的舊社會裡，就能夠獨立不倚，不至被惡勢力拉去作走狗。我們願意自食其力，哪怕清苦一些。

獨立不倚的精神，在舊社會裡有一定的好處。它使我們不至於利慾燻心，去趟混水。可是它也有毛病，即孤高自賞，輕視政治。莘田的這個缺點也正是我的缺點。我們因不關心政治，便只知恨惡反動勢力，而看不明白革命運動。我們武斷地以為二者既都是搞政治，就都不清高。在革命時代裡，我們犯了錯誤——只有些愛國心，而不認識革命道路。細想起來，我們的獨立不倚不過是獨善其身，但求無過而已。我們的四面不靠，來自黑白不完全分明。我們總想遠遠躲開黑暗勢力，而躲不開，可又不敢親近革命，直到革命成功，我們才明白救了我們的是革命，而不是我們自己的獨立不倚！從而都願隨著共產黨走，積極為人民服務，關心政治，改造思想。

正因為我一向不關心政治，所以今天我寫不出政治性強烈的作品來。不錯，看到轟轟烈烈的社會主義建設，我的確有了政治熱情。可是，政治熱情只能是創作的鼓動力量，而不能代替政治鬥爭經驗，也不能代替對政策方針的正確認識。政治熱情促使我欲罷不能地去寫作，可是寫什麼呢？這就成了問題。

要描寫今天的社會，而不知道今天的政治，就連一個人物也寫不出來。這是我的經驗之談。看吧，以前的沿街打小鼓、收買舊貨的，不是講究買死人、賣死人嗎？今天他們怎樣了？他們有的已改為沿街代廢品公司收貨、公平交易的服務員了！他們怎麼變的？是自發的？不是！在他們的改變過程中有許多許多政治工作。好啦。想想看，作家而不關心政治，找不到打小鼓的如何改造的來龍去脈，怎麼去創造這類的人物呢？打小鼓的如是，理髮師也如是！一切人都如是！光提藝術性怎能解決問題呢？這個人進步，那個人落後，拿什麼作標準？還不是政治覺悟？這樣，今天要談藝術性，就首先應該談政治性。藝術應該為政治服務，而且非此不可。除非我們看明白新社會的政治力量與影響，我們就無法明白每個人與社會的正確關係，也就寫不出人物來。寫不出人物就沒有藝術性。我們不能再用舊眼光看何謂藝術。每個人，在今天，都受了程度不同的政治思想教育，這是史無前例的事；按照老一套的創作方法，怎能夠寫出反映出今天的現實的作品呢？政治是理解新社會生活的鑰匙。

我想：一個作家若能夠克服知識分子的狂傲的優越感而誠誠懇懇地去向人民學習；丟掉資產階級的名利思想，而全心全意地為人民服務，並且勤懇地學習政治，改造自己，或者才可以逐漸進步，寫出一些像樣子的作品來。

四、找到自己位置

我雖然同情革命，但我還不是革命的一部分，所以，我並不真正理解革命，而對不理解的東西是無法寫出有價值的東西的——

我寫過《駱駝祥子》。那是因為，那時的世界是一個人人都可以很容易地找到自己位置的世界。那時人與人的關係很明顯，界線劃分得十分清晰，有人一貧如洗，有人富甲天下；有人被剝削，有人剝削人。這些都是實實在在的東西，作家可以描寫這些現象，就像一個人可以用相機把它們照下來一樣。祥子不一定真的像我寫的那樣感覺和思想，但當我創造這個人物時，我可以設身處地，想像如果我在祥子的位置上，我會怎樣做。這種經驗是讀者也可以分享的，讀者可以想見自己拉著洋車，而不是坐在洋車上。任何沒到過北京的外國人也可以想像自己在同樣處境下的感覺。

從寫作角度看，那是一個相對比較簡單的情景，貧富差距十分明顯，饑餓和疾病造成了巨大的痛苦，而那些應該負責的人卻對此漠不關心。在中國，一個被接受的現實是千百萬人生存的價值就像一群牲畜，他們存在的理由僅僅在於為少數人服務，他們是消耗品，他們的性命一文不值。一些外國人也不把中國人當做和他們自己有一樣情感，一樣痛苦或悲傷的人類看待。

在那種時代，你要麼和那些認為社會現實是自然秩序的人同流合汙，要麼就站在他們的對立面。這就是革命的實質。如果你相信普天下四海之內皆兄弟，那你也就沒什麼別的選擇了。你就是一個革命者了，你就會支援那些有勇氣、有決心改變社會現狀的人了。

但這並不是說我們就都是馬克思主義革命家了，我們也不是科學的改革家。當年參加五．四運動時，毛澤東並不是共產黨人，他也不可能是。當時，中國沒有人知道共產主義。但對毛澤東和我們大家來說，當時的狀況已經發展到讓人無法忍受了。革命開始喚起了大眾對自身處境的認識，他們被外國列強踢進了苦難深淵。從太平天國和義和團運動以來，他們第一次看到，外國列強並不是中國統治階級的敵人，而是他們的同盟。外國帝國主義和中國的資本主義實質上是一丘之貉。

所以，我們必需先趕走那些剝削和欺辱中國人的外國人，然後再回過頭來對付那些依仗洋槍洋炮、做著同樣壞事的中國人。

革命的第一階段是愛國主義的。第二階段是愛國主義和要取得推翻受帝國主義支援的國內反動派的勝利。所有人都能理解所發生的事情，連沒有文化的祥子都能明白。現在，革命進入了一個新的階段，重點是要改變思維方法，而不是改變生活條件了。

我能理解為什麼毛澤東希望摧毀舊的資產階級生活方式，但我不是馬克思主義者，所以我無法描寫這一鬥爭。我也無法和一九六六年的北京學生一樣思維或感受世界，他們是用馬克思主義的觀點看待世界的。

你們大概覺得我是一個六十九歲的資產階級老人，一方面希望革命成功，一方面又總是跟不上革命的步伐。我們這些老人不必再為我們的行為道歉，我們能做的就是解釋一下我們為什麼會這樣，為那些尋找自己未來的青年人揚手送行。我們把描寫新社會的任務也移交給青年一代，他們可以根據他們的經驗改造社會。

第七章　滾滾橫流水

「請告訴朋友們，我沒有問題，我很好……。」

「我這些天，身體不好。氣管的一個小血管破裂了，大口大口的吐血。遵醫生的命令，我菸也不吸了，酒也不喝了。市委宣傳部長告訴我不要去學習了，在家休養休養。前些天，我去參加了一次批判大會，其中有我們不少朋友，嗯，受受教育……」——

「是誰給他們的權力？」

「歷史上，外國的文化大革命，從來都是破壞文化的，文物遭到了大損害。」

……

「又要死人了！」

……

「尤其是那些剛烈而清白的人。」

第八章　茫茫末世人

「再見！」

老舍自傳：

傳世中國文學家的靈魂與歷程

作　　者：老舍
發 行 人：黃振庭
出 版 者：複刻文化事業有限公司
發 行 者：複刻文化事業有限公司

E-mail：sonbookservice@gmail.com
粉 絲 頁：https://www.facebook.com/sonbookss/
網　　址：https://sonbook.net/
地　　址：台北市中正區重慶南路一段六十一號八樓 815 室
Rm. 815, 8F., No.61, Sec. 1, Chongqing S. Rd., Zhongzheng Dist., Taipei City 100, Taiwan

電　　話：(02)2370-3310
傳　　真：(02)2388-1990

印　　刷：京峯數位服務有限公司
律師顧問：廣華律師事務所 張珮琦律師
定　　價：350 元
發行日期：2023 年 12 月第一版
◎本書以 POD 印製

國家圖書館出版品預行編目資料

老舍自傳：傳世中國文學家的靈魂與歷程 / 老舍 著 . -- 第一版 . -- 臺北市：複刻文化事業有限公司, 2023.12
面；　公分
POD 版
ISBN 978-626-7403-29-7(平裝)
1.CST: 老舍 2.CST: 自傳
782.887　112019200

電子書購買

臉書

爽讀 APP